臺灣近百年研究叢刊

梁明雄著

日據時期臺灣新文學運動研究

文史哲出版社印行

國家圖書館出版品預行編目資料

日據時期臺灣新文學運動研究 / 梁明雄著. -- 初版. --臺北市 :文史哲, 民 89 印刷
面; 公分. -- (文史哲學集成 ; 355-臺灣近百年文學叢刊;8)
參考書目 : 面
ISBN 957-547-944-7 (平裝)

1.臺灣文學 - 歷史 - 日據時期 (1895-1945)

820.908 85000844

臺灣近百年研究叢刊 ⑧

日據時期臺灣新文學運動研究

著 者:梁 明 雄
出版者:文 史 哲 出 版 社
登記證字號:行政院新聞局版臺業字五三三七號
發行人:彭 正 雄
發行所:文 史 哲 出 版 社
印刷者:文 史 哲 出 版 社
臺北市羅斯福路一段七十二巷四號
郵政劃撥帳號:一六一八〇一七五
電話 886-2-23511028 · 傳眞 886-2-23965656

實價新臺幣五二〇元

中華民國八十五年二月初版
中華民國八十九年五月初版二刷

ISBN 957-547-944-7

日據時期臺灣新文學運動研究　目次

前言

發軔於一九二〇年日據時代後半期的臺灣新文學運動，係受到第一次世界大戰後世界自由民主思潮與大陸五四文學革命風潮的激發而產生。其時在武力抗日運動失敗，處於日帝殖民統治下的前輩作家，結合當時臺灣島內風起雲湧的政治社會運動，高舉「反帝反封建」的大纛，藉著新文學運動的推進，以企求民族的解放與民智的啓蒙，並抒發胸中塊壘，家國之恨。

日據時期這一段新文學運動雖然爲時僅二十五年，但在賴和、張我軍、楊雲萍等人的播種耕耘下，不僅承續了五四新文化運動的精神和遺緒，也培養了一批文學新軍而取得了一定的成果。此一時期素樸初創的臺灣新文學，實爲中華民族精神之所寄，值得深入探討研究。是以披覽日據時期報刊雜誌暨當時作家作品與相關評論專文，以探索日據時期臺灣新文學運動之流衍演變及其發展情形。

本書計分八章，首章緒論說明臺灣新文學運動係伴隨著新文化運動而來，是爲臺灣民衆反侵略、反壓迫的民族運動之一環。第二章敘述在日帝高壓專制統治下臺胞的武力與非武力反抗行動，以見臺胞所受迫害之深與當時臺灣惡劣的文學環境。第三章分析臺灣新文學運動之發生，係受到時代潮流與五四運動的影響，以及對擊鉢聯吟腐化文學的不滿所致。第四章介紹倡導白話文的旗手張我軍之文學主張，其所引發的新舊文學論爭之始末經過及其結果與影響。第五章由臺灣新文學之父賴和的作品內容，以考察其文學主題與創作路線，及其對臺灣新文學的重大貢獻。

本書重點所在的第六章，概分臺灣新文學運動爲開拓期、發展期和戰爭期三個進程，除分別介紹各個新文學社團及其所梓行的新文學雜誌外，並析論各期之特點與成就，兼及臺灣話文運動與皇民文學之反動，以明瞭整個新文學運動過程中的重要作家作品及其時之文壇動態。第七章特就臺灣新文學運動之搖籃的《臺灣民報》，專章探究其創刊緣起，沿革發展，暨提倡臺灣新文學的功績。第八章結論，歸結臺灣新文學的三項基本特質爲：一、中國文學的一支流。二、反帝反封建的文學。三、鄉土寫實性的文學。

本書期就臺灣新文學運動歷史背景與發展脈絡之探討，以尋繹此一運動之意義與價值，並藉由作品中所透露的血淚控訴，進窺臺灣知識份子熱愛故園鄉土，伸張民族正氣的心聲，從而日本殖民帝國主義者恃強凌弱的殘暴面目，也就昭然若揭，無所遁形了。

日據時期臺灣新文學運動研究

第一章　緒　論

肇始於日據時代後半期的臺灣新文學運動，由於是誕生於主客觀條件均極端貧弱的異族鐵蹄統治之下，其發展成果不管從量或是質來說，雖然有所局限和不足，但是在前輩作家們披荊斬棘首開風氣的努力推動下，仍然爲後代留下了不少可歌可泣的血淚篇章，並且也充分反映了輾轉於日帝高壓殖民統治下人民的內心哀號。它既上承了祖國五四新文化運動的精神，更是臺灣現代文學的活水源頭，其重要性自不待言。

然而隨著時間的推移，在原始文獻資料日就散佚與老成的不斷凋謝下，這一段爲求解放同胞，啓迪民智而開展的新文學運動史實，遂有日漸堙沒之虞。早在一九四〇年一月，楊雲萍在爲李獻璋編的《臺灣小說選》作序時，即曾慨乎言之的指出：

現在，似是已被忘掉了的，可是臺灣也經過一番熱烈眞摯的新文學運動，一部分的觀念的忘掉，當然是不能夠否定歷史上儼然的曾有其事的。時至今日，日據時期臺灣新文學運動之研究則更顯其迫切性。

基於上述認知，本文期望經由史料的整理探究與累積聯綴，以求具體呈現日據時期臺灣新文學運動之發展脈絡與軌跡，藉以考察各階段文學團體、刊物、作家作品間之互動關係及其文學成就與特點。至其目的則不僅在求瞭解臺灣新文學運動開展時之時代環境與文學間之關係，更期進而尋繹此一運動之意義與價值所在，從而窺知臺灣知識份子熱愛故園的鄉土情懷與伸張正義的淚影心聲。

臺灣在日據時期（西元一八九五—一九四五）的新文學運動（註一），是在日本的殖民地體制下，隨著當時如火如荼的臺灣新文化運動，成爲抗日民族運動之一部份而展開的，論者謂：

從一八九五年至一九一五年的二十年間，臺灣智識份子反日的革命鬥爭，特別是肇端於一九一五年歐洲大戰時期的近代化羣眾性的，如火如荼的臺灣民族解放運動，是臺灣歷史劃時代的一個運動，其開始是政治經濟的民族解放運動。但其影響，卻是深滲於思想、文化、科學、文學等各方面，特別是文學方面受影響最多，其成就也最大。臺灣反日民族解放運動使臺灣文學急驟的走上了嶄新的道路，……臺灣文學運動與臺灣民族解放運動是分不開的。因爲反日民族解放鬥爭是適應全部臺胞的要求，臺灣文學歷史的發展就是由這樣的鬥爭而來的。它適應全部臺胞的要求而創造，反映了社會的眞實的新內容新形式新風格。正因爲如此，所以說，臺灣文學運動的主流……是龐大臺胞自己倔強的靈魂的民族文學運動。（註二）

上述這段話說明了臺灣新文學運動，是受到日本帝國主義殖民統治的壓迫而產生，至其歷史意義正如王詩琅所云：

臺灣新文學運動，雖非有意識的民族運動，然而它是採取文學方式，對異族統治的抗爭，作品也多在揭發異族統治的弱點，激發民族意識，影響不可謂不大。（註三）

要之，日據時期臺灣人民身受來自臺灣傳統地主，日本資本家和統治者的多重壓迫之下，臺灣同胞首先從事武裝抗暴，繼以非武裝的政治文化活動，以求掙脫帝國主義者的桎梏，此時文學工作者則藉著思想啓蒙的文學活動，與民衆相結合，來延續其抗爭意識，因此，葉石濤指出：

日本統治下的臺灣新文學運動跟臺灣新文化運動和臺灣社會運動有密切不可分離的關係。而臺灣新文化運動和社會運動其實是臺灣民衆的反日、反殖民、反封建的民族解放意願的具體表現。因此臺灣新文學運動跟隨著臺灣文化協會、臺灣議會設置運動、農民組合、臺灣民衆黨、臺灣地方自治聯盟等政治活動而展開，反映了每個階段臺灣民衆的心願和期望，充分發揮了文學與民衆打成一片的無上效能。（註四）

如上所述，日據時期臺灣新文學運動的根本精神在於「反帝、反封建」，而這種「反帝、反封建」文學的奮鬥目標，在喚起臺灣人民的自覺，堅持重歸祖國懷抱的信念，因此「在民族上，它求解放與自由；在民權上，同日本人抗爭，要得到人權；在民生上，它要改善人民的生活」（註五），所以葉石濤稱「日據時代的臺灣新文學就是三民主義的文學」。（註六）

日據時期臺灣新文學的起點，一般認爲始自一九二〇年《臺灣青年》創刊號的誕生，至一九四五年臺灣的光復而告終（註七）。在這長達四分之一世紀的二十五年歷史中，省籍青年所推行的新文學運動，有用中文寫作的，也有用日文寫作的。前者是繼承中國白話文運動，與中國新文學直接間接發生聯系，因發生較早，成爲臺灣新文學的主流；後者則因在日據的特殊環境下，由於學習日文和受日本新文學的影響而產生。他們的創作語言雖然是日文，但作品所表現的是中國人的生活，中國人的思想，甚而是中國人的民族精神和愛國情操。這種具有中國意識的日文作品，在中國文學史上亦自有其特色和價值，因而可視爲臺灣新文學的一支流。

據榮峰（王詩琅）〈新文學運動人名錄〉（註八）一文所載，在日據時期活動的新文學作家有一百五十九人，其中中文作家有五十四人，日文作家七十三人，中日文並用者三十二人。至於當時寫作環境之惡劣，可由鹽分地帶文學家林芳年的親身經驗窺其一斑：

> 日據時代的寫作經營是艱難的，因爲報社的副刊與文藝雜誌僅能供作者的篇幅有限度，報社與雜誌不會給作者什麼精神鼓勵，或一個銅板。像我前後發表三百餘首詩篇，所得到的是一個時價三塊錢手提包而已。在這精神與物質兩空的環境下，要期文學佳作的產生，的確等於緣木求魚。（註九）

由於環境的惡劣不堪，作家們無法鬻文維生，日據時期除了沒有專職以寫作爲生的所謂「職業作家」外，也有許多是終生只寫一兩篇文章便斷筆的「一作作家」；再者由於經費、稿源的枯竭和日人言論出版管制之嚴苛，許多雜誌往往維持到第三號便難以爲繼，而有「三號雜誌」之譏，最短的有只發行創刊號便停刊的，甚至有在「納本」（註一〇）送檢時就被禁止發行的。不過，日本當局雖然一直以不當的手段進行干涉和騷擾，但是藉由新文學作家們孜孜矻矻的不斷努力奮鬥，使得日據時期臺灣新文學的進展，不但匯聚成一股沛然莫之能禦的文學運動，而且有著不容忽視的業績和成就。

【註釋】

註一　日據時期指西元一八九五年（光緒廿一年，明治廿八年）四月十七日馬關條約簽訂起，至一九四五年（民國卅四年，昭和二十年）八月十五日日本無條件投降止，凡五十年又四個月，其間年代換算參見附錄一：日據時期年曆對照表。關於「臺灣新文學運動」，廖漢臣曾稱：「在日人統治時代，『臺灣的文學』應該改作『臺灣的文學運動』，更正確地說，應該改作『臺灣新文學運動』，因爲這『新文學運動』發生以前，形成臺灣文學運動的主流的，是所謂『詩學』『詩社』的提倡，也可以說是一種『舊文學運動』。」引自李南衡編：《日據下臺灣新文學明集五：文獻資料選集》（臺北：明潭出版社，一九七九年三月），頁四一一～四一二，原文見廖漢臣：〈新舊文學之爭〉，《臺北文物》第三卷第二期（一九五四年八月），頁二七。

註二　歐陽明：〈論臺灣新文學運動〉，《南方週報》創刊號（一九四七年十二月）。引自彭瑞金《臺灣新文學運動四十年》（自立晚報社，一九九一年三月）頁十一。

註　三　王詩琅：〈臺灣民族運動史〉，《王詩琅全集十》（高雄：德馨室出版社，一九七九年十二月），頁一四二，原文發表於一九七二年七月一日《華學月報》七期。

註　四　葉石濤：〈光復前臺灣的文學雜誌〉，《文訊》雜誌第二十七期（一九八六年十二月），頁七〇。

註　五　葉石濤：〈臺灣新文藝誕生之背景〉，《中國現代文學的回顧》（臺北：文鏡文化公司，一九八六年十一月），頁一〇四。

註　六　同上註。另〈從鄉土文學到三民主義文學—訪葉石濤先生談臺灣文學的歷史〉一文亦表達相同觀點，見葉石濤：《文學回憶錄》（臺北：遠景出版公司，一九八三年四月），頁二五八。

註　七　葉石濤：《臺灣文學史綱》（高雄：春暉出版社，一九九一年九月），頁二八。按此一觀點一般學者殆無疑義。

註　八　王詩琅該文刊於《臺北文物》第三卷第三期（一九五四年十二月），頁九〇～九六。文中數據與葉石濤：〈悼王詩琅先生〉一文中所稱：「在日據時代臺灣新文學運動中從事文藝工作的作家，大約有一百七十人之多，其中用中文發表作品的作家有五十三人，以日文寫作的作家有七十三人。」相當接近，由是可見日文作家較中文作家爲多，葉文載於《自立晚報》（一九八四年十一月二十二日）。日據時期主要新文學作家作品參見附錄二。

註　九　林芳年：〈鹽分地帶的文學運動〉，《抗戰時期文學回憶錄》（臺北：文訊月刊雜誌社，一九八七年七月），頁二三一。

註一〇　發賣前先行呈送政府主管機關檢閱之剛出版新書通稱爲納本，爲一日式名詞。

據一九一七年十二月廿八日第二號律令公布之「臺灣新聞紙令」第十條規定：「發行人應於報紙逐次發行前，檢呈其報紙二份於臺灣總督府，及其所轄州廳，並其地方法院檢察局各一份。」見《臺灣省通志稿卷五·教育志文化事業篇》（臺灣省文獻委員會，一九五八年二月），頁四〇四。

第二章　日據臺灣的時代環境

第一節　政治環境

第一目　高壓的殖民統治

日本統治臺灣期間，執行其殖民統治政策之臺灣總督，容因國際局勢、日本政情、或對臺政策等之變化而有所更迭，但十九任臺灣總督（註一），不管是武官總督或文官總督，其對本島省民執行「內臺差別」歧視待遇的專制統治政策則始終如一。

臺灣總督兼有行政權、立法權、司法權和軍事權，形成獨裁權力，其權力來源則係依據一八九六年三月二十日日本政府以法律第六十三號所頒布之「有關施行於臺灣之法律之件」，通稱「六三法」，全文共六條，第一條即規定：「臺灣總督得在其管轄區域內，發布具有法律效力之命令」（註二），據此，總督擁有專擅立法之權，以建立其殖民統治政策。

「六三法」是臺灣總督專制政治之張本，亦爲臺灣一切惡法之由來。自該法頒布後至一九三二年間，依據「六三法」所發布的律令甚多，其中較重要而最爲戕害島民者如下：

△一八九六年十月一日的「犯罪即決例」，賦予警察逕行決定監禁人民之權，臺灣同胞之人權毫無保障，係緣於此。

△一八九七年一月廿一日的「臺灣阿片令」，實施鴉片專賣制度，對鴉片採行漸禁政策，對吸食成癮者發給特准吸烟執照，藉以籠絡麻醉臺灣同胞。

△一八九八年八月卅一日的「保甲條例」，以十戶爲一甲，十甲爲一保，甲置甲長，保設保正，藉以協助警察，監視居民行爲和緝捕盜匪等。保甲人民並實行連坐責任制，如有違失或怠職，即由「對保巡查」罰以「過怠金」或苦役，人民動輒得咎，苦不堪言。

△一八九八年十一月五日的「匪徒刑罰令」，對暴行脅迫之「匪徒」（抗日份子）處以死刑或判服重勞役，以消弭台人有組織的抗日行動。

△一九〇六年三月十六日的「浮浪者取締規則」，對於無業遊民強制定居及就業，不從者予以拘禁懲戒，官憲每藉此限制人民旅行自由。

保甲制度的建立和嚴密的警察組織是日人控制臺民的兩大利器，其對殖民地臺灣的經營，主要是運用警察力量來鎮壓反抗，維持治安，強制執行各項殖民政策，故日據時期警察權力之大，幾至無所不管的地步，諸如：警務、戶籍、保安、風紀、征役、征稅、衛生、派捐、經濟管制、公債勸募、土地收購等均是其權力範圍。就因其權力大到無事不可爲，因此欺壓人民、凌虐百姓的行爲均假其手而行，其凶狠殘暴，羅福星的〈大革命的宣言書〉言之甚詳：

最可痛者，莫如地方日警。彼嘗藉口：保甲費、警察費、壯丁費，……等等名義，對人徵收，飽其私囊。且濫用威權，如狼似虎，自爲村中「國王」！人民若賄之以金，尚稍相安，否則動必吃苦，例如：富者於正月季節，當備雞、鴨、酒、肉、菜料……等，贈送日警。貧者不能辦此，以故日警優富而虐貧。至云衛生一事，富者門外雖污穢如山，日警猶默然許之，貧者稍見塵埃，立受毆打，侮辱、毒害。如所謂名譽職—區長、保正、甲長—本當以公平選舉投票法，以民意爲歸。顧日警則反是，彼且選其適意之人，以多金者任之，故廉潔之人才，村中之宿望，棄之若遺，以金錢可得貴上職也。富者對於栽植路樹，修理道路，討伐生蕃……等義務人夫全免，事之不平，莫甚於此。日警每藉言：調查户口，視察阿片……等，侵入人家，人民若不以雞酒待之，將來必受毒害。若是橫行，實爲他國所未有，唯日本警察始敢如此逞威、貪財，故我三百餘萬臺民，抱不平不服之心實多。（註三）

至於在「工業日本，農業臺灣」的經濟政策下，羅福星更進一步直陳日人「奪我財產，絕我生命」的苛政：

凡人民產業，日本政府悉課以極重之稅，人民在社會，生活困難，入不敷出，故年來陷於失敗破產者，妻子不能養，不幸流爲盜賊；彼本良民，不得已乃掠人之財，爲糊口計，若被日本政府所得，悉處以死刑，且有全家滅亡之慘。今也日本政府之治安方針，視臺民如盜賊土匪，欲剿滅之，日本政府乃以此柔軟的手段，以滅亡我臺民也。

苟有利之事業，悉爲日本政府，官營之，專賣之，臺民僅有薄利之事業而已。且徵之以極重之苛稅，僅以三四百元資本之小賣商，悉課以一千元以上之苛稅，有十萬元之資本金者，年年增加至十數萬元之苛稅。（註四）

在兒玉源太郎擔任臺灣第四任總督時，省民因不堪其苛政，臺北里巷間曾流傳下列一詩：

兒玉爲總督，百姓苦難當，害人無米煮，父子分西東。（註五）

由此可見省民被侵壓剝奪苦況之一般。

第二目　臺胞的抗日運動

一、武力抗爭時期

在一八九五年四月十七日清日簽署馬關條約協議割臺後，抗日民兵即與日軍展開一連串的攻防戰，自唐景崧領導下的「臺灣民主國」瓦解後，首任臺灣總督樺山資紀旋於六月十七日在臺北城內總督府舉行「始政式」，並藉由凶狠的警察統治系統和嚴密的保甲制度，對臺灣人民遂行其嚴酷的殖民統治。

初期臺灣同胞的流血革命雖然全被配備現代化武器的日本軍警所撲滅，但在素有「三年一小亂，五年一大亂」之稱的臺灣，義民們不甘壓迫的反日起義事件仍然此起彼落，層出不已。及至一九〇七年由蔡清琳所引發的「北埔事件」，竟成爲其後全島一連串武裝抗日事件的另一個開端。迄至一九一

五年西來庵事件（噍吧哖事件）止，較重大之抗日武裝事件略如下表：（註六）

事件名稱	年代	主事者
1.北埔事件	一九〇七、一一、一四	蔡清琳
2.林圯埔事件	一九一二、三、二三	劉乾
3.土庫事件	一九一二、六、二七	黃朝
4.苗栗事件		
(1)南投事件	一九一二、一〇	陳阿榮
(2)新竹大湖事件	一九一三、四	張火爐
(3)臺南關帝廟事件	一九一三、七	李阿齊
(4)臺中東勢角事件	一九一三、一二、二	賴來
(5)羅福星事件	一九一三、一二	羅福星
5.六甲事件	一九一四、五、七	羅臭頭
6.西來庵事件	一九一五、七、六	余清芳

以上這些義民武力抗暴事件，雖因對內缺乏嚴密的組織和充分的戰鬥訓練，對外缺乏來自大陸祖國的協助奧援，不旋踵間即爲配備現代化武器的日本軍警所鎮壓撲滅，然而從慘痛的失敗教訓中，臺灣同胞們用鮮血淋漓的事實，揭穿了日寇同化懷柔政策的欺詐性，從而全面提高了臺灣人民抗日的民族自覺，進一步展開深入群衆的民族革命宣傳活動，最後終於發皇爲後期愈形波瀾壯濶的政治運動，文化運動，和新文學運動。

二、非武力抗爭時期

㈠海外知識青年的抗日結社

早在西元一九〇七年（光緒三十三年），年方二十七歲的臺灣民族運動領袖林獻堂在奈良旅邸，向流亡日本的梁啓超陳述臺灣人民所受日本殖民統治的政治迫害、經濟壓榨，以及愚民教育，而就臺灣前途問題加以請教時，梁氏即明告以：

> 中國在今後三十年，斷無能力幫助臺人爭取自由，故臺灣同胞切勿輕舉妄動，而作無謂之犧牲。最好倣效愛爾蘭人對付英本國之手段，厚結日本中央政界之顯要，以牽制臺灣總督府之政治，使其不敢過份壓迫臺人。（註七）

其後梁氏更於一九一一年四月上旬親身來臺，下榻於臺中霧峰，地方聞人如林獻堂、林幼春、蔡惠如等都深受感化，「他們已覺沒有現代武器的臺灣人等如籠中之雞，每次以武力鬥爭都被虐殺，所以林獻堂主倡文化運動，團結群衆之力，雖歷經很多鬥爭但不致流血。」（註八）

由於梁啓超的啓發開導，兼且有識之士眼見北埔事件、苗栗事件、西來庵事件等武力反抗，都遭到慘重失敗，深刻體認到以武力抗爭不僅犧牲大，效果少，也不合時勢，難操勝劵，加上第一次世界大戰後世界思潮的衝擊，使得熱血青年，愛國志士們，改換了另一種形式的抗日鬥爭，這就是文化運動的肇始。

知識青年的民族運動，發皇於海外，留學東京的臺灣知識份子，因受世界潮流的影響，民族意識覺醒，有感於結成團體以便推動實踐運動之需要，於是在一九一八年十月，「中國方面中華青年會幹部馬伯援、吳有容、劉木琳，臺灣人方面林呈祿、蔡培火、彭華英及蔡惠如等人之間，以親睦爲名目的團體組織之議告成」（註九），於是乃取「同聲相應」之義，成立了第一個結社組織「聲應會」。「聲應會」成立後即因會員不多且流動性大，未見展開預期的活動便告自然消滅。一九一八年底，東京青年學生集合了一百餘人，重行組織了「啓發會」，但創立未久，即因組織的不健全，而歸於似有似無。至一九二〇年一月十一日，再由蔡惠如發起而成立「新民會」，其後並公推林獻堂擔任會長，蔡惠如爲副會長。

「新民會」的成立經過，據林呈祿的回憶是這樣的：回憶大正九年（一九二〇年）一月元旦，惠如兄到神田敝宅來拜年，我對他談起前年啓發會解散的事情，歎息現在沒有團體，欲作政治運動，極感不便。他聽完我的話，便毅然決然答應要出面重新組織，以便繼承啓發會要做的事業。同月八日，他邀請舊啓發會會員十一人，假神田中華第一樓開創立磋商會，當經全場一致贊成，遂於同月十一日，在中澁谷惠如兄的寓所舉開創立大會，會名亦由他擬定爲「新民會」，蓋取大學篇中「作新民」之義。（註一〇）

由上文可見，「旅居東京臺灣留學生之民族的覺醒，及其走向實踐運動的傾向，是在林獻堂、蔡惠如等人統制下具體化的。」（註一一）

「新民會」係「專爲研討臺灣所有應予革新之事項，以圖謀文化之向上」爲目的（章程第二條），據此大會中議決三項行動目標：一、爲增進臺灣同胞之幸福，開始從事政治改革運動；二、發行機關雜誌，以擴大宣傳，並連絡各界聲氣；三、謀求與中國同志接觸之途徑。

「新民會」自成立後迄於一九三〇年歸於消沉的十年間，除了發刊《臺灣青年》雜誌，撰文揭發臺灣總督政治的苛暴；舉辦演講會，座談會以溝通聲氣；著手研究工作，出版包括「臺灣地方自治問題」、「關於臺灣報紙之創設」、「同化關稅撤廢運動的提倡」、「中國新文學概觀」等新民會文存三種外，更積極對臺灣作啓蒙運動，以求合法圖謀民權之伸張，故「新民會」實爲臺灣文化運動之始創者。

此外在東京一地的臺灣留學生團體尙有：「東京臺灣青年會」、「文運革新會」、「南盟會」、「留東同鄉會」等。另外在中國各大城市如上海、北京、閩南、南京、廣州等地亦有許多留學生團體，在近代臺灣民族革命運動上，也扮演了重要的地位。

㈡臺灣本島的政治文化運動

由於「六三法」賦予臺灣總督無比的獨裁權力，臺灣同胞所受壓迫甚深。早在一九二〇年十一月二十八日，蔡培火即於東京糾合新民會會員，進行「六三法撤廢」運動。惟因時値第一次大戰之後，民族自決思想盛行，不少民族運動份子如林呈祿等認爲與其撤廢「六三法」，不如設置臺灣議會，藉以凸顯臺灣的特殊性，從而間接否定日本的「內地延長主義」之詭謀。林呈祿此一主張獲得新民會會員的共鳴，遂轉而以臺灣議會之設置爲共同奮鬥目標，希望藉臺灣特別議會之設立，以審議臺灣預算及制定有關施行於臺灣的各種法令。

臺灣議會設置請願運動在林獻堂、蔡培火、林呈祿等人之積極奔走下，自一九二一年一月三十日向日本帝國議會貴衆兩院提出第一次請願起，迄一九三四年九月二日宣告中止請願運動止，歷時十四年，請願十五次。此一合法政治運動主流的請願運動雖然終歸失敗，然而它在啓發臺人政治意識，促進臺胞團結奮鬥與喚起日本各界重視臺灣問題等方面，卻獲致了無比的成果；尤其是臺灣總督府宣稱於一九二三年二月成立之「臺灣議會期成同盟會」，爲違反「治安警察法」的政治結社，而於十二月十六日大施彈壓，全省被搜查傳訊者達九十九人，造成轟動中外的「治警事件」一案，更加引起臺灣人民的敵愾心，與日本國內民間的同情與支持。

在後期非武力抗日的許多團體中，「臺灣文化協會」無疑地是影響最深遠的一個文化啓蒙團體，葉榮鐘認爲：

臺灣議會設置運動，臺灣文化協會與臺灣青年雜誌是臺灣非武力抗日民族運動的三大主力。若用戰爭的形式來比喻，臺灣議會設置運動是外交攻勢，臺灣青年雜誌（包括以後的《臺灣》雜誌，《臺灣民報》以至於日刊《臺灣新民報》）是宣傳戰，而文化協會則是短兵相接的陣地戰。（註一二）

以「助長臺灣文化之發達爲目的」（會則第二條），而於一九二一年十月十七日在臺北大稻埕靜修女子學校舉開創立大會的「臺灣文化協會」，據發起人蔣渭水回憶其創立動機稱：

臺灣人是握著世界和平第一關門的鍵啦。這豈不是很有意義且有很重大的使命嗎？我們一旦猛醒了負著這樣重大的使命，那麼就要去實行這使命才是。本會就是要造就實行這使命的人才而設的，然而臺灣人現時有病了，這病不癒，是沒有人才可造的，所以本會目前不得不先著手醫治這個病根。我診斷的結果，臺灣人所患的病，是智識的營養不良症，除非服下智識的營養品，是萬萬不能治癒的。文化運動是對這病唯一的治療法，文化協會就是專門講究並施行治療的機關。（註一三）

文化協會除了藉發刊會報、設置讀報社、開辦夏季學校，舉辦各種講習會、文化講習會、美臺團巡迴電影放映，來積極推展文化啓蒙運動外，更針對臺灣總督的苛政，在一九二七年十月十七日，以明白曉暢的白話文提出一份抗議書，全文如下：

在沒落過程中之日本帝國主義，對中國國民革命出兵干涉，侵略滿蒙，彈壓殖民地解放運動等，以必死之努力，保持其餘命。幾多同志，斃於專制毒牙，此非曝露帝國主義之暴虐殘忍而何？帝國主義之先鋒—臺灣官憲，近來大露其醜態：擁護財閥三井、三菱，放領土地於退官者，暴壓臺灣解放運動，醜態百出，盡量發揮其爲地主、資本家走狗之忠誠。言論集會之自由，完全被蹂躪，甚至如屋外集會亦受禁止，曝露出帝國主義對殖民地政治，所用一切惡手段於大眾之前。我等爲言論自由而戰，爲獲得屋外集會自由，絕對反對臺灣官憲之暴壓政策，徹底糾彈禁止屋外集會之總督府暴政。（註一四）

總督府方面認爲，文化協會經常宣傳的要旨是：

漢民族是保有五千年光榮文化的先進文明人，不該屈服在異民族的統治下。日本的統治方針乃在消滅漢民族所有的文化和傳統，把它作爲經濟搾取的對象，完全爲日本的隸屬民族，或作爲被壓迫民族，加以壓迫拘束。我們應喚起漢民族的民族自覺，把臺灣作爲我們的臺灣，自行統治，排除屈辱站起，團結起來。（註一五）

像這樣一個表面溫和，實質上卻是以「抗日歸宗」爲目標的團體，自然深遭日本官憲之忌視，因此日方除了加強對講演會，講習會等各種活動的言論取締外，並決定下列處理方針：

一、對利權營業者，學校教職員等，凡與此種運動有關係者，則加勸諭，求其反省，如此，倘再不聽從者，乃予以整理。

二、利用街庄長會議、保甲會議，以及人眾集合的所有機會，設法俾理解當局的方針，警戒一般島民不可妄動。

三、嚴重諭示，街庄長係負責促進公共團體發展之公務員，不得與此種運動有所關係，倘仍強欲參加時，應辭去職務，始得任意行動。

四、一般職員對於關於臺灣議會及文化協會行動的態度，最要愼重，諸如態度、言說不可被他們的運動所利用，或對他們供作攻訐抨擊的資料，務須注意有此稚劣的措施。

五、議會請願及文化協會在作其宣傳、講演時，應派精通土語的警察幹部到講演場監視，倘有

妨礙治安的言動時，應作相當的處分。（註一六）

「臺灣文化協會」直到一九二七年一月三日，終因內部人事的不和而宣告左右派分裂，「新文協」由連溫卿派主導而逐漸左傾變質，其後雖有一九二七年七月蔣渭水領導的「臺灣民衆黨」，和由林獻堂、蔡培火、楊肇嘉於一九三〇年八月十七日在臺中創立的「臺灣地方自治聯盟」等政治結社，但其作用和影響力則已大非昔比了。迨至七七事變以後，臺灣在「皇民化、工業化、南進基地化」的戰時體制口號下，所有對日抵抗運動都被全面扼殺了。

第二節　文化環境

第一目　箝制言論出版

消滅臺胞的民族意識，以防止反抗運動的滋長，一向是日人治臺的根本政策，因此在政治上採取高壓政策，在文化上推行日本語文，而對於新聞言論，更實行嚴厲的管制措施：

日人侵佔期間，臺灣總督府，爲著順利推行其帝國主義政策，並沖淡臺胞民族的意識起見，對于一切言論新聞，採取極端壓迫的手段，明令非得臺灣總督府的核准，不得在臺灣島內發刊新聞，以及帶有新聞性質的雜誌刊物。其得核准者，亦應於開始發行時，將每期報紙或雜誌檢交兩份於發行前，送交當地的主管當局，以待檢閱許可，然後發行。至於臺灣島外發行的新聞，總督府仍本著他們的基本方針，不論在日本本土或其他等地發行的新聞，如果總督付認定其刊物，係以分銷於臺灣島內爲目的者，則由臺灣總督府公告其刊物種類，並命令須經臺灣總督府核准分銷後，仍應由分銷人負責將每期報紙於派銷前提出兩份送交主管當局待檢閱許可後，始得派銷。（註一七）

上述管制措施係依據一九〇〇年二月廿一日公布的「臺灣出版規則」（管制單行本之文書圖畫），和一九一七年十二月十八日公布的「臺灣新聞紙令」（管制報紙雜誌）而來（註一八）。對於新聞紙的發行，採取「許可制」、「保證金制」和「檢查制」三項管制措施，而送呈檢查的刊物即通稱爲「納本」。

日本當局之檢查制度極嚴，根據「臺灣新聞紙令」規定，舉凡誹謗統治根本方針，故意對各種政策作反宣傳，贊揚民族革命運動，暗示教唆臺灣獨立，刺激民族意識，阻害日臺人融和及打擊總督威信等均在禁止懲罰之列。若是報章雜誌上之文章有不悅當局耳目者，即以「內容不妥」爲理由，將該文欄割除，結果在該版面留下一片空白，而形成所謂的「食割」（開天窗）。在臺灣總督府的高壓新聞政策下，「食割」的現象已是司空見慣，毫不足奇，但是「刊物中如有『食割』，則須將全部的刊物，提交警察署，點檢全部的部數，在該署將被禁止的部份逐冊剪除後，方許運回發行，萬一如部數有短少時，那就麻煩了。」（註一九）也就因此「凌雲」要對這種跡近吹毛求疵的檢查尺度發出不平之鳴稱：

在我們的貴臺灣，如果言論不謹愼，當然要被禁止，進一步倘欲發些遺老氣，馬上請你食冷飯，睏無腳眠床，這是凡具有點常識的人，大概免說而自知的。（註二〇）

而作爲臺胞喉舌的《臺灣民報》，也對臺灣禁止事項之多，提出了「毫無言論自由的臺灣新聞界」的抗議之聲（註二一）。一九三七年中日戰爭爆發後，七月十四日臺灣軍司令部即警告臺民不可有「非國民之言動」。八月十五日宣布臺灣進入戰時體制後，臺灣總督府更明令所有刊物，除下列各項外，凡與軍事有關之事項，須經臺灣總督之許可才可刊載：

1. 經軍事當局發表者。
2. 經臺灣總督府當局發表者。
3. 在日本內地或朝鮮，經當局之許可者。
4. 對於業經許可之事項的轉載。
5. 經同盟通訊社處理過者。（註二二）

第二目　日語普及運動

日人攻佔臺灣後，爲剷除臺灣人的民族意識和國家觀念，以遂行其內地延長主義之同化政策，即於一八九五年六月十七日臺灣總督府始政典禮後之次日成立學務部，由教育家伊澤修二任學務部長。他率先向樺山資紀總督提出一篇臺灣教育意見書，第一句即明言：「臺灣的教育，第一應該使新領土的人民從速學習日本語。」此後日本統治當局即依據此一方針，積極致力設置學校，以謀普及日語。

一八九五年七月伊澤修二奉派爲臺灣國語傳習所所長，假臺北市士林芝山巖創設學堂，推廣日語教育。一八九六年「國語學校規則」公布後，日治當局更在全臺各地開設「國語傳習所」及「國語學校」，其目的即在於「向土人傳習現行國語，以爲地方行政設施的準備，並爲教育的基礎。」（註二三）一八九八年七月「臺灣公學校令」制定後，規定在臺灣各縣市設立六年制「公學校」（國民小學）（註二四），以取代原來之「國語傳習所」。各公學校並設有速成科，利用夜間，假日或其他時間教授日語，從此公學校成爲推廣日語的最主要機構。此外各地區也設有私立日語學校，書房並增設日語科以滿足民衆之需要。

一九三二年總督府爲積極在各地加強日語普及工作，公布「臺灣公立特殊教育設施令」，正式確立在市、街、庄設立「國語講習所」，作爲特殊教育的一部分。一九三三年總督府更訂定「國語普及十年計劃」，以全臺每一鄉鎮設一講習所爲原則，預定十年之內使懂日語人數達五十％以上。經由上述這些日語普及網全面而深入的建立，使得懂日語的臺人人口逐年激增，而獲致了預期的效果。（註二五）

另一方面，作爲傳授漢文教育的舊式書房義塾，隨著環境的變遷，本已日漸沒落，這由當時臺灣人進塾研讀心態即可推見：

除極少數以學問爲學問，終生孜孜不倦研討的通儒外，多數的民眾，使子弟學點中文，不過希望其將來能寫信、記賬，就心滿意足了。至於比較有向上心，和家境富裕的，多讀幾年書，也不過能學到寫篇遊戲文章，或作點祝、祭之類的文字；和咏些閒情詩，消消遣，充充風雅，那就被認爲了不起，如欲再使更進一步，不但本人少有此雄心，在其週圍反多阻礙他向上的條件。（註二六）

再加上日人深深忌諱書房的存在，認爲它是漢文和中華文化民族精神之堡壘，嚴重危害殖民地「同化政策」的推行，也容易成爲抗日的中心，而影響到社會治安與政治的穩定。因此總督府對漢學塾採行漸禁的手段，於一九二二年公布「書房義塾教科書管理辦法」，次年，書房即紛遭取締或禁止。一九三七年四月一日，總督府更在臺灣軍區司令部參謀長荻洲的建議之下，下令各報禁刊漢文欄（註二七），全面禁絕漢文書房，公學校每週二小時的漢文教授也被迫中止，並推行「國語常用運動」，通令全臺公職人員無論公私場合宜用日語，禁止使用中國語文，推行「國語家庭」，建設「國語模範部落」，此後臺灣的教育與文化環境，終成日文獨擅的局面了。

在七七事變後總督府更雷厲風行的推動「皇民化運動」，不但一切學校，商業機關都不准使用漢文，更強迫推行所謂的「國語（日語）普及運動」，臺灣人民不分男女老幼都被迫在日常生活中使用日語。據統計，一九三七年四月底止，全島能解日語者，不過三七％而已；但到了一九四二年四月底便躍增至六〇％左右。臺灣總督府用來推行日語的機構—國語講習所，在一九三七年度共有一萬六千三百十七所，講習生達一百〇四萬八千三百四十一名。臺灣人的就學率在一九四二年時，也從一九〇

二年的三・二一％激增至六四・八一％。可以說，這個時代的臺灣青少年都受過日本帝國主義的痲醉教育。（註二八）

【註釋】

註一　歷任臺灣總督名稱參見附錄三：日據時期臺灣總督人物表。

註二　「六三法」內容參閱《臺灣省通志卷首下大事記》第二冊，臺灣省文獻委員會發行，一九六八年六月，頁一〇九。

註三　漢人（黃玉齋）：《臺灣革命史》（臺北，臺灣藝術社，一九二七年四月），頁四一～四二。

註四　同前註，頁四〇。

註五　春暉：〈兒玉總督之苛政〉，《臺北文物》第八卷第四期（一九六〇年二月），頁四八。

註六　相關資料詳見《臺灣省通志稿卷九─革命志抗日篇》（臺灣省文獻委員會，一九五四年十二月），頁二八～九七。

註七　參見葉榮鐘編：《林獻堂先生紀念集》卷一（林獻堂先生紀念集編纂委員會印行，一九六〇年十二月），頁十五。

註八　吳濁流：〈回顧日據時代的臺灣文學〉，《臺灣文藝》第四十九期（一九七五年十月）。

註九　王詩琅譯：《臺灣社會運動史》（臺北：稻鄉出版社，一九八八年五月），頁四三。該書爲一九三九年七月臺灣總督府警務局出版之《臺灣總督府警察沿革誌第二編，領臺以後の治安狀況（中卷）》第一章

「文化運動」之部份。按中卷副題爲「臺灣社會運動史」，共分：文化運動、政治運動、共產主義運動、無政府主義運動、民族革命運動、農民運動、勞働運動、右翼運動等八章，厚達一千三百八十頁，敘述自一九一三年同化會成立起至一九三六年間，文化、政治、社會各層面的抗日運動史，包含甚多珍貴史料。

註　十　《臺灣民報》第二六二號（一九二九年五月二十六日），頁三。

註十一　同註九，頁四四。

註十二　葉榮鐘：《臺灣民族運動史》（自立晚報社，一九九〇年六月），頁二八一。

註十三　蔣渭水：〈五個年中的我〉，《臺灣民報》第六十七號（一九二五年八月廿六日），頁四五。

註十四　〈臺灣文化協會抗議書〉全文引自王曉波編：《臺胞抗日文獻選編》（臺北：帕米爾書店，一九八七年六月），頁七二。

註十五　同註九，頁三〇〇。

註十六　同註九，頁三一二。

註十七　王白淵：《臺灣年鑑．文化篇》（臺灣新生報社，一九四七年六月），頁P八。

註十八　「臺灣出版規則」暨「臺灣新聞紙令」全文見《臺灣省通志稿卷五教育志文化事業篇》（臺灣省文獻委員會，一九五八年二月），頁四〇一～四〇六。

註十九　黃邨城：〈談談《南音》〉，《臺北文物》第三卷第二期（臺北市文獻委員會，一九五四年八月），頁五九註二一。

註二〇　凌雲：〈何其怪哉！〉，《南音》第一卷第五號（一九三二年三月），頁一九。

註二一　錫州（王敏川）譯：〈毫無言論自由的臺灣新聞界〉，《臺灣民報》第三卷第二號（一九二五年一月十一日），頁一一。

註二二　《部報》第五號（臺灣總督府臨時情報部，一九三七年十月），頁七～八。

註二三　矢內原忠雄：《日本帝國主義下的臺灣》（周憲文譯）（臺北：帕米爾書店，一九八五年七月），頁一四二。

註二四　日據時期臺灣人子弟就讀「公學校」，日本人子弟就讀「小學校」，「小學校」之師資、設備、課程均遠較「公學校」爲優，此一「內臺差別待遇」直至一九四一年四月才統一爲「國民學校」。

註二五　參見黃宣範：《語言、社會與族群意識》第四章第一節〈日語運動〉（臺北：文鶴出版公司，一九九三年七月）頁八六～九六。

註二六　范丞：〈日據時期之中文書局〉，《臺北文物》第三卷第二期，頁一三一。

註二七　黃得時語，見〈永不熄滅的熠火·聯副座談會〉，《聯合報副刊》，一九八〇年七月七日。

註二八　數據資料引自藍博洲：《日據時期臺灣學生運動》（臺北：時報出版公司，一九九三年四月），頁三六九。原文見莊嘉農（蘇新）：《憤怒的臺灣》，頁七七～七八，一九四九年一月，臺北陳世傑發行《新觀點叢書》之六。

第三章　臺灣新文學運動的影響因子

第一節　世界潮流的衝擊

第一次世界大戰以後，美國威爾遜總統（W. Wilson）民族自決的主張，以及西歐民主自由的思想，馴至一九一九年愛爾蘭以和平的議會運作手段所獲致成功的獨立自治運動，同年朝鮮爭取獨立流血革命的「三一事件」（萬歲事件），暨蘇俄布爾雪維克革命和中國國民革命的推進等系列爭取獨立自主改革的革命運動，都深深地影響了臺灣的知識份子，林慈舟（呈祿）即曾大聲疾呼說：

丁此世界革新之運，人權發達之秋，凡我島之有心青年，亟宜抖擻精神，奮然猛省，專心毅力，考究文明之學識；急起直追，造就社會之良材。語云：至誠所感，金石爲開，立志既堅，山岳可徙。苟能人人持破釜沈舟之志，抱排山倒海之心，則高砂前途，庶有豸乎。（註一）

而蔡孝乾也明白指出：「歐洲大戰以後，世界的思潮流到臺灣，給久在睡夢中的臺灣人，以一服的興奮劑，臺灣的啓蒙運動從茲開始。」（註二）

另一方面，當時的日本，由執教於東京帝國大學的政治學者吉野作造，於一九一六年所提倡的「民本主義」（亦即民主主義），正蔚成思想界的主流，形成巨大的「大正民主潮」時代。臺灣的留學生們浸淫在這種自由風氣之下，對於形成「大正文化」的當代日本作家諸如：西田幾太郎、河上肇、福田德三、田中王堂、杉森孝次郎、廚川白村、生田春月、土田杏村、岸田國士、武者小路實篤（註三）等人之著作，於汲取吸收之餘，自然轉化爲新文學運動的精神糧食。

由於日本書籍較中國書籍容易取得，並且日本翻譯西方書籍遠比中國快，因此當時居住在臺灣的文人，大多透過日文去攝取西歐的思想和文學，楊雲萍稱：「那時我們已用日文做媒介，得和世界的文學接觸。」（註四）因此楊雲萍認爲：「臺灣的新文學運動，雖是受到中國的新文學運動的影響而發生，可是，對於文學一般的理解和欣賞的能力，臺灣是較高於當時的中國的水準。」（註五）對於當時臺灣新文學所受「日本文壇」影響的實際情形，則可由日據時期前輩作家林芳年的下述說明瞭解：

當時在日本官憲箝制下的臺灣，所有的新文學運動工作者大多懂悉日文，對中文之了解有限，且在日本政府箝制下難於得到祖國的文學刊物。一方面由日本內地出版的文學雜誌源源而來，各派刊物應有盡有，而留學海外的學生也以日本爲多。至於留學祖國，在當時的鹽分地帶裏僅能找出其一二。由此可見，臺灣新文學運動影響所及應以日本爲大。（註六）

第二節　五四思潮的刺激

對於掀起祖國五四新文化運動的大陸青年們，當時的臺灣青年曾難掩其敬慕之情的說道：

諸君！請看看他們內地（日本）青年和中華民國青年們的純潔理想—活潑的運動。他們一旦覺醒，便具有時代性的自覺，爲了世界，爲了國家，以渾身的熱情奮鬥，這是多麼値得我們羡慕的事啊！」（註七）

陳逢源也在《臺灣民報》創刊號上，以詩表達對新文化運動領導者的讚佩稱：「詰屈聱牙事可傷，革新旗鼓到文章；適之獨秀馳名盛，報紙傳來貴洛陽。」（註八）

由於當時臺灣文學青年如此景仰五四新文學革命的健將，因此不但諸如胡適的「八不主義」，和陳獨秀文學革命的主張，很快就被引進到臺灣來，《臺灣民報》上也大量轉載了胡適、魯迅及其他新文學作家諸如：郭沫若、張資平、胡也頻、潘漢年、許欽文、王魯彥、劉大杰、蔣光慈、凌叔華、冰心、章衣萍……等人之作品，供作白話寫作之示範。

另一方面，到大陸就學或考察旅行的臺籍青年如張我軍、黃呈聰、黃朝琴等人，在親身目睹祖國五四運動後白話文的普及情形及其影響之廣泛，也深切體認到推行白話文的重要性，因此紛紛執筆撰文大聲疾呼，黃朝琴即曾就當時的情形作了說明：

民國十一年暑假期間，我和早大的同學黃呈聰先生返回祖國，做了一次短暫的旅行考察，目睹國內「五四運動」後白話文普及情形，對於提高國民知識，影響很大。於是我們認爲欲推行臺灣的文化運動，也非用白話文不可，返日後，曾分別用白話文撰文，發抒所見。（註九）

而他們的呼籲，有如暮鼓晨鐘般，發生了很大的作用，黃得時因此指出：

臺灣從民國十年以後產生新文學運動，可說受到祖國「五四運動」影響很大。我們從當時所發行的許多雜誌可以證明，同時在那個階段，本地有好多人在北平念書，如洪炎秋、蘇薌雨、蘇紹文以及張我軍、許乃昌等。他們寫了很多文章在《臺灣民報》發表，如張我軍、蘇薌雨等多位。可見臺灣新文學運動，受到五四運動的影響很大。（註一〇）

「臺灣新文學運動」的發生，在時間上是緊隨在「中國新文學運動」之後，而其進行的步驟，也是和「中國新文學運動」一樣，先從早期黃呈聰、黃朝琴等人所提倡的「文字的改革」開始，而終於張我軍所主張的「文學的改革」，「它的發軔，殆是原原本本抄襲五四後的文學革命運動」（註一一）。兩者之間，無論是理論主張的提出，運動發展的過程，文體範式的確立，或者語言形式的革命等等，都是有跡可尋，若合符節的，以是王白淵肯定指出：

臺灣的文學，在日人統治時代，可分二大時期，前者是白話文文學，後者是日文文學，前者當然是受了中國的新文學運動成就所影響。（註一二）

也就因爲受到中、日兩方面的影響，使得新文學作品的語言型式，呈現出多種不同的風貌。除了日文和國語白話文之外，還有閃現出日本語詞性搭配方式的不純正國語白話文，以及自一九三〇年代臺灣鄉土話文建設運動興起後，部份作家所嘗試使用的臺灣話文等。

雖然有人對五四影響臺灣新文學發展層面的大小，仍有所質疑，例如巫永福認爲：

很多人很喜歡強調中國五四運動新文學對日本時代臺灣文學的影響，而且太過強調了，這點我不能同意，至少，我們辦《福爾摩沙》雜誌時，並未受到影響。」（註一三）

簡錦松也根據當時留學大陸之臺灣子弟甚少，並且介紹五四訊息的《臺灣民報》在臺灣的銷數不多等理由，認為：「我們可能過度高估了五四對日據時期臺灣文學的影響力」（註一四）。但在本質上，臺灣新文學運動始終追隨著五四以後新文學的傾向則無可置疑，甚至「更可以說是五四運動的臺灣版」（註一五），也因此王詩琅稱其為「本來就是祖國新文學運動的一支分支隊伍」。（註一六）

至於臺灣新文學運動受到日本的影響大，或者五四的影響大的問題，學者之間也有不同的意見。在一項有關「臺灣新文學運動產生的來源」的「光復前臺灣文學」座談會上，楊雲萍認為：

臺灣新文學運動當時的背景是殖民地，臺灣受日本統治，那時已有廣義的新文化運動，後來的新文學運動就是受這個新文化運動的影響。當時的詩人和小說家，皆由日本文字來接受世界文學。

因此他說：「所以臺灣新文學運動，根據我個人的體認，受日本影響較大，受五四運動影響較小。」

黃得時則持完全相反的看法：

關於臺灣新文學運動的來源，本人一直認為受日本影響很大，可是最近我把《新青年》、《臺灣》、《臺灣民報》全部又看了以後，我才改變看法，認為日本是有影響的，但不能說很大，還是五四運動影響較大。例如把《臺灣民報》中所有的目次列出來看，不是談五四運動，就是談整個的中國文學，所以日本文學影響是後來才展開的。因爲那時到東京留學的學生，能以日文寫文章的並不多。

王詩琅採取的是等量齊觀的看法，他表示：

楊雲萍先生説大部份受日本影響並沒錯，從歷史資料看來也是這樣。但臺灣文壇對舊文學的抨擊是從張我軍開始的，他從北平回來，受到五四運動強烈的影響，所以從整個臺灣新文學運動看來，受日本影響當然很大，但五四運動影響也不小，因爲當時用中文寫作的人，大部份是受到五四運動的影響。（註一七）

關於日本或五四對臺灣新文學運動的影響較大的問題，各家看法容有出入，但是都普遍承認，臺灣新文學運動的來源，有五四運動的影響，也有通過日本文字吸收世界文學的影響，例如日據時期的前輩作家楊雲萍即自承他身受兩方面影響的情形說：

我想，臺灣新文學的發生是受五四的影響，大概是沒有疑問的，如最致力這一方面的發動人張我軍是在北平受過教育回來的，如蔣渭水沒有去過日本始終是在臺灣的，懶雲也曾説過，日文小説沒有味道，中文才有興趣。我則初是受舊文學的影響，後來是受五四的刺激的。昔日，臺灣的新文學因爲接受著世界和日本的新思潮，眼光高，水準高，當時在質的方面來説，比較當時的中國並沒有遜色。（註一八）

第三節　擊鉢聯吟的反動

日據時期臺灣的舊文學以詩爲主，張我軍即曾指出：「是現在—歷來也許都是如此—臺灣的文學，除詩之外，似乎再沒有別種的文學了。如小說、戲曲等不曾看見，所以現在臺灣差不多詩就是文學，文學就是詩了。」（註一九）當時臺灣詩社林立，詩人的擊鉢聯吟風氣大盛。這種專事雕詞琢句，拈題競技的擊鉢吟，係源自一八八五年臺灣建省初期，流傳於民間的「詩鐘」（註二〇）。此一詩人間的擊鉢吟詩活動，再經日本在臺漢文學家和臺灣總督府的刻意鼓勵提倡，不但形成了文壇主流，也促成了臺灣詩人結社聯吟的風氣。當時詩社之多，據連雅堂〈臺灣詩社記〉一文所錄，一九二四年全省詩社就有六十六社，其中尤以臺中的「櫟社」（一八九八年），臺南的「南社」（一九〇六年），和臺北的「瀛社」（一九〇九年）爲最著，社員數逾百人。連氏並稱：「三十年來，臺灣詩學之盛，可謂極矣，吟社之設，多以十數。每年大會，至者嘗二三百人，賴悔之所謂過江有約皆名士，入社忘年即弟兄，誠可爲今日詩會讚語矣。」（註二一）另據王文顏估計，日據期間全臺知名詩社約有二八〇個（註二二），成員則大都出身於前清遺老宿儒所主持的私塾，作的是清一色律詩，絕句一類的舊體漢詩。臺灣詩社之昌盛，連於一九一一年來臺遊歷的梁啓超都不禁要說：「滄桑後，遺老侘傺無所適，相率以詩自誨。所至有詩社，萊園吟社以外，櫟社、南社爲其最著也。」（註二三）

考究臺灣詩社昌盛的原因，固然有如梁啓超所言的「遺老侘傺無所適」，不得已而以詩自晦，藉澆塊壘，然而總督府的刻意籠絡，與未忍漢學廢墜有識之士所發起的「漢學維護運動」，卻是不容忽視的兩大推進力量，茲略述其梗概如下：

一、總督府的籠絡政策

日人據臺初期，對臺灣人施行懷柔統治的糖飴策略，第四任的兒玉總督，更在總務長官後藤新平的協助下，對臺人倡行「油注政治」，即在「政治」這統治機器上，統治者的日本人，如同工程師般不斷添加機油，以便統治工作能圓滑進行，不生阻礙，故日人初期的治臺方針是：

> 日人據臺之初，百政伊始，來臺官員，多以具漢學素養而能詩文者派充，文人墨客亦多參與，其治臺方針，且在施行懷柔政策，故自臺灣總督以下官吏，多禮賢下士，招待詩人，主持吟會，蓋藉文教而謀親民，俾鞏固其統治基礎。（註二四）

除了藉著初期來臺工於漢詩之日人，經由吟詩酬酢，擊鉢交歡來營造「內臺融和」的假象外，兒玉總督在一八九九年其南菜園別業落成時，親邀全臺詩人吟詩其間，並將唱和之作裒輯成《南菜園唱和集》，分贈日、臺人士。其後「總督府總務長官後藤新平之官邸鳥松閣，臺北縣知事村上義雄之別業江瀕軒等，均邀旅臺日本詩人及臺籍人士交遊酬唱，而分別輯有唱和集。」（註二五）此外田健次郎總督也在一九二一年十月四日假其官邸，邀集全臺漢詩人茶敘賦詩，而有《大雅唱和集》之作（註二六）。另外由總督府舉辦的「全島詩人大會」等活動，則更是引人注目的騷壇盛事，其所帶動之影響，自不待言。

除上所述外，總督府對臺灣文士的籠絡政策，尚有下列三項：

㈠**紳章制度**

一八九六年九月，桂太郎總督擬訂對具有學識資望之臺人頒給紳章的計畫，並發表「諭告文」，說明發布紳章制度的理由稱：

本島人民今日之境遇，不論賢愚良否，概未享得相當之待遇，甚至具有一定之見識，或資望者，尚且須與愚夫愚民為伍，實不忍睹。如斯，實不獨非待良民之道，復於島民之撫育上關係不尠。因此，茲特創設優遇具有學識資望者之途，俾能均霑皇化，惟此乃最必要之事也。（註二七）

㈡「**饗老典**」

兒玉總督於一八九八年七月十七日，邀請臺北縣地區八十歲以上的臺籍老人三百餘名，在臺灣總督府內開饗宴、演新劇、奏洋樂，並致贈禮物，以示其尊老敬賢之德政，其後並陸續在彰化、臺南和鳳山各舉辦了一次。（註二八）

㈢「**揚文會**」

一九〇〇年三月十五日，兒玉總督邀請臺灣各地曾獲有進士舉人貢生廩生名銜者一五一人（實到七十二人）於臺北舉行應答其「策問」之「揚文會」，會後並安排參觀軍艦及臺北市內軍事、政治、教育、經濟等等施設。此會之目的，旨在「搜羅文人學士，共會一堂，施優待之典，隆敦風勵學之儀，展

其所長，以同贊文明之化。」（註二九）

二、臺胞的「漢學運動」

臺灣淪陷之初，爲了抵禦日本文化勢力的入侵，島內曾經興起一股幾乎遍及全島的「漢學運動」，這一運動的主流便是傳統漢詩。據陳碧笙《臺灣地方史》一書描述其情形稱：

> 淪陷未久，許多地主、官僚出身的上層知識分子迅速掀起一個聲勢不小的漢學運動。讀漢書、寫漢字、作漢詩，此仿彼效，蔚然成風。最初發軔于文化素稱先進的臺南，逐漸擴展至臺中、嘉義、高雄各地，北部的臺北、新竹聞風踵起，出現了第二中心；最後連邊僻如澎湖、臺東、花蓮也捲了進去。這是一個範圍遍及全島的群眾性運動，一直持續到三十年代初期。（註三〇）

如上所述，在有心人士的提倡下，這一蘊含保存國粹的「漢學運動」，遂至一唱百和，南北競起，而擊鉢之風，遂風靡於全島。

初期這種以詩社作掩護，希延漢學於一線，維繫漢文於不墜的結社聯吟活動，本具有反異族反侵略的性質，其在維護漢學，保存傳統文化方面，誠然是功不可沒！

> 當時的文士們，雖然對於擊鉢聯吟心存鄙視，但是在異族鐵蹄下想保存漢民族的文化，不得不提倡詩社聯吟，借以鼓吹青年學子學習祖國文化，其用心之良苦，眞可以説是「無淚可揮惟説詩」。（註三一）

但其末流所趨，則變成徒事吟風弄月，無病呻吟，甚至墮落到沽名釣譽，諂媚求榮的地步，遺民的風骨既失，去原意又遠，深爲有識者所不恥，吳濁流即指出，各地林立的詩社：

在形式上看來多麼壯觀堂皇，文風勃勃，但內容上看來廢頹悲鳴，換骨奪胎，拾古今之棄唾而已。又因設詩社造成兩個風潮，一個是詩社變成紳士的遊戲場，他們老詩人自己也承認做詩就是逢場作戲，別無作用，另一方面又從此詩社產生了職業詩人及職業詞宗。（中略）請看職業詩人做的詩便知，大都千篇一律，他們一天可以做幾十首，但此詩沒有靈魂。（註三二）

這種對舊文學變質的不滿與反感，促使參與文化運動知識份子的覺醒，廖漢臣即指出「舊文學的腐敗，是當時促進『新文學運動』最主要的內部的原因，而且是新文學運動的『死對頭』，在『臺灣新文學運動』發軔後，不斷地繼續著抗爭。」（註三三）因此在文學上自然而然要求能予革新，以振衰起弊，於是臺灣的新文學運動便應運而生了。

【註釋】

註一　林慈舟：〈敬告吾鄉青年〉，《臺灣青年》第一卷第一號（一九二〇年七月十六日），頁三七。

註二　蔡孝乾：〈臺灣的社會運動〉，《臺灣民報》第一八六號（一九二七年十二月十一日），頁二。

註三　陳逸雄：《臺灣抗日小說選》（東京：研文出版社，一九八八年十二月），序言頁五。

註四　楊雲萍：〈人人雜誌創刊前後〉，《臺北文物》第三卷第二期（一九五四年八月），頁五四。

註五　同前註。

註　六　林芳年：〈鹽分地帶作家論〉，《鹽分地帶文學選》（臺北：林白出版社，一九七九年八月），頁三九。
註　七　〈青年同胞に與ふる檄〉，《臺灣青年》第一卷第一號，頁六二。
註　八　芳園（陳逢源）：〈祝臺灣民報發刊〉，《臺灣民報》第一號（一九二三年四月十五日），頁二五。
註　九　黃朝琴：《我的回憶》（臺北：龍文出版社，一九八九年六月），頁十五。
註　十　〈傳下這把香火—「光復前臺灣文學」座談會〉，《聯合報》副刊，一九七八年十月廿二日。
註一一　王詩琅：〈臺灣．祖國的文化交流〉，原文發表於一九四九年七月《新希望》二十期，引自張良澤編《王詩琅全集卷九．臺灣文學重建的問題》（高雄：德馨室出版社，一九七九年十一月），頁三。
註一二　王白淵：《臺灣年鑑》（臺灣新生報社，一九四七年六月），頁P一。
註一三　黃得時：〈日據時代臺灣新文學運動〉，《歷史、文化與臺灣》（臺北：臺灣風物雜誌社，一九八八年十月），頁五五〇。
註一四　參見簡錦松：〈五四與日據時期臺灣傳統詩壇〉，《五四文學與文化變遷》（臺灣學生書局，一九九〇年四月），頁一九五。
註一五　葉榮鐘：《臺灣民族運動史》（自立晚報社，一九九〇年六月），頁五四四。
註一六　王詩琅：〈臺灣文學重建的問題〉，原載一九五二年三月一日《中學生文藝》創刊號，引自張良澤編《王詩琅全集》卷九，頁一一九。
註一七　上述三氏說法見於〈傳下這把香火〉，《聯合報》副刊，一九七八年十月廿二日，引自黃武忠：《日據時代臺灣新文學作家小傳》（臺北：時報出版公司，一九八〇年八月），頁一五三～一五四。

註一八　〈北部新文學．新劇運動座談會〉，《臺北文物》第三卷第二期（一九五四年八月），頁五。

註一九　張我軍：〈糟糕的臺灣文學界〉，《臺灣民報》第二卷第廿四號（一九二四年十一月廿一日），頁六。

註二〇　「詩鐘」之名，據劉登翰引徐珂《清稗類鈔》中〈詩鐘之名稱及源起〉稱：「詩鐘之爲物，似詩似聯，於文字中別爲一體」，「昔賢作此，社規甚嚴。拈題時綴錢於縷，繫香寸許，承以銅盤，香焚縷斷，錢落銅盤，其聲鏗然，以爲構思之限，故名詩鐘，即刻燭擊鉢之遺意也。」文見劉登翰：《臺灣文學史上卷》（福州：海峽文藝出版社，一九九一年六月），頁二四五。

註二一　連雅堂：《雅言》第九〇節。

註二二　王文顏：〈光復前臺灣詩社的時代價值〉，《文訊》月刊第十八期（一九八五年六月）。

註二三　梁啓超：〈臺灣雜詩〉注，引自劉登翰：《臺灣文學史上卷》，頁二九三。

註二四　見《臺北市志卷八文化志文學篇》（臺北市文獻委員會，一九九一年十一月），頁六〇。

註二五　同前註。

註二六　郭千尺（水潭），〈臺灣日人文學概觀〉，《臺北文物》第三卷第三期（一九五四年十二月），頁四。

註二七　王詩琅：〈日據初期的籠絡政策〉，《臺灣文獻》第廿六卷第四期，第廿七卷第一期合訂本（一九七六年三月），頁三一。

註二八　同前註，頁三三～三四。

註二九　同前註，頁三五～四一。

註三〇　陳碧笙：《臺灣地方史》（中國社會科學出版社，一九八二年），第二八九頁，引自劉登翰：《臺灣文學史上卷》，頁一一八。

註三一　陳運棟：《臺灣人物叢譚》，頁一〇六，引自羊子喬：〈光復前鹽分地帶的文學〉，《蓬萊文章臺灣詩》（臺北：遠景出版公司，一九八三年九月），頁一六。

註三二　吳濁流：〈新文學運動的氛圍氣〉，《臺北文物》第三卷第二期，頁四八～四九。

註三三　廖漢臣：〈新舊文學之爭〉，《臺北文物》第三卷第二期，頁二八。

第四章　新舊文學論爭

第一節　白話文運動的發軔

「新舊文學論爭」是在臺灣受五四浪潮影響後，於一九二〇年七月先由白話文運動發其端緒，至一九二四年四月張我軍出而引燃全面戰火，達於高潮。論戰直延到一九四二年二月才告平息，其時間之長幾與臺灣新文學運動相終始，影響至爲深遠。下列篇章即爲白話文運動發軔時期的主要作品，茲依發表年代先後分述之：

一、陳炘：〈文學與職務〉（註一）

陳炘在這篇一九二〇年七月發表於《臺灣青年》創刊號的文章中，首先指出健全的民族，實寓於健全的文學，因此，「文學者，乃文化之先驅也，文學之道廢，民族無不與之俱衰，文學之道興，民族無不與之俱盛。」接著探討「我族不振」之原因，係在於「言文學者，矯揉造作，不求學理，抱殘守缺，只務其末」，「一般文士之論文學者，皆以文字爲準，辭貴古奧，字貴難澀」，馴至於文學與思想剝離，文化停滯，思想受束縛。

文學既負有「啓發文化，振興民族」之職務，因此「不可僅以使人生有自然之興趣，純潔之情操，爲責任已完，又當以傳播文明思想，警醒愚蒙，鼓吹人道之感情，促社會之革新爲己任，始可謂有自覺之文學也。」爲欲達到上述目的，則文學非具有「眞摯之感情」和「高遠之思想」不可，因此便須摒棄「拘泥法式，注重文面，句分駢散，辭貴古奧」，艱澀難解的「死文學」。

對於臺灣語言中有音無字太多的困擾，則主張不要拘執於法式文句，取法民國新學的「白話文」，以期就「言文一致體」。最後他大聲呼籲：「處今日之臺灣，按今日之形式，當使文學自覺，勵行其職務，以打破陋習，擊醒惰眠，而就今日之文明思想，以爲百般革新之先導，爲急務也。」

陳炘這篇堪稱爲新文學理論運動先聲的文言文章，率先主張使用「言文一致體」的白話文，尋繹其理論主張，實以中國文學革命爲示範根據，因此林瑞明指陳：

> 陳炘在闡釋「自覺之文學」時，細按其義，實呼應了中國大陸陳獨秀一九一七年二月發表於《新青年》上之「文學革命論」之內在精神。（註二）

二、甘文芳：〈實社會と文學〉（註三）

繼陳炘的文章發表後的一年，甘文芳用日文也在《臺灣青年》發表了〈實社會と文學〉（〈現實社會與文學〉），探討在戰後隨著國際道德與國際關係的轉變，吾人對於感情所寄的文學所應採取的態度，與臺灣文學所應走的方向。

本文說明文學思想因時而異，強調文學工作者必須深入生活中，以纖細之筆描述社會進化的道理，闡明人心的機微，以指導人生方向爲使命。其次比較東西文明之異同與缺失，認爲爲東洋文明所看重的讀書人，因過度偏執於形式的精神文明，衍生成固陋、因習、默守、虛僞等毛病，以致生活鬱悶而失卻熱情。相對於此的西洋文明，也因唯力是視的軍國主義而肇致極度的物質不安，調和兩者之道，或將求之於深妙的中華文學吧！

甘文芳的結論指出：

戰後中華的文學已漸漸被介紹於歐美，而且又有以青年爲中心的新文化運動正在展開中，這實在是很可喜的現象。在這切迫的時勢的要求和現實生活的重圍下，已不需要那種有閑的文學——風流韻事，茶前酒後的玩弄物了。（註四）

本篇論述都是著重於現實社會和文學的一般原理，尚未直接提到臺灣新文學的具體問題，但是結論中提到的「風流韻事，茶前酒後的玩弄物」一句究何所指，作者並沒有說明，黃得時認爲：「如果是指臺灣的那些吟風弄月無病呻吟的舊文人，那麼，這篇就可以說是新文學運動上抨擊舊文人最早的論文了。」（註五）

三、陳端明：〈日用文鼓吹論〉（註六）

陳端明的〈日用文鼓吹論〉，首先說明文字乃是應吾人生活之需而生，日用文（按即白話文）既爲日常生活交換之媒介，故必以明白簡易爲要，自有別於詩辭歌賦之尚修辭者。再論西歐文明進化之源，在於使用簡便之文，反觀臺灣則不然，「文體尙株守舊套，依然不改，徒尙浮華故典，表意不誠，非只多費時間，而用意深沉，人多不解，致阻大衆之文化。」

再次論述現代文（按即文言文）之三大弊害：「第一、不得十分發表自己之思想。第二、至今數千年間，古人所遺雜言巧語者不可勝數，學之既難，又不得普及，是文化停滯之原因。第三、墨守古事沒卻進取之氣象，爲國民元氣喪沮之本。」並指陳白文之利：「第一、可以速普及文化，啓發智能，同達文明之域。第二，意義簡易，又省時間，稚童亦能道信。自幼可養國民團結之觀念，其影響於國家不少。」環顧現今文明各國，既多言文一致，即如「今之中國，豁然覺醒，久用白話文，以期言文一致，而我臺之文人墨士，豈可袖手傍觀，使萬衆有意難伸乎！」顯見這種徒重形式，沒卻眞意，有礙進步的文言文非改不可。改革之道，則在「廢累代積弊，新用一種白文，使得表露眞情，諒可除此弊。」

陳端明這篇以淺易文言文寫的文章，是最早提倡白話文的重要文獻，從而掀起了臺灣白話文運動的序幕。然而在一九二二年一月發表之後，並未引起大衆的注意，廖毓文曾推測其原因可能是：

一、《臺灣青年》創刊當時，雖採用中日兩文，似以日文爲主，中文爲副，因此讀者以能解讀日文者占多，自然而然的對於中文不予重視。

二、《臺灣青年》發行，雖經數年，但其部數不多，且在日本發行，運臺推銷者甚少，因此，不能廣泛地引起省內讀者的注意。（註七）

以上三篇文章雖說是最早呼籲使用白話文來改進臺灣文學的作品，但因都只是個人意念的單純抒發，並未構成一貫之主張與理論體系，又是使用勸導式口吻而零散發表，未能集中形成更大之衝擊力量，以是無從引發思想界與文化界之反響回應。

四、黃呈聰：〈論普及白話文的新使命〉（註八）

一九二二年六月，就讀早稻田大學的黃呈聰和黃朝琴，利用暑假之便，返回祖國上海等地旅行考察，回日本後同時在《臺灣》雜誌撰文呼籲普及白話文。黃呈聰在〈論普及白話文的新使命〉一文中，首先說明考察結果與寫作動機稱：「我今年六月有到過中國的地方，看過了這個白話文普及的狀況，一般得著利便很大，更加確實感覺有普及的必要。」（註九）接著指出臺灣文化不能進步的原因，「是在我們的社會上沒有一種普遍的文，使民衆容易看書、看報、寫信、著書，所以世界的事情不曉得，社會的裏面暗黑，民衆變成愚昧，故社會不能活動，這就是不進步的原因了。」（註一〇）學習古文既費時費力，且又不能通用於社會，因此必須加以改革。接著分節敘述白話文普及的切要性：

㈠**白話文之歷史的考察**：由歷史上來看，白話文學久已流行普及於社會，一般人都歡迎愛讀，因此爲普及民衆的文化，自須提倡白話文。

㈡**白話文和古文研究的難易**：較之於古文的古典難解，白話文明白易曉，因此要借用白話文來普及文化。

㈢**白話文與臺灣文化和日常生活的關係**：臺灣文化源出中國，言語即爲其一，現今中國文化的進行一日千里，皆因普及白話文之功，故臺灣文化也必受其影響而改變。

對於「臺灣話文」，黃呈聰則指出其局限性與不可取：「總是我們用這個固有的白話文，使用的區域太少，只有臺灣和廈門、泉州、漳州附近的地方而已，除了臺灣以外的地方，不久也要用他們自國的白話文，只留在我們臺灣這個小島，怎樣會獨立這個文呢？（中略）所以不如再加多少的工夫，研究中國的白話文，漸漸接近他，將來就會變做一樣。」（註一一）因此勸告初學者，「當初不要拘執如中國那樣完全的白話文，可以參加我們平常的言語，做一種折衷的白話文也是好，總是這個方法是一時的方便，後來漸漸研究，讀過了中國的白話書，就會變做完全的中國白話文，才能達到我們最後的理想，就可以永久連絡大陸的文化了。」（註一二）最後他沉重呼籲：「總而言之，這個白話文是做文化普及的急先鋒，所以自今以後，要從這個很快的方法來普及，使我們的同胞曉得自己的地位和應當做的，就可以促進我們的社會了。這個事是很容易的，因爲我們同胞已經學過了多少漢文的人很多，常常愛看中國的白話小說，將這個精神引到看現在中國新刊的各種科學和思想的書，就可以增長我們的見識了。」（註一三）

由黃呈聰文中指陳臺灣與中國情同母子，血肉相連的關係：「中國就是我們的祖國，我們未歸日本以前是構成中國的一部分，和中國的交通很密接，不論中國有發生甚麼事情很容易傳到臺灣。若就文化而論，中國是母我們是子，母子生活的關係情濃不待我多說，大家的心理上已經明白了。」（註一四）以及批評：「臺灣統治的方針，要用日本固有的文化來同化我們的緣故，這豈不是我們社會不發達的原因麼？」（註一五）等文看來，顯然他是要藉著白話文的研究來連絡大陸的文化，並以此作為抵抗日語和改革文言文的利器。

五、黃朝琴：〈漢文改革論〉（註一六）

黃朝琴在這長達一萬二千餘字的文章中，分十八節詳細論述漢文改革的必要性和迫切性，而其改革的動機，在於「漢文一學是世界上最爲難的文字，所以我對這種學問，欲學而不成，很是悲觀，因我的悲觀，而生起疑問，因我的疑問，而引出改革的曙光。」（註一七）從而追溯中國不振興的原因，即在漢文太難之故，這種文學的障礙，遠比萬里長城堅固，也比專制君主的野性危險。如今中國已知言文不一致的弊害而著手改良，臺灣也應急起仿行，因此主張開設白話文講習會來推動，最後並自述自己的實行方法：

小弟的實行方法有數款，第一就是在東京數年，對同胞不肯寫日本文。第二我的寫信從今以後全部用白話文，不拘古法不怕人笑。第三就是時常用白話發表我的議論。（註一八）

最後並呼籲大家快起行動。

黃朝琴事後曾回憶當時寫作此文的用意說：

我的用意是希望臺灣同胞相互間，均能使用中國文字，使白話文逐漸普及，這樣不僅中華文化在臺灣得以繼續保存，而且因簡單易學的白話文的推廣而能發揚光大，藉以加強民族意識。間接的，使日本對臺灣的日文同化教育，無法發揮他預期的效果。（註一九）

黃呈聰和黃朝琴這兩篇文章早於張我軍其後所引介入臺灣的五四運動思想，因此這兩篇文章無疑的是把白話文導入臺灣的先聲。《臺灣雜誌》的專欄中，對上述兩篇文章曾有客觀的評論：

他們倆的文章，雖尚未言及文學本身的問題，但已經對文學的工具─語文─的改革，有積極性的提倡。他們提倡改革的動機，雖係迫於臺灣社會實際上的需要，也是受祖國五四運動文學革命的影響。他們兩人的文章，字裏行間流露一種民族愛、同胞愛的親切情感，尤為難能可貴。黃朝琴的態度更有恨不能對每一個同胞耳提面命，促使皤然覺醒的迫不及待的情味。（註二〇）

另外廖祺正論文指出兩黃這兩篇文章的貢獻，至為中肯：「他們堅決主張推行白話文，認為啓蒙民衆才是改革臺灣社會的急務。特別是他們把語言文字的改革，和發揚民族文化，反對日本同化政策聯繫起來，具有深遠而重大的影響。」（註二一）

黃呈聰和黃朝琴的文章發表之後，直如暮鼓晨鐘般，警醒了臺灣同胞瞭解到白話文的價值和其便利之處，從而引發了學習白話文的熱潮，也促使是年四月發行的《臺灣民報》半月刊全部使用白話文，並創設「白話文研究會」，開闢文藝專欄，定期刊登文藝論文及作品，積極提倡白話文，作為社會教育之工具，新文學作家們紛紛使用白話文，開始展開新文學的創作工作。

但是初期的白話文創作，由於國語使用的不純熟，多非純正的白話文作品，有的文白不分，有的夾雜臺語或日語辭彙，因此變成一種變形的「臺灣式的白話文」，以致引起一般識者的非議，列如當時就讀於上海南方大學的施文杞和林耕餘（筆名逸民），即在《臺灣民報》投稿予以糾正，並期望有

心研究白話文的臺灣同胞，應多讀些白話文的書，才能很快得其門徑。（註二二）

六、許秀湖：〈中國新文學運動的過去現在和將來〉（註二三）

許秀湖這篇文章首先批評漢民族因爲「守舊性」太重而不得進化，「可是二十世紀的新天地，已經不准我們永久在迷夢之中了，所以漢民族的總本家，中國，這幾年來的文化的進步，好像走馬燈一樣，實在有一日千里的勢面。（中略）就中新文學—白話文學—的運動，不但文學本身有大大的進步，就是各種的學術也都感了莫大的驚異。這回我們臺灣也提倡起白話文來，所以我就在這裏述些中國新文學運動的歷史。」（註二四）接著介紹胡適和陳獨秀的文學革命主張，中國白話文學與文學刊物風行情形。

綜觀許秀湖此文內容雖很簡單，卻是第一篇將中國新文學運動的整個情形介紹到臺灣的文章。又雖僅作單純的介紹，尚未積極主張到臺灣文學本身的問題，但在字裏行間，已經暗示著臺灣新文學也應朝向祖國新文學的同一路線上發展。

七、蘇維霖：〈二十年來的中國古文學及文學革命的略述〉（註二五）

蘇維霖（薌雨）指稱古文學難懂而不易做，「是一種貴族的文學，不能同一般人發生交涉，滿足時代的需要，做應用的工具」，免不了「死文學」或「半死文學」的譏誚，因此，「有人主張文學革命，想創設活文學了—白話文學—他們的主張不單是用白話來做一種『開發民智』的工具，乃是一種『建設中國文學』的工具。」接著介紹胡適〈文學改良芻議〉及陳獨秀〈文學革命論〉的要點，和中國文學革命的梗概。

蘇維霖這篇評論短文係取材於胡適的〈中國五十年來之文學〉，內容主張類似前述許秀湖的短文。

八、張梗：〈討論舊小說的改革問題〉（註二六）

張梗這篇批判舊小說的長文約一萬五千字，卷頭辭開宗明義指出舊小說必須改革的迫切性說：

舊小說的進途，已迫到無可如何的今日了。隔著一衣帶水的中國，早已出了許多的學者，出來極力痛論提倡改革，面目一新，已非昔日。而獨我們臺灣居然猶是祖傳下來那樣的固陋難堪。不、不，我還是有些過獎，平心而論，臺灣那裏有小說之可言，不過是那些中國流來的施公案、彭公案罷了。我想我們臺人苟自居為文化人，爭並肩而立於二十世紀的地球上，為什麼竟不要求小說的發達？已會政治運動為何文藝這方面竟忘掉了？（註二七）

接著分：①獨創、②創作須含意、③含意須深藏、④排春秋筆法、⑤倡科學的態度、⑥歷史和小說須分工等六章，說明他對舊小說的改革意見。

本文雖然是以舊式章回小說為討論的對象，且其某些觀點如提倡科學的態度，而不知文學之真與現實間之差異等，仍有值得商榷之處，但是就文學風氣未開的當時而言，仍然具有新文學啓蒙的先導作用。

第二節　張我軍與新舊文學論爭

一、張我軍小傳

張我軍（一九〇二—一九五五），本名張清榮，字一郎，臺北縣板橋鎮人，幼年生活艱苦，「公學校」（國民小學）畢業後即半工半讀學習中學課程及古文詩詞。初任職於新高銀行，一九二一年（二十歲）離鄉赴廈門、上海謀職，後來往北平繼續求學，一九二九年六月畢業於北平師範大學國文系。一九二四年在北京時接觸並學習祖國五四運動後的新文化，並開始以純正的白話文寫作一系列評論文章，送回臺灣發表於《臺灣民報》上。他是眞正把五四文學革命的精神帶給臺灣的人，也是臺灣以白話文寫作的開路者，以「文學清道夫」自許，從事於舊文學的革新工作。

張我軍深受胡適的影響，致力推動臺灣新文學運動，赢得「臺灣的胡適」之雅號，又以其在新文學上的成就，而與賴和、楊雲萍同被譽爲臺灣新文學初期的「三傑」。

二、新舊文學論戰經過

一九二四年四月，遠在北京的張我軍，眼見臺灣的議會設置請願運動，橫遭挫敗，而主事者蔣渭水、蔡培火等人又被以違反治安警察法而遭逮捕起訴。社會運動既有阻礙，島內詩社又如雨後春筍般接踵而出，詩人們競相致力於無意義的擊鉢吟，如此而欲求社會之改造，是不可能的。因此他寫了：

〈致臺灣青年的一封信〉，痛批古詩文的弊害，而拉開了新文學運動的序幕，信中他直捷了當的指責：

諸君怎的不讀些有用的書，來實際應用於社會，而每日只知道做些似是而非的詩，來做詩韻合解的奴隸，或講什麼八股文章，替先人保存臭味。（臺灣的詩文等，從不見過眞正有文學價値的，且又不思改革，只在糞堆裏滾來滾去，滾到百年千年，也只是滾得一身臭糞。）想出出風頭，竟然自稱詩翁、詩伯，鬧個不休，這是什麼現象呢？（註二八）

七個月後，他再投下一顆威力更強大的炸彈，在〈糟糕的臺灣文學界〉中，他首先譏諷儘管臺灣文學界詩人充斥，熱鬧非凡，但實際上：

創詩會的儘管創，做詩的儘管做，一般人之於文學儘管有興味，而不但沒有產出差強人意的作品，甚至造出一種臭不可聞的惡空氣來，把一班文士的臉丟盡無遺，甚至埋沒了許多有爲的天才，陷害了不少活活潑潑的青年，我們於是禁不住要出來叫嚷一聲了。（註二九）

次就西洋文學發展及日本、中國的文學革新運動，說到臺灣文學界：

還在打鼾睡的臺灣的文學，卻要永被棄於世界的文壇之外了。臺灣的一班文士都戀著壟中的骷髏，情願做個守墓之犬，在那裏守著幾百年前的古典主義之墓。（註三〇）

接著攻擊舊詩人「拿文學來做遊戲或做器具用」、「拿詩做沽名釣譽或迎合勢利之器具」、「養成青年偷懶好名之惡習」等三種壞習性後，建議對文學有興趣的人，要多讀關於文學原理和文學史的書，以及中外好的文學作品，如此一來：

1.可以明白文學是甚麼，方不走入與文學不相關之途。知道文學的趨勢，方不死守尸而不知改革。

2.可以養成豐富的思想，而磨練表現的手段。（註三一）

張我軍這篇譏笑怒罵的文章發表後，一般舊詩人按耐不住，詩壇祭酒的連雅堂，遂在是年十一月十五日發行的《臺灣詩薈》第十號上，利用爲林小眉（景仁）的〈臺灣詠史〉作跋介紹作者身份時，乘機訕議說：

今之學子，口未讀六藝之書，目未接百家之論，耳未聆離騷樂府之音，而囂囂然曰，漢文可廢，漢文可廢，甚而提倡新文學，鼓吹新體詩，粃糠故籍，自命時髦，吾不知其所謂新者何在？其所謂新者，特西人小說戲劇之餘，丐其一滴沾沾自喜，是坎阱之蛙，不足以語汪洋之海也。（註三二）

連雅堂這一席話中，將「漢文可廢」和「提倡新文學」混爲一談，這原是一般舊文人的誤解與通病。爲此張我軍再於十二月十一日發表〈爲臺灣的文學界一哭〉（註三三）加以反駁：

對於新文學是門外漢，而他的言論是獨斷，是狂妄，明眼人一定不會被他所欺。呵！我想不到博學如此公，還會說出這樣沒道理，沒常識的話，眞是叫我欲替他辯解也無可辯解了。我能不爲我們的文學界一哭嗎？（註三四）

張我軍此文純是就連雅堂的話加以批評，尙未論及新文學的本質。至一九二五年一月一日發表抨擊舊文學的壓卷之作〈請合力拆下這座敗草欉中的破舊殿堂〉裏，他即明確指出臺灣新文學的屬性稱：

> 臺灣的文學乃中國文學的一支流。本流發生了甚麼影響、變遷，則支流也自然而然的隨之而影響、變遷，這是必然的道理。然而臺灣自歸併日本以後，因中國書籍的流通不便，遂隔成兩個天地，而且日深其鴻溝。（註三五）

文中詳細引釋胡適的「八不主義」和陳獨秀的「三大主義」，以說明中國文學革命的意義，並回顧中國舊文學的破舊殿堂，雖然已被文學革命所拆除，但是在這暴風雨打不到的海外孤島，「中國舊文學的孽種，暗暗於敗草欉中留下一座小小的殿堂—破舊的—以苟延其殘喘，這就是臺灣的舊文學。」（註三六）如今這座敗草欉中的破舊殿堂，既已不合現代的臺灣人住，且有隨時倒塌之危，因此呼籲同胞們合力來拆下這所破舊的殿堂。

在對舊詩人發動全面性的總攻擊後，張我軍再接再勵於一月十一日發表〈絕無僅有的擊鉢吟的意義〉，闡明眞正的文學在於內容而不在技巧，但是臺灣文人卻適得其反，本末倒置：

> 歷來我臺灣的文人把技巧看得太重，所以一味的在技巧上弄工夫，甚至造出許多的形式來束縛說話的自由。他們因為太著重技巧和形式，所以把內容疏忽去，即使不全疏忽去，也把內容看得比技巧和形式輕低。於是流弊所至，寫出來的詩文，都是些有形無骨，似是而非的。既沒有徹底的人生觀以示人，又沒有眞摯的感情以動人。（註三七）

至於人之所以做詩，是因心有所感不能自已，但臺灣詩人的擊鉢吟卻是與此相背馳的「詩界妖魔」、

「無意義的東西」。他們開擊鉢吟會的目的，「也有想得賞品的，也有想顯其技巧的，也有想學做詩（技巧的詩）的，也有想結識勢力家的，也有想得賞品兼顯揚技巧的，也有想得賞品兼顯揚技巧兼結識勢力家的。」（註三八）因此，「我們如果欲掃除刷清臺灣的文學界，那末非先把這詩界的妖魔打殺，非打破這種惡習慣惡風潮不可。」（註三九）

張我軍雖然極力反對擊鉢吟，但他也瞭解擊鉢吟有：養成文學的趣味和磨練表現的工夫兩項美點。只是當時的擊鉢吟已從根本上錯誤了，「不但不能獲到這二點應有的美點，反而要加上許多的弊害。」（註四〇）據此他堅決提出反對的理由：

我們反對做舊詩，我們尤其反對擊鉢吟。我們反對做舊詩有許多的限制、規則、束縛，而背文學的原理。而我們反對擊鉢吟是根據上面的理由，決非盲目的反對。（註四一）

繼連雅堂之後，第一次針對張我軍的評論加以還擊的，是化名「悶葫蘆生」的〈新文學之商榷〉（註四二），該文在一九二五年一月五日刊登於「御用報紙」的《臺灣日日新報》漢文欄，要旨有四點：

㈠漢文學有隨世推移，革新之要，然不敢如一二不通之白話體，即傲然自命爲新文學也。

㈡臺灣之號稱白話體新文學，不過就普通漢文，加添幾個了字，及口邊加馬、加勞、加尼、加矣諸字典所無活字。

㈢今之中華民國新文學，不過創自陳獨秀，胡適之等，陳爲輕薄無行思想危險之人物，姑從別論。胡適之之所提倡，則不過僅用商榷的文字，與舊文學家輩虛心討論，不似吾臺一二青年之亂罵，蓋胡適之對於舊文學家，全無殺父之仇也。

㈣日本文學雖則革新，然至於鄭重文字若詔勅等，亦多用漢籍故典，不知今之時髦知之否！

另外並諷刺提倡新文學者說：

夫畫蛇添足，康衢大道不行，而欲多用了字及幾個不通不文字，又於漢學，無甚素養，怪底寫得頭昏目花，手足都麻，呼吸困難也。（註四三）

針對悶葫蘆生前述四項責難，張我軍即於一月廿一日發表〈揭破悶葫蘆〉（註四四）予以一一反駁說：

㈠我們之所謂新文學，乃是對改革後的中國文學說的，所以說新者，是欲別於舊的。所以我們之所謂新文學，當然是包含於中國文學的範圍內，然而臺灣的中國文學家大都把新文學擯除於中國文學之外。

㈡你以為「嗎」、「嘮」、「呢」、「唉」等字在字典裏頭沒有嗎？你的字典沒有這些字也罷，但是你難道不知道文字是漸漸進化的？我們今日所用的中國文字不是倉頡一個造的，是幾千年來歷代的學者文學家造的。我們欲描寫一件事物或表一個感情，若沒有適當的文字，我們儘可隨時隨地造出適當的文字來，這些淺近的文字學你大概也不懂罷？

㈢中國的新文學決不是陳、胡二人的私產，是時勢造成的中國的公產，不過是他們二個人較可代表罷了。文學改革是一件很明白的道理，他在十年前用商榷的文字來討論，十年後的今日還須用商榷的文字嗎？

㈣我說的是文學，而且你說的也是文學，而非說詔勅等呀！況且日本一年所產的文學有多少？況且如詔勅等鄭重的文字也已漸漸地平易化了，冬烘先生知之否？

悶葫蘆生的文章所駁多非所問，對新文學既一知半解，引喻也不倫不類，文理不通，正如張我軍按語中所云：

> 悶葫蘆生的〈新文學之商榷〉完全沒有觸著新文學的根本問題。他的用意大約是在反對新文學，在罵我那篇文字，然而因了他不知道新文學的意思，而且對於我的那篇文簡直沒有讀懂，所以也說來說去，究竟不知道說些甚麼，只是信口亂吠罷了！（註四五）

但是「幼稚的臺灣文學界，熟睡中的臺灣文學界，也算已有抬頭起來討論新舊文學的人了，這實在也是一種可喜的現象。」（註四六）

緊接著九曲堂的舊詩人鄭坤五，也以鄭軍我為筆名，於一月廿九日在《臺南新報》刊登〈致張我軍一郎書〉（註四七）批駁我軍的主張。他先則以老前輩的口吻，苦口婆心的勸告我軍「莫談彼短，勿炫我長」、「滿招損，謙受益」的道理，繼則誇獎我軍〈請合力拆下這座敗草欉中的破舊殿堂〉一文：「檄文內容亦頗思路不凡，所說八不做主義，確中時弊，余亦贊成，惟詞鋒太露，未免有獨斷之嫌，使余不得不嘵舌也。」同時亟讚舊文人護持漢學之功：「漢學乖危，賴以復安者，無非受老前輩之維持，繫千鈞於一髮，如此功勳，豈容謾罵者也。」最後則提出他對新文學的看法說：

至於文學之革新，將來順時世之潮流，當有必然之日。惟當今吾臺文學，不啻病後衰翁，元氣未足，倘不求其本，而揣其末，妄加以劇藥，或施過度之運動，余知其無益而有損，何用急於革新哉。

又足下希望通行之所謂白話文者，其實乃北京語耳。臺灣原有一種平易之文，支那全國皆通，如三國誌、西遊記、粉妝樓等是也，只此足矣。倘必拘泥官音，強易我等爲我們，最好爲很好，是多費一番周折，捨近圖遠，直畫蛇添足耳，其益安在，未卜足下以爲然否？

對於鄭軍我誤以提倡白話文就是反對漢文（中文）的指責，張我軍即於二月廿一日的〈復鄭軍我書〉（註四八）中提出答覆。他先指出老前輩所維持的只不過是些「死文學」，接著說明白話文和北京語的不同：

我們之所謂白話文乃中國之國語文，不僅僅以北京語寫作。這層是臺灣人常常要誤會的，以爲白話文就是北京話，其實北京話是國語的一部分、一大部分——而已。所以現在我們之所謂白話文乃胡適之所謂「國語的文學」，故不僅是北京話才能叫做國語。一樣的，不僅是以北京話寫作的才能叫做白話文。試看今日中國的著述、創作等所用的名詞字眼，差不多大半不是固有的北京語就可以明白了。（註四九）

最後張我軍說出他提倡白話文的理念和堅持：

我這次提倡的是有意識的提倡，決不是無意識的妄動，有什麼反省之可言？有什麼過與不過？遜與不遜？置身於孤立之地、四面楚歌、遍地仇敵，這都是由於周圍的人的不明白，而且是革命家應覺悟的事。（註五〇）

臺灣自割讓以後，與中國資訊阻絕，因此臺灣的人多不知道文學革命後中國的文學狀況和變遷。爲使臺灣人能用最簡捷的方法來明白文學革命運動的經過起見，張我軍在二月廿一日發表〈文學革命運動以來〉（註五一），介紹胡適〈五十年來中國之文學〉一文中關於文學革命運動一節，序文中說：

文學改革的是非論戰，在中國是七八年前的舊事，現在已進到實行期，建設期了。所以文學改革的是非已用不著我們來討論，已有人替我們討論得明明白白了。（註五二）

三月一日張我軍再發表〈詩體的解放〉（註五三），全文分引言、詩體解放的沿革、詩的本質、詩與節奏、舊詩的缺點、中國之所謂新詩、自由詩的發生、結論等八節，分三次連載於民報上。文中首先說明，臺灣的詩翁詩伯雖多，但詩體仍須解放的原因：

因爲他們執迷著死守著已成的法則形式，奉先人偶定的形式法則爲天經地義，實不知他人已定的形式只是自己的監獄。他們把自己的思想感情驅入監獄裏頭，故不能自由奔放，自由表現，而且久而久之，遂變做一種習慣牢不可破。故我們欲改革詩，非從詩體的解放入手不可。（註五四）

在析論詩體的沿革演變及其本質特徵後，張我軍指出：

世界的詩壇已是這樣的了，如果我們希望我們的詩壇能與世界的詩壇取一致的行動，如果想使我們的詩壇也開放幾朵燦爛的鮮花，那麼請大家把舊詩體來解放吧！（註五五）

一九二五年八月廿六日《臺灣民報》創立五週年紀念的第六十七號上，張我軍再發表了他有關新文學運動中，最重要也是最後的理論建設文章：〈新文學運動的意義〉。（註五六）

張我軍一貫認爲，向來臺灣的舊文學都是些「假文學」、「死文學」，而沒有「眞文學」、「活文學」。爲了開墾這荊棘滿園的臺灣文藝花圃，他在本文中提出了脫胎於胡適「國語的文學、文學的國語」所創獲的兩項文學主張：「白話文學的建設」和「臺灣語言的改造」。

他引用胡適〈建設的文學革命論〉一文，來說明爲什麼要建設白話文學的道理。至於張我軍所主張使用的白話是中國的「國語」，而不是「白話文言混合體」，更不是日常所用的「臺灣話」。

張我軍對於「臺灣話文」的看法是：

我們日常所用的話，十分差不多占九分沒有相當的文字。那是因爲我們的話是土話，是沒有文字的下級話，是大多數占了不合理的話啦。所以沒有文學的價值。（註五七）

因此，「我們的新文學運動有帶著改造臺灣言語的使命，我們欲把我們的土話改成合乎文字的合理的語言。」（註五八）而改造的方法則是：

依傍中國的國語來改造臺灣的土語，換句話說，我們欲把臺灣人的話統一於中國語，再換句話說，是把我們現在所用的話改成與中國語合致的。（註五九）

至於改造臺灣語言的方法，張我軍並沒有明確說明，只在本文結尾表示：「如果欲照我們的目標改造臺灣的語言，須多讀中國的以白話文寫作的詩文。」

總結張我軍對新文學運動的目標和主張，即是下列兩點：

㈠建設白話文學，以代替文言文學。

㈡改造臺灣語言，以統一於中國國語。

茲將張我軍一九二四—一九二五年間刊登於民報上的十篇論爭性文章列表於下：

篇名	卷號	日期
致臺灣青年的一封信	二卷七號	一九二四、四、廿一
糟糕的臺灣文學界	二卷廿四號	一九二四、十一、廿一
爲臺灣的文學界一哭	二卷廿六號	一九二四、十二、十一
請合力拆下這座敗草欉中的破舊殿堂	三卷一號	一九二五、一、一
絕無僅有的擊鉢吟的意義	三卷二號	一九二五、一、十一
揭破悶葫蘆	三卷三號	一九二五、一、廿一
復鄭軍我書	三卷六號	一九二五、二、廿一
文學革命運動以來	三卷六號～ 三卷十號	一九二五、二、廿一～ 一九二五、四、一
詩體的解放	三卷七號～ 三卷九號	一九二五、三、一～ 一九二五、三、廿一
新文學運動的意義	六十七號	一九二五、八、廿六

除了上述十篇較具體的論駁文字外，對於舊文人的一片謾罵，張我軍也同時在民報的〈隨感錄〉中三把兩束的予以回應，例如三卷四號中批評舊文學家東拉西扯的雜湊成篇，雖自以爲「立筆千言」，卻是「離題萬里」，他們直如「村犬亂吠」，殊不知「提倡新文學的人放的屁比他吸的空氣怕要多一倍呢！」三卷五號中稱舊詩人即景寫情中的景和情，「跳不出詩韻合璧，佩文韻府之外，所以作出來的詩，都是糟糠的詩」。結論指出：

> 你自己要面壁九十年也隨你的意，但被破殿堂壓死，卻是你自己的事。我是一個活潑潑的青年，決不像你那麼頑陋，自己情願伏在破舊殿堂面壁，送其一生，而不知世上有赫赫之太陽，以爲世間只有鬼燐螢火而已。

三卷六號中自述：

> 我決不是認我自己也是革命家，不過臺灣的文學是我第一次擲下炸彈的，現在已漸漸爆發了，我希望有繼我而把臺灣的古典文學破壞的人出現，我又很希望在一方面極力建設新時代的新文學於我們的美麗島。

三卷十二號中諷刺維持舊文學、排斥新文學的人都是一班瞎眼亂嚷的文學門外漢。

在三月一日《臺灣民報》三卷七號中，張我軍曾發表聲明表示將中止沒有價值的對罵，而埋首於建設的文學創作之決心：

> 欲維持舊文學，卻沒有拿出所以當維持舊文學的理由來。欲反對新文學，卻拿不出新文學之當

反對的理由來。這實在是舊文學家的大缺點，我們論事應當以客觀的批評，切不可以主觀的獨斷。但總之新舊文學之是非已甚明了，我們此後當向建設方面努力。（註六〇）

三、創作實績與文學成就

張我軍不但以開風氣之先的勇猛氣概，引率五四的文學革命軍到臺灣，向敗草欉中破舊殿堂裏的舊詩人宣戰，而且以祖國新文學運動的軌跡爲典範，以身作則的積極從事新文學的創作，實際推動「新文學殿堂」的建設工作。

他一方面除了對臺灣舊文學加以無情批判，並引介祖國新文學運動的經過始末外，更發表〈研究新文學應讀什麼書〉（註六一），介紹初學者應讀的基本文學書目及雜誌。一九二六年二月又自費在臺北出版《中國國語文作法》（一名：《白話文作法》），以供臺人學寫白話文之用。對於大陸作家作品，則不遺餘力的在《臺灣民報》上予以轉載，並附記作者略歷及其著作，以加深讀者印象，例如魯迅的〈鴨的喜劇〉、〈故鄉〉、〈狂人日記〉、〈阿Q正傳〉，淦女士（馮沅君）的〈隔絕〉，冰心（謝婉瑩）的〈超人〉，夬庵的〈一個貞烈的女孩子〉，郭沫若的〈牧羊哀話〉，徐志摩的〈自剖〉，周作人譯的〈鄉愁〉等小說，以及郭沫若、徐蔚南、梁宗岱、滕固、西諦（鄭振鐸）、焦菊隱等人的新詩和劉夢葦的論文〈中國詩底昨今明〉等。

在理論上的建樹和大陸作家的引介外，他更使用以國語爲準的白話文寫作小說、新詩、評論、隨筆等。連載於一九二六年九月至十月《臺灣民報》一二三～一二五號的小說〈買彩票〉，是一篇以三十年代臺灣人留學北京爲背景的留學生文學，也是張我軍二十四歲時寫於北京的處女作。本篇故事敘述一個靠自己微薄的積蓄到北京求學的臺灣窮學生陳哲生，當錢快用完而家中又無法接濟之時，在不願開口向人告貸請求濟助的情況下，勢必中斷學業並和熱戀中的情人分手回到臺灣，因此而憂煩滿身苦悶異常。與之相較，來自同鄉的富家子弟，憑借著充裕的財力，終日打牌、喝酒、宿娼、玩樂，忙於酒食徵逐而無心讀書，卻也將豐厚的生活費揮霍殆盡，而異想天開的冀望買彩票發橫財。陳哲生雖然鄙夷這種冀圖不勞而獲的僥倖做法，但在走投無路的情況下，爲了學業與愛情，又不得不違心地買了兩張彩票碰碰運氣。開獎後希望落空，他只好收拾行裝，放棄學業，告別戀人回鄉去了。

這篇作品以質樸順暢的文筆，描述勤奮求學的苦學生，在孤立無援的異鄉，當生活費行將用盡而無計可施時的徬徨，與徘徊在揮別愛人時內心的痛苦掙扎，尤其藉著富家子弟，有充裕的經濟來源卻不學好的紈袴作風，點出了社會上貧富不均的現象。全篇藉由買彩票的偶發事件，轉入描寫小說人物既想望買彩票中獎卻又躊躇不前的矛盾心態，銜接自然，脈絡清晰，毫無斧鑿雕飾之痕。尤其在描寫期待中獎的白日夢希望落空後之失望無奈時，語調雖然感傷卻無憤懣之情，顯現了中國人順天知命的情性，也充滿了作者自述的況味。黃得時認爲自從賴懶雲的〈鬥鬧熱〉，楊雲萍的〈光臨〉，和張我軍的〈買彩票〉發表以後，臺灣「才有眞正有價值的新小說出現。」（註六二）

一九二七年三月廿七日至五月一日在《臺灣民報》一五〇號至一五五號上連載的〈白太太的哀史〉，是張我軍依據在北京時的見聞而撰成的實錄小說。本篇運用倒敘插敘等手法，敘述嫁給大陸官僚被折磨而死的日本小姐水田花子之不幸身世，以及作者與女主角僅有的一次會面。這僅有的一次會面留給作者永難忘懷的印象：

但是從此次以後，我便常常想起蒼白的、瘦削的、面龐中央掛著一副陵陵的鷹鼻子，而懶容可掬的白太太，又因此而聯想到伊年輕時代的芳姿。但是伊的病況也很使我時時介念著。

芳年十九，已無父母的水田花子，當年因惑於留學東京的白先生一番甜言蜜語殷勤追求，遂不顧旁人對白先生的種種批評，諸如好色、奸詐、已婚等流言，毅然答應他的求婚。婚後不出三年的歡愉之後，中國官僚逛窯、打牌、吃酒的惡劣習性一一在白先生身上浮現了。就在白先生因勾引上司姨太太東窗事發而去職丟官，生活上頓時陷入困境之際，其兒媳婦卻又爲升學而找上門來。在一連串不如意的打擊下，白太太竟至憂煩攻心，一病不起，臨終前的白太太，只留下了這麼一句遺言：

白先生！我嫁給你之時，是這樣瘦得像鬼的人嗎？前後才十年哩，你竟把我弄成這般。是運命的惡作劇呢？是人類的殘忍？

這篇追述不幸的異國姻緣之小說，主旨除在指斥男人的背信忘義，始亂終棄之外，更在揭發中國舊社會裏的不良習氣，與官僚的腐化墮落，從而顯現作者微言諷諫與批判導正的一番苦心。

〈誘惑〉則是張我軍另一篇抒發苦悶的北京經驗之小說，一九二九年四月連載於《臺灣民報》二五五～二五八號，內容敘述一個失業的青年，仗著口袋中僅有賴以養家活口的一筆錢，先是在公園內的茶館中儘情吃喝享受了一陣，然而空虛的心靈仍然無法獲得填補。在探訪朋友時，又因無法抵拒兩個時髦小姐的誘惑而參與打麻將，結果卻賭輸了錢。在後悔之餘，一方面責怪自己的糊塗行爲，同時也譴責拖累人的家族制度和不公平的社會制度，以及偏受遺產之蔭而得以縱情揮霍玩樂的人們。

本篇內容在刻畫窮苦潦倒的青年，於經受不了四周聲色犬馬環境的引誘下，終於不顧家中老母的殷盼與弟妹的待援而下場打牌，當賭輸了錢時，又禁不住良心的苛責而耿耿於懷，於是就在反覆出現的獨白與內省中，反映出窮愁書生的無耐與辛酸，也觀照了處身在新舊轉型社會中的陣痛與瘡疤。平白流暢的文辭，使本篇成爲張我軍所主張的「依傍中國的國語來改造臺灣的土語」之代表作，不但是同時期中小說技巧最高超成熟的作品，也影響了廖漢臣，朱點人純用中國白話文來創作的「中國話文派」，而與賴和、郭秋生的「臺灣話文派」，以及楊雲萍諸人帶有日本語彙的「日式白話文派」，共同形成了「草創期」中小說語言的三大流派。

張我軍最重要的新文學創作要數一九二五年十二月廿八日在臺北自費出版的《亂都之戀》（註六三）抒情詩集，這是臺灣新文學運動開始以來的第一本白話文詩集，內容包括〈沉寂〉以下五十五首新詩。這本詩集是以軍閥混戰，人心惶惶的亂都北京城爲背景，以詩人自身的愛情經歷爲主體，以抒發熱戀、相思、惜別、懷念等種種情思，表現出作者對愛情的執著，對人生的熱愛，對黑暗的憎恨，和對美好未來的憧憬。詩歌感情深沉灼熱，語言質樸通俗，直抒胸臆，具有強烈的藝術感染力。張我軍哲嗣張光正即稱：「《亂都之戀》詩集的創作，從形式到內容都體現了張我軍的革新思想，同他當時發表的一系列抨擊舊文學，提倡新文學的文章相得益彰。」（註六四）

作爲詩集《亂都之戀》之代表的〈亂都之戀〉，是由十五首詩集合而成的組詩，其中前七首曾刊載於一九二五年十二月出版的《人人》雜誌第二期中。全詩係張我軍於一九二四年十月因故返臺途中，思念在北京中的戀人羅心鄉女士而作，因此第一首詩即表現了即將揮別愛人的淒愴、依戀之情，第二首以下則分別敘述在火車上、旅店中、和船上愁腸百結的相思之情。儘管各首詩描寫的場景、環境各有不同，但綿綿的情思則始終如一的貫穿全局，深切地刻畫出主人公的一片深情至性。在一九二五年十二月二十七日《臺灣民報》第八十五號刊登的〈亂都之戀・序詩〉中，作者即申明了只有熱烈的戀愛，才能解脫、安慰這無聊而苦悶的人生，然而「眞正的戀愛，是要以淚和血爲代價的呀！」既熱情地歌頌、禮贊眞摯的愛情，也表現出覺醒的新青年對苦悶時局的大膽叛逆和反抗，而這也正是整本詩集所流貫的精神。對於自由戀愛尚被視爲異端的二十年代，張我軍這種對眞摯愛情的熱切追求，無疑地給臺灣社會帶來了無比強烈的震動。伴隨著《亂都之戀》的梓行，使得這本詩集成爲臺灣新詩史上的一塊里程碑。

此外張我軍在一九二五年發表於民報上的系列雜文〈隨感錄〉，以其短小精悍的體裁，嘻笑反諷的筆調，辛辣犀利的言辭，抨擊舊社會舊文人的迂腐落伍，和他攻擊舊文人的理論專文有著輔車相依，分進合擊的功效，也開創了臺灣新文學中雜感散文創作的新模式，自有其不可忽視的影響力。

總之，在臺灣新文學開始萌發時，張我軍的文藝批評與理論建設，適時給臺灣文學界指出了一條明確的發展方向，並且衝破了殖民當局和舊文學界的封鎖阻撓，使得臺灣新文學得以承續五四文化的精神而開拓發皇，其對臺灣新文學發展上的貢獻，有如葉石濤所說：

在那臺灣新文學發軔之際，他的這些文章適時出現，的確替臺灣新文學放下了一塊穩固而光明的基石。從此以後，臺灣白話作家輩出，留下了反映時代動向，反日反殖民的許多傑出作品。因此，他是個臺灣新文學的「急先鋒」，可以說當之無愧了。（註六五）

第三節　回響與流波

在張我軍舉起文學革命的大旗，對舊文學大加聲討之時，臺灣的文士中，有附和響應的，也有反對謾罵的，新舊文學兩個陣營，壁壘分明的互相攻擊。舊文學陣營以三日系報紙：《臺灣日日新報》、《臺灣新聞》及《臺南新報》爲主，新文學陣營則憑藉《臺灣民報》固守還擊，茲將雙方論戰中之代表性文章擇要敘述，以見一般。

舊文學陣營中，對於張我軍不乏人身攻擊之例，如一九二五年一月的《臺灣日日新報》上，十二日有化名「講新話」者的投書，十六日有「壞東西」的投書，廿七日有「咄咄生」的投書（註六六），對這些無的放矢的亂罵，張我軍曾發表聲明，表明不欲置理的態度：

在一個月之間，差不多有十來起罵我的文字，也有捏作三句半詩的，也有說些不三不四的話的，也有捏造事實的，也有攻擊人身的，卻沒有一個敢報出名的，我實在覺得也好笑也可憐。（中略）

無價值的對罵是無用的努力，故如有再罵我的臭文字，我是不去理會他了。如一吟友的新文學之平議，簡直是一篇放屁話，故我唯有一笑置之，請一吟友原諒。（註六七）

然而攻擊的炮火仍未見稍戢，二月廿八日即有艋舺舊詩人兼謎學專家黃晁傳（號文虎）所化名之「黃衫客」，以〈駁張一郎隨感錄〉爲題，投書《臺南新報》，嚴辭詈罵張我軍在民報上指摘臺灣文學污點的作法是「信口雌黃、目中無人、夜郎自大、自以爲是」，接著更爲舊詩壇全力辯駁：

且夫吟壇，定期擊鉢，本騷人韻事，第一風雅娛樂機關，詮選甲乙，分酬贈品，藉以獎勵人才，賞識後進，維持祖國學術思想，勝卻相率尋花問柳多矣。（中略）若論古文不如時文之淺顯，舊詩不若新詩之自由，試問中國自胡適陳獨秀革命文學，創造白話文體以來，新詩白話文，何以日見減少，古文舊詩，何以反加增多，所謂應時勢之潮流國語活文學，緣何未得全國承認？（註六八）

由於這篇本位主義甚爲強烈的文章自相矛盾之處甚多，而且強詞奪理，張我軍乃置之不理。

至一九二五年八月五日，《臺南新報》再刊出陳福全（號笑仙）的〈白話文適用於臺灣否〉（註六九），作者雖知「能文者，非徒吟風弄月，雅論清談，必務養其浩然之氣。否則文章雖工，言語雖麗，何異於花卉華之飄風，禽鳥好音之過耳，斯亦同泯滅矣。」的大道理，卻仍極力爲舊文學辯白，並以爲「臺灣之謂白話者，則於文句中插入拉尼馬兒阿約愛甚麼罷了矣的很等，觀之不能成文，讀之不能成聲，其故云何，蓋以鄉談土音而雜以官話。」現在臺灣能解官話者既極少，且又多族雜居，語言殊方，何況「白話者，雜以方言土語，假使閩人作文，粵人讀之，如入五里霧中，茫無頭緒矣。」職是之故，「苟欲白話文之適用於臺灣者，非先統一言語末由也。」從而作者主張臺灣宜用言文一致體，如各新聞之記事，簡單淺明，有勝於白話文之繁雜囉唆。按本文作者顯然誤解了提倡白話文的目的趣旨，因此並未能產生任何反響。

如上所述，舊詩人大多是做信口謾罵的叫囂，指責張我軍提倡白話文是欲剷除固有漢學，傾覆孔孟倫常，而新文學陣營方面則多能固持立場，據理反駁，從而迫使舊詩人啞口無言，進而反省認錯。

早在新舊文學論爭正蓄勢待發的一九二四年十一月，前非即在《臺灣民報》上發表了〈臺灣民報怎麼樣不用文言文呢？〉（註七〇），說明民報之所以不用文言文的三項理由，第一是：「白話文比文言文的好處—就是不用深僻的典故，不要求齊整句子，不避俗字俗語，老老實實，簡簡直直，寫出一句，就成有一句話，連老嫗村孺也是明明白白曉得的。」（註七一）第二點即在於白話文中的虛字、語助詞比文言文的虛字、語助詞簡化而且生動，從而歸結到臺灣民報不用文言文之意旨所在的第三點理由：

本報主旨是不比那咬文嚼字，摘字尋章，只供人家月夕花晨，茶餘酒後的消遣。也不是伸紙弄筆，寫出幾許斷腸文章，艷情詩賦，來發自己的牢騷，後人的眼淚。乃為鼓吹人民覺醒！普及平民教育！啓迪青年智識！故此不用深奧之文言，而用這淺顯易曉的白話文，俾使家家誦讀，人人知曉！是欲拯人民在這黑暗束縛之中！引人民到光明自由的路！這是吾本報區區之用意也。（

註七二）此外並在一九二五年五月廿一日《臺灣民報》第三卷第十五號〈隨感錄〉上，撰文批駁蕉麓在《黎華報》所登〈閱報之感言〉中反對新文學的錯誤偏見。

當論戰正如火如荼進行中的一九二五年二月，先有化名「半新舊」者在民報上發表〈「新文學之商榷」的商榷〉（註七三）以聲援張我軍，並責難悶葫蘆生的謾罵有失詩人忠厚之旨。繼之又有蔡孝乾的〈為臺灣的文學界續哭〉，共鳴我軍〈為臺灣的文學界一哭〉一文，痛陳臺灣文學界的現狀是：

臺灣的文學界，好像霜天的枯木，好像荒野中的墟墓，好像沙漠中的石頭堆，毫無生氣，毫無光彩。我們在這岑寂的空氣中，在這黑霧的塵埃中，怎樣能夠有趣味的生活，有快樂的生活呢？（註七四）

接著他更進一步發表一篇〈中國新文學概觀〉（註七五），就新文學運動興起後的祖國文壇狀況做全面性的介紹，這是所有介紹中國新文學運動的文章中最周詳的一篇。在「引言」中首先標明寫作本文的動機係有感於：「臺灣……和中國的文學不是同雲落來的雨嗎？現在中國的文學已煥然一新了，臺灣呢？」（註七六）接著指出：

文字有死活，凡有生命有價值的文學都用活文字做的。白話文學是活文字做的，所以稱做活文學；文言是用半死文字做的，所以終不能產出活文學。（中略）我們要做活的文學，必將我們日用之白話為工具作起，否則無論怎樣苦心終不能產出活文學。

（註七七）

其後則分成新詩與新小說兩部份，分別從理論與作品中逐一介紹大陸著名作家諸如劉半農、胡適、康白情、冰心、魯迅、雪邨……等人。

在一九二五年十月十五日創刊的《七音聯彈》中，創辦人張紹賢發表〈一個詩人的講演〉，批評連雅堂的「詩學源流」講演內容並非詩學的源流，而是漢詩的源流，題目既不合，又僅列舉歷代一些詩人及其作品，而不提及「詩的定義」、「詩體的演變」和「作詩的意義」，非難連雅堂的說法太不夠科學（註七八）。另外還刊登「自我生」的一篇〈詩顛詩狂〉，抨擊舊詩人熱衷擊鉢吟會的不當說：

> 詩不是可以約時聚集做的，是遇著事物感想而表現的，若是約時聚集做的，突然的感想由那裏來？所以他們說些曚昧的話，和拾些古人的句，以外沒有材料。現在的做詩，這樣的錯誤，又那樣熱心，所以，我說他們是詩顛詩狂，亦是不錯的。（註七九）

認爲「舊文學已沒有存在的價值」（註八〇）而看不起舊體詩的楊雲萍，也在一九二五年十二月三十一日刊行的《人人》第二號〈無題錄〉中，非難舊文人的寫作態度說：

> 明是客子思家，要說「王粲登樓」，明是送別，要說「陽關三疊」的他們，竟膽敢說白話文─中國國語文是繁漫了。是，或者要表現某事物，有時白話文要多用幾字；然而這是爲著期表現的充分而致的當然！萬有的進化，由單純而至複雜的。文字也是這樣！分不出複雜與繁漫，那末眞不愧單細胞動物之號！（註八一）

同時他也主張詩不一定要有韻，只要合於自然的韻律就可以了。

臺灣新文學之開創者賴和，對於新文學也採取支持的態度，所以他說：「若同一成熟完美的作品，我敢斷定新的，較有活氣，較有普遍性，較易感人，較易克完文學的使命。」（註八二）從而對舊文學採取排拒的立場稱：

> 舊文學便云艱深刻苦，新文學未見就淺陋平易。若以衆人所不懂爲艱深，一字有來歷爲刻苦，那也不見得有什麼價值。像老嫗能解的詩文，乞丐走唱的詞曲，就說沒有文學價值，也只自見其固陋而已。（下略）
>
> 人本不可不讀舊書，卻不可單爲著舊書而讀書。所以向故紙堆中討生活，何如就自然界裏闢樂園？舊文學艱深刻苦，小子不敏，不敢與從事研究，有負勸導。（註八三）

一九二六年十一月，彰化陳滿盈（虛谷）在民報上發表〈駁北報的無腔笛〉，痛斥舊詩人所謂附和上山滿之進總督作詩，是因其詩「堂皇典雅」，故爲「賡揚風雅」而發的說法謂：

> 狐媚的詩人們呀，我非責你們和詩，是犯了道德上的罪惡。我是說，你們背違了做詩的旨趣，是太把藝術污辱了！太把自己的人格蹧蹋了！臺灣出你們這班詩人，眞要羞死人呀！（註八四）

文中同時愷切說明詩的本質，詩人必備的條件，指出惟有從心底湧現，以抒寫感情的才是詩。

另在東京留學的葉榮鐘也化名葉天籟，於一九二九年一月發表〈墮落的詩人〉，對舊詩人的墮落大加奚落，冷潮熱罵一番，認爲他們作詩是：

換湯不換藥地千篇一律敷衍下去，這簡直是文字的排疊，而不是詩的創作了。似這樣，只爲著巴結權勢，好出風頭，或爲貪一席之吃喝以至希圖去博妓女的歡心，而將無作有，假話連篇地亂做一場，這不是「詩之手淫」是甚麼呢？（註八五）

這篇文章罵得舊詩人啞口無言，無從反駁。一九三二年二月葉榮鐘再在《南音》上發表〈前輩的使命〉（註八六），認爲沉滯無生氣的臺灣文藝界，雖說詩社林立，但他們：

除起給一些沽名釣譽的有閒階級去自己陶醉而外，任是用百萬倍的顯微鏡也照不出他們對於人生、社會和藝術所寄與，而能夠有一些足以像今日這樣招搖藝林的理由來。（註八七）

在這樣的環境下，新文藝運動乃應運而生。最後呼籲前輩放大眼光，致力於「整理過去的文藝」和「搜羅史實」的使命，而勿以吟哦了事，置一代事業於不顧。

緊接著他又發表〈作詩的態度〉（註八八），說明詩是「情動於中」而自然產生的，所以應該先有「內容的詩」，而後才有「形式的詩」，但是「現在的舊詩人，只能汲汲於形式而不能顧及於內容，這樣數典忘祖的態度就是他們的一大蟊病」。「擊鉢吟便是這樣『言之無物』的詩的極致」（註八九），葉榮鐘認爲它根本就不是詩，遲早必被時代所遺棄。

同一時期的《南音》雜誌上，由終身好作漢詩的陳逢源發表了一篇〈對於臺灣舊詩壇，投下一巨大的炸彈〉（註九〇），繼續對舊詩人進行攻擊。他指出改隸後的臺灣文人，由於沒有出路而逃入象牙塔中去討生活，造成詩社林立、詩人輩出的現象。這些詩人的詩概是矯揉造作，與無病呻吟的死文字，難於產生藝術上有價值的詩，兼之拿詩做應酬頌揚的工具，失了其先輩所具有的遺民風格。接著徵引名家之言來說明詩是什麼，並認爲惟有平易而且率眞，具時代性與社會性又能鼓舞民氣的詩才配稱爲新時代的詩，最後則抨擊舊詩人說：

要做時代的先驅者的詩人，於臺灣反形成有阻害社會進步的反動陣營，這是我們不可不打倒的最大理由吧了。（註九一）

廖漢臣〈新舊文學之爭—臺灣文壇一筆流水賬〉一文，曾將「新舊文學論爭」概分爲三個時期，第一期論爭指一九二四年至一九二五年間，由張我軍所發動並以他爲中心所形成的理論之爭，第二期論爭則包括一九二五年至一九四〇年間所發生的一連串小官司，並認爲：

這時期的論爭，層出不窮，但是比較第一期的論爭，並不見得什麼精彩，雙方的論調，也沒有那麼激烈。嚴格地說，或者配不上說是一種論爭，只是互相挖苦而已。（註九二）

總結在這一階段中，支持張我軍的新文學陣營有：前非、半新舊、蔡孝乾、張紹賢、自我生、楊雲萍、懶雲、陳虛谷、葉榮鐘、廖漢臣、陳逢源等人，舊文學陣營則有連雅堂、悶葫蘆生、鄭軍我、黃衫客（黃文虎）、陳福全、蕉麓（羅秀惠）、赤崁王生、一吟友、講新話、壞東西、咄咄生等人。

至於第三期的新舊文學論爭，廖漢臣稱：

是指民國三十年中發生的「臺灣詩人七大毛病的論爭」而言，這是最後而最激烈的一次論爭。這個官司打了年餘，參加這次論爭的雙方的戰鬥員，比較第一期的論戰，有增無減，而且論調也較激烈，一動干戈，雙方就破口謾罵起來。因此，結果沒有得到什麼收穫，只有一點頗堪值得注視，就是這次對舊文學陣營首先開始攻擊的是舊文學陣營的人，而共鳴其說，對舊文學陣營進行最嚴厲的評判的，也是舊文學陣營的人。就表面上看來，這次的論爭，可以說是舊文學陣營一場的內訌，這點對於臺灣新文學運動上，的確具有很大的意義。（註九三）

據廖漢臣的說法，這一次的論戰緣起於一九四一年六月一日發行的第一三一期《風月報》上，元園客（註九四）的一篇〈臺灣詩人的毛病〉，他在文中指摘一般詩人具有「七大毛病」，約言之如下：一是「作者多於讀者，根底淺薄」，二是「模仿古人，浪費天眞爛漫的性靈」，三是「移用成句，不重創作」，四是「僞托他人之作，以造成兒女生徒情侶才名」，五是「僅仰詞宗鼻息，以邀膺選」，六是「無中生有，描寫景物，多出想像」，七是「幾同商人廣告，一詩連投數處」。（註九五）

此文本是作者想改弦易轍，矯正舊詩人弊風的一篇「懺悔錄」，不意卻引起舊文學家以「有辱斯文」而群起圍攻，反駁元園客的說法，其中以九曲堂鄭坤五（筆名鄭軍我）的〈臺灣詩人七大毛病再診〉（註九六）一文最具代表性。於是有共鳴元園客的，有支持鄭坤五的，雙方均以《南方》爲戰場，使用化名，你來我往的罵個不休，其情形有如廖漢臣所稱：

> 因爲雙方立場不同，各挾成見互相攻詰，而且多不把握對方的論旨，就事論事，以評斷其是非，甄別其曲直，以致始於討論而終於謾罵。（註九七）

由於雙方非理性的相互攻擊謾罵，已失卻文藝討論的意義，因此《南方》一四六期的〈編輯室談話〉欄中即提出呼籲，要求「參戰的鬥士們！大家放掉謾罵的舊戰術，轉換純粹文藝討論的新戰法好嗎？」至一九四二年二月十五日發行的一四七期即發表啓事，聲明廢止「詩人七大毛病」的討論，而中斷了雙方約近一年的論爭。（註九八）

第四節　結果與影響

總結新舊文學論爭的整個過程，廖漢臣認爲：「最初一個階段，是新舊二個對立陣營的抗爭時代，其次的一個階段，是舊文學陣營的挨打時代，再次的一個階段，是舊文學陣營的內訌時代。」（註九九）論爭的結果雖然在理論上新文學顯居上風，但因舊詩人獲得日政府之庇護與縱容，因此全島詩社不減反增，擊鉢吟會越加勃興，陳逢源即曾指出詩界之盛況：「現在全島會作詩的人們，大約不下一千名，詩社亦約有半百，照表面上看來，臺灣文運的興隆，可說是空前絕後了。」（註一〇〇）第二次世界大戰後，日政府加緊推行奴化政策，禁用中文之後，詩社與其所刊行的「詩報」仍能苟延殘喘，但新文學反而受到摧殘而趨於停頓沒落。

日據時期的舊文學，以作詩來保存漢文，於文化的綿延上自有其護持之功，「然而臺灣的詩社多者像阿片窟一樣的作用在影響於臺灣的社會」（註一〇一），其對青年學子之流毒，自爲有識之士所深深詬病。經過新舊文學論爭之後，終於促使舊文人的覺醒而改弦更張，例如連雅堂即在〈餘墨〉中指出：

擊鉢吟爲一種遊戲墨筆，朋簪聚首，選韻拈題，鬬捷爭工，藉資消遣，可偶爲之，而不可數，數則其詩必滑，一遇大題，不能結構，而今人偏好爲之，亦時會使然歟？（註一〇二）

傍觀生也在比較新舊文學之長短與特色後指出：

舊文學者，文而假，新文學者，質而實，若以辭達意，詩言志等之文學之眞精神觀之，則文章與其文假也毋寧質實者爲上，此所以六朝之駢麗體，見擯於韓愈，現代之古文言被斥於胡適者也。（註一〇三）

即連論戰中舊文學陣營主力之黃文虎，也先則以「元園客」名義寫出〈臺灣詩人的毛病〉一文，指斥舊詩人的七大毛病，繼又以「黃習之」之化名，發表〈新舊問題論〉，文中坦承：

凡有鼎新革舊者，不外適應合乎時勢之潮流。客年余所懺悔作詩七大毛病，兼以告諸染是疾者，亦是抱此主張。不意素博雄辯之鴻譽鄭坤五先生，既非本意受託而代人強辯，是出處之名不正矣。（註一〇四）

另外五四文化的精神與文學主張，諸如胡適的「八不主義」，陳獨秀的「三大主義」以及「爲人生而藝術」的原則，都被原原本本的引到臺灣來，成爲新文學運動的理論基礎，也銜接了臺灣和大陸間的血緣關係，進而哺育出一批新文學尖兵，來共同協力於反殖民反壓迫的文學抗爭活動。又在論戰的熱潮激蕩下，促進了臺灣民衆研究與學習國語（北京語）的風潮，據漢人《臺灣革命史》一書所描述當時的「國語運動」是這樣的：

臺灣自從割給日本後，日本政府所設的學校，都是教授日本語，那末臺灣便沒有機會研究中國語（北京語）。輓近臺民便反動起來，有的甚至排斥日本語了，他們便跑回祖國來研究「國語」（北京語），歸去臺灣宣傳「國語」了。……有的回中國來請國語先生，去臺灣教授，這樣愛祖國的「國語熱」，我們很可以看出他們對于祖國是怎樣熱心了！（註一〇五）

新舊文學論爭可以說是推動臺灣新文學運動的一大力量，而自張我軍以下新文學陣營的戰將，更是新文學運動的主力人物，由於他們的挺身出來倡導，才使得臺灣文學進入了一個嶄新的發展時代，日本研究者河原功因此指出：

新舊文學論爭，不！新文學運動本身不僅是抵抗日本的中國大陸切離政策要求本土的一體化，要求中國文化的保持和繼承，啓蒙臺灣文化，更是從新知識份子的立場來批判舊讀書人的存在，也批判對中國大陸解放的共鳴所產生的屈服於殖民地統治的人。（註一〇六）

【註釋】

註一　陳炘：〈文學與職務〉，《臺灣青年》第一卷第一號（一九二〇年七月），頁四一～四三。

註二　林瑞明：〈日本統治下的臺灣新文學運動—文學結社及其精神〉，《文訊》第二十九期（一九八七年四月)，頁三六。

註　三　甘文芳：〈實社會と文學〉，《臺灣青年》第三卷第三號(一九二一年九月)，頁三三～三五。

註　四　據黃得時譯文，見〈臺灣新文學運動概觀〉，《臺北文物》第三卷第二期，頁一四。

註　五　黃得時：〈臺灣新文學運動概觀〉，《臺北文物》第三卷第二期(一九五四年八月)，頁一四～一五。

註　六　陳端明：〈日用文鼓吹論〉，原載於《臺灣青年》第三卷第六號，頁三一～三四，一九二一年十二月十五日被禁發行，重刊於《臺灣青年》第四卷第一號，頁二五～二七，一九二二年一月二十日。

註　七　廖毓文：〈臺灣文學改革運動史略〉，原載於《臺北文物》第三卷第三期(一九五四年十二月)，頁一〇九。引自李南衡主編：《日據下臺灣新文學明集五：文獻資料選集》(以下簡稱《明集五》)，頁四六一。

註　八　黃呈聰：〈論普及白話文的新使命〉，《臺灣》第四年第一號(一九二三年一月)，文見《明集五》，頁六～一九。

註　九　同前註，頁六。

註一〇　同前註，頁七。

註一一　同前註，頁一五。

註一二　同前註，頁一六。

註一三　同前註，頁一八～一九。

註一四　同前註，頁一一。
註一五　同前註，頁一七
註一六　黃朝琴：〈漢文改革論〉，《臺灣》第四年第一號，第二號（一九二三年一月、二月），文見《明集五》，頁二〇～三五。
註一七　同前註，頁二一。
註一八　同前註，頁三五。
註一九　黃朝琴：《我的回憶》（臺北：龍文出版社，一九八九年六月），頁一七。
註二〇　同前註，頁一六～一七。
註二一　廖祺正：《三十年代臺灣鄉土話文運動》，國立成功大學歷史語言研究所碩士論文（一九九〇年六月），頁二六。
註二二　施文杞：〈對於臺灣人做的白話文的我見〉，逸民：〈對在臺灣研究白話文的我見〉，《臺灣民報》第二卷第四號（一九二四年三月十一日），頁八～九。
註二三　許秀湖：〈中國新文學運動的過去現在和將來〉，《臺灣民報》第一卷第四號（一九二三年七月十五日），頁三～四。按許秀湖即許乃昌，就讀上海大學，民報原文誤印為「秀潮」。
註二四　同前註，頁三。
註二五　蘇維霖：〈二十年來的中國古文學及文學革命的略述〉，《臺灣民報》第二卷第十號（一九二四年六月十一日），頁五。

註二六　張梗：〈討論舊小說的改革問題〉，《臺灣民報》第二卷第十七號至第二三號（一九二四年九月十一日至十二月一日）。

註二七　同前註《臺灣民報》第二卷第十七號，頁一五。

註二八　張我軍：〈致臺灣青年的一封信〉，《臺灣民報》第二卷第七號（一九二四年四月廿一日），頁一〇。引自《明集五》，頁五六～五七。

註二九　張我軍：〈糟糕的臺灣文學界〉，《臺灣民報》第二卷第廿四號（一九二四年十一月廿一日），頁六。引自《明集五》頁六三。

註三〇　同前註，頁六四。

註三一　同前註，頁六六。

註三二　連雅堂：《臺灣詩薈》（臺灣省文獻委員會，一九九二年三月），頁六二七。

註三三　張我軍：〈爲臺灣的文學界一哭〉，《臺灣民報》第二卷第廿六號（一九二四年十二月十一日），頁一〇～一一。引自《明集五》，頁七〇。

註三四　同前註。

註三五　張我軍：〈請合力拆下這座敗草欉中的破舊殿堂〉，《臺灣民報》第三卷第一號（一九二五年一月一日），頁五～七。引自《明集五》，頁八一。

註三六　同前註。

註三七　張我軍：〈絕無僅有的擊鉢吟的意義〉，《臺灣民報》第三卷第二號（一九二五年一月十一日），頁六～七。引自《明集五》，頁九〇。

註三八　同前註，頁九二。

註三九　同前註，頁九一。

註四〇　同註三八。

註四一　同前註。

註四二　悶葫蘆生：〈新文學之商榷〉，《臺灣日日新報》第八八五四號（一九二五年一月五日），漢文欄頁四。

註四三　同前註。

註四四　張我軍：〈揭破悶葫蘆〉，《臺灣民報》第三卷第三號（一九二五年一月廿一日），頁九～十。

註四五　同前註，頁一〇按語。

註四六　同前註，頁九。

註四七　鄭軍我：〈致張我軍一郎書〉，《臺南新報》一九二五年一月廿九日漢文欄。

註四八　張我軍：〈復鄭軍我書〉，《臺灣民報》第三卷第六號（一九二五年二月廿一日），頁一五。

註四九　同前註。

註五〇　同前註。

註五一　張我軍：〈文學革命運動以來〉，《臺灣民報》第三卷第六號～十號（一九二五年二月廿一日至四月一日）。

註五二　同前註，第三卷第六號（一九二五年二月廿一日），頁一一。

註五三　張我軍：〈詩體的解放〉，《臺灣民報》第三卷第七號八號九號（一九二五年三月一日、十一日、廿一日）。全文引自張光直編：《張我軍詩文集》（臺北：純文學出版社，一九八九年九月），頁一二八～一四〇。

註五四　同前註，頁一二九。

註五五　同前註，頁一三九。

註五六　張我軍：〈新文學運動的意義〉，《臺灣民報》第六七號（一九二五年八月廿六日），頁一九～二一。文見《明集五》，頁九八～一〇三。

註五七　張我軍這一段話似嫌武斷失據，根本忽視了臺灣社會的主體性，廖祺正論文中曾有所指正，參見《三十年代臺灣鄉土話文運動》，國立成功大學歷史語言研究所碩士論文（一九九〇年六月），頁二九～三〇。

註五八　同註五六，頁一〇二。

註五九　同前註。

註六〇　張我軍：〈隨感錄〉，《臺灣民報》第三卷第七號（一九二五年三月一日），頁一〇。

註六一　張我軍：〈研究新文學應讀什麼書〉，《臺灣民報》第三卷第七號（一九二五年三月一日），頁一六～

一七。

註六二　黃得時：〈臺灣新文學運動概觀〉，見《明集五》，頁二八六，原文刊於《臺北文物》第三卷第二期，頁二四。

註六三　《亂都之戀》散失已久，一九八七年始由遼寧大學出版社重印。

註六四　張光正：〈從白話新詩的崛起看臺灣新文學運動〉，《臺灣研究集刊》總第二一期（廈門大學研究所，一九八八年第三期），頁九三。

註六五　葉石濤：〈張我軍與臺灣新文學運動〉，《走向臺灣文學》（自立晚報社，一九九〇年三月），頁六七。

註六六　相關文內容參見楊雲萍：〈臺灣小說選序〉，《明集五》，頁二一〇。

註六七　張我軍：〈隨感錄〉，《臺灣民報》第三卷第七號（一九二五年三月一日），頁一〇。

註六八　黃衫客：〈駁張一郎隨感錄〉，《臺南新報》一九二五年三月廿八日漢文欄。

註六九　陳福全：〈白話文適用於臺灣否〉，《臺南新報》一九二五年八月五日漢文欄。

註七〇　前非：〈臺灣民報怎麼樣不用文言文呢？〉，《臺灣民報》第二卷第廿二號（一九二四年十一月一日），頁一四～一六。

註七一　同前註，頁一五。

註七二　同前註，頁一五～一六。

註七三　半新舊：〈「新文學之商榷」的商榷〉，《臺灣民報》第三卷第四號（一九二五年二月一日），頁八～

九。

註七四　蔡孝乾：〈爲臺灣的文學界續哭〉，《臺灣民報》第三卷第五號（一九二五年二月十一日），頁一三。

註七五　蔡孝乾：〈中國新文學概觀〉，《臺灣民報》第三卷第十二號～第十七號（一九二五年四月廿一日至六月十一日）。

註七六　同前註第三卷第十二號（一九二五年四月廿一日），頁一三。

註七七　同前註。

註七八　參見廖漢臣：〈新舊文學之爭（下）〉，《臺北文物》第三卷第三號，頁三五。

註七九　同前註。

註八〇　楊雲萍：〈《人人》雜誌創刊前後〉，《臺北文物》第三卷第二期。

註八一　楊雲萍：〈無題錄〉，《人人》第二號（一九二五年十二月），頁七。

註八二　懶雲：〈讀臺日紙的〈新舊文學之比較〉〉，《臺灣民報》第八十九號（一九二六年一月九日），頁一一。

註八三　懶雲：〈謹復某老先生〉，《臺灣民報》第九十七號（一九二六年三月廿一日），頁一二。

註八四　陳虛谷：〈駁北報的無腔笛〉，《臺灣民報》第一百三十二號（一九二六年十一月廿一日），頁一三。

註八五　葉天籟（榮鐘）：〈墮落的詩人〉，《臺灣民報》第二百四十二號（一九二九年一月八日），頁八。

註八六　奇（葉榮鐘）：〈前輩的使命〉，《南音》第一卷第三號（一九三二年二月），卷頭言。

註八七　同前註。

註八八　奇（葉榮鐘），〈作詩的態度〉，《南音》第一卷第六號（一九三二年四月），卷頭言。

註八九　同前註。

註九〇　陳逢源：〈對於臺灣舊詩壇，投下一巨大的炸彈〉，《南音》第一卷第二號、第三號（一九三二年一月、二月）。

註九一　同前註第一卷第三號，頁三。

註九二　廖漢臣：〈新舊文學之爭—臺灣文壇一筆流水賬〉，《臺北文物》第三卷第三期，頁三四。

註九三　同前註，頁四一。

註九四　據廖漢臣〈新舊文學之爭〉文中稱：「這元園客曾參加過第一期的論爭，當時化名爲黃衫客，是舊文學陣營一員戰將，本名黃晁傳，雅號文虎，是個謎學專家，又好吟咏。」文見《臺北文物》第三卷第三期，頁四二。

註九五　元園客（黃文虎）：〈臺灣詩人的毛病〉，《風月報》第一三二期（一九四一年六月一日），引自廖漢臣：〈新舊文學之爭〉，《臺北文物》第三卷第三期，頁四二。

註九六　鄭坤五：〈臺灣詩人七大毛病再診〉，《南方》第一三七期（一九四一年九月五日）。

註九七　同註九二，頁四九。

註九八　有關第三期的論爭經過，以廖漢臣：〈新舊文學之爭〉一文論之綦詳，載於《臺北文物》第三卷第三期，頁四一～五一，可參看，又論戰所在之《南方》半月刊殘缺不全，故不具論。

註　九九　同註九二，頁五一。

註一〇〇　同註九〇第一卷第二號，頁四。

註一〇一　同前註，頁五。

註一〇二　連雅堂：〈餘墨（二）〉，《臺灣詩薈》（臺灣省文獻委員會，一九九二年三月），頁四九。

註一〇三　傍觀生：〈駁修正生及高鬬袍之謬見〉，《南方》第一四〇、一四一合併號（一九四一年十一月），引自《明集五》，頁四四八～四四九。

註一〇四　黃習之：〈新舊問題論〉，《南方》第一四五期（一九四二年一月），頁八。

註一〇五　漢人：《臺灣革命史》（臺北：臺灣藝術社，一九二七年四月），頁一〇五～一〇六。

註一〇六　河原功：〈臺灣新文學運動的展開〉，引自《文學臺灣》第二期（一九九二年三月），葉石濤譯文，頁二四九。

第五章　臺灣新文學之父——賴和

第一節　賴和的文學生涯

臺灣的新文學運動，繼張我軍的理論倡導之後，「在一個文言文的世界中，以先人所以爲淺薄粗鄙的白話文爲文學表現的工具，寫大人先生輩以爲鄙野不文而唾棄的小說」（註一），第一個把白話文的眞正價值具體地提示到大衆之前，爲臺灣新文學「打下第一鋤，撒下第一粒種子」（註二），而爲日據時期作家王錦江（詩琅）（註三），朱石峰（點人）（註四）、楊守愚（註五）、黃得時（註六）、葉石濤（註七）等人同聲推許爲「臺灣新文學之父」、「臺灣新文學的開墾者」、「臺灣新文學的創造者」的賴和（一八九四—一九四三），他的中文根柢，是在十四歲時於故鄉彰化小逸堂隨塾師黃倬其學習漢文而來，首先由漢詩寫作入手，在就讀臺灣總督府醫學校的五年期間創作尤多。青年時期除參加詩社「古月吟社」的詩會酬唱外，並於一九二五年二月十一日與好友楊守愚、陳虛谷等十六人成立「流連思索俱樂部」，一九三九年九月廿八日重組爲「應社」，與社友楊守愚、陳虛谷、楊樹德（

笑儂）、楊添財（雲鵬）、楊木（雪峰）、楊子庚（石華）、陳英方（渭雄）、吳蘅秋等人彼此吟哦唱和，藉抒淪胥之痛，抑鬱之情，即在一九二三年十二月十六日因治警事件入獄期間亦勤寫不輟。一九四一年十二月八日因「思想問題」第二次入獄五十日中所寫的〈獄中日記〉，其中漢詩即達二十一首之多，並藉由漢詩來表達出他心中的愁悵情懷與綿邈哲思。其漢詩七律作品的〈劉銘傳〉兩首，則曾於一九二二年六月應《臺灣》雜誌三年三號第一回徵詩入選第二名及第十三名，次年又以〈文天祥〉一詩再入選《臺灣》四年一號第十名，由此可見賴和古詩文造詣之深與沉潛之久，而這也就是王錦江，李獻璋等私炙賴和的友人所稱的，他在創作之初，先用漢文思考，用文言文寫好，然後按照文言稿改寫成白話文，再改成接近臺灣話的文章之原因所在。（註八）

一九一八年二月廿五日，年方二十五歲的賴和隻身渡海前往廈門鼓浪嶼，任職於博愛醫院，而於次年七月退職歸臺於彰化懸壺濟世。在廈門一年五個月期間，正值五四新文化思潮澎湃之際，受到祖國文學之影響極大，一九二三年九月即有散文對話體的〈僧寮閒話〉之作。至一九二五年八月廿六日正式發表於《臺灣民報》六十七號上的第一篇隨筆散文〈無題〉，則以前半散文，後半新詩的合併體裁，運用流暢的筆調，描述一個失戀青年在面對昔日女友盛大的出嫁行列時，心中愛恨交迸，百感泉湧的落寞愁緒。不只抒發被遺棄的滿懷痛苦，也咀咒炎涼的現實世態，而臺灣民間嫁娶風習的地方色彩，也就在不經意間展露無遺，因此同時起步從事新文學創作的楊雲萍，也禁不住要推許這一篇形式清新，文字優婉的作品為「臺灣新文學運動以來頭一篇可紀念的散文。」（註九）

緊接在一九二五年十二月二十日第一首寫實詩作〈覺悟下的犧牲〉發表於《臺灣民報》上後，翌年一月一日的民報再刊出賴和的第一篇白話小說〈鬪鬧熱〉。這篇以優美洗練的文辭描述鄉村迎神賽會熱鬧景象的社會寫實小說，是一篇以一群普通的臺灣民衆爲描寫對象的成熟短篇，不但爲賴和奠立了臺灣新文學開創者的地位，也成爲臺灣「眞正有價值的新小說」（註一〇）之先河。此後直至一九三六年一月發表最後一篇小說〈赴了春宴回來〉的十年之間，賴和即以流暢的白話文先後發表了一系列燴炙人口的新文學作品，計有小說十六篇，新詩十二篇，隨筆散文十六篇（含通訊，序文各一篇），計共四十四篇。茲根據林瑞明的研究，將賴和在這段期間所公開發表的作品，依寫作時間的先後列表如下：（註一一）

	寫作時間	題名	署名	發表刊物	發表日期
1	25.7.20	◎無題	懶雲	臺灣民報六七號	25.8.26
2	（25.8.）	◎答覆臺灣民報特設五問	賴和	臺灣民報八六號	25.8.26
3	25.10.23	○覺悟下的犧牲	懶雲	臺灣民報八四號	25.12.20
4	（25.11）	●鬪鬧熱	懶雲	臺灣民報八六號	26.1.1
5	（25.12）	◎答覆臺灣民報設問	賴和	臺灣民報八六號	26.1.1
6	25.12.4夜	●一桿「稱仔」	懶雲	臺灣民報九二—九三號	26.2.14—2.21
7	26.1.9	◎讀臺日紙的「新舊文學之比較」	懶雲	臺灣民報八九號	26.1.24

8	26.3.7	◎謹復某老先生	懶雲	臺灣民報九七號	26.3.21
9	（26.12）	◎忘不了的過年	懶雲	臺灣民報一三八號	27.1.2
10	（27.7）	◎對臺中一中罷學問題的批判	賴和	臺灣民報一六五號	27.7.10
11	（27）	●補大人	懶雲	新生第一集（東京）	27
12	27.12.14	●不如意的過年	懶雲	臺灣民報一八九號	28.1.1
13	28.5.1	◎前進	賴和	臺灣大衆時報創刊號（東京）	28.5.7
14	（28.7）	◎無聊的回憶	懶雲	臺灣民報二一八—二二二號	28.7.22—8.19
15	（29.12）	●蛇先生	懶雲	臺灣民報二九四—二九六號	30.1.1—1.18
16	30.4.30	●彫古董	甫三	臺灣新民報三一二—三一四號	30.5.10—5.24
17	（30.7）	◎希望我們的喇叭手吹奏激勵民衆的進行曲	懶雲	臺灣新民報三四五號	31.1.1
18	（30.8）	◎流離曲	甫三	臺灣新民報三二九—三三二號	30.9.6—9.27
19	（30.9）	◎開頭我們要明瞭地聲明著		現代生活創刊號	30.10.15
20	（30.10）	●棋盤邊	懶雲	現代生活創刊號	30.10.15
21	30.10.5	●辱？	甫三	臺灣新民報三四五號	31.1.1　註五八
22	30.11.18	○生與死	甫三	臺灣新民報三四一號	30.11.29
23	（30.12）	○新樂府	懶雲	臺灣新民報三四三號	30.12.13
24	（30.12）	○農民謠	甫三	臺灣新民報三四五號	31.1.1
25	（30.12.16後）	◎隨筆	懶雲	臺灣新民報三四五號	31.1.1

26	31.1.7	○滅亡	x	臺灣新民報三四七號	31.1.17
27	（31.2）	●浪漫外紀	甫三	臺灣新民報三五四—三五六號	31.3.7—3.21
28	（31.4）	○南國哀歌	安都生	臺灣新民報三六一—三六二號	31.4.25—5.2
29	（31.4）	●可憐她死了	安都生	臺灣新民報三六三—三六七號	31.5.9—6.6
30	（31.6）	○思兒	安都生	臺灣新民報三七〇號	31.6.27
31	31.10.20	○低氣壓的山頂	甫三	臺灣新民報三八八號	31.10.31
32	31.11.13	○祝曉鐘的發刊		曉鐘創刊號	31.12.8.
33	（31.12）	○相思歌	懶雲	臺灣新民報三九六號	32.1.1
34	31.12.22	◎紀念一個値得紀念的朋友	懶雲	臺灣新民報三九六號	32.1.1
35	（31.12）	●歸家	懶雲	南音創刊號	32.1.1
36	（31.12）	●豐作	甫三	臺灣新民報三九六—三九七號	32.1.1—1.9
37	（32.1）	●惹事	懶雲	南音一卷二號、六號、九號、十合刊號	32.1.17—7.25
38	（32.1）	◎城（我們地方的故事）	玄	南音一卷三號	32.2.1
39	32.1.27	◎臺灣話文的新字問題	賴和	南音一卷三號	32.2.1
40	（34.11）	●善訟的人的故事	懶雲	臺灣文藝二卷一號	34.12.18
41	（35.1）	○呆囝仔	甫三	臺灣文藝二卷二號	35.2.1
42	35.10.10	◎臺灣民間文學集序	懶雲	臺灣民間文學集	36.5

43	35.12.10	●赴了春宴回來	懶雲	東亞新報新年號	36.1
44	35.12.13	●一個同志的批信	灰	臺灣新文學創刊號	35.12.28

賴和這些文章在日據時期除了刊登於當時的民報和主要文學刊物外，並未結集出版。由李獻璋編輯，預訂於一九四〇年十二月出版的中文小說選集《臺灣小說選》（註一二）全部十五篇小說中，即收錄了賴和的〈前進〉、〈棋盤邊〉、〈辱〉、〈惹事〉、〈赴了春宴回來〉等五篇，本書雖遭日當局以全書內容欠妥的理由禁止發行，但由此亦可見賴和的作品在時人心目中所佔的重要地位。

由中國文學培養長大的賴和，雖然也寫作漢詩，但他認爲舊文學的工具不夠完備，且只以讀書人爲對象，而不能與廣大的民衆發生關係，「不用說，是言情，是寫實，是神秘、浪漫，……不過是受人餘唾的『痰壺』罷。」（註一三）而新文學則是「由時代的要求，因著四周的影響，漸次變遷……循程進化的。」（註一四）在深切體察到「古文學雖然有古文學的好處，但是我認爲白話文已經成熟，是新文學創作必然走出的形式。」（註一五）的時代潮流後，他即提出聲明說：

> 我們是要倡導平民文學，普及民眾文化的這一種藝術運動，那富有普遍性的新文學是頂適用的工具。（註一六）

賴和所主張的新文學幾乎是無所不包的，諸如「有思想的俚謠、有意態的四季春、有情思的採茶歌」（註一七）等均是，而這一片廣闊無垠的文學新天地，「是新發見的世界，任各有能力的人，去自由

墾植，廣闊地開放著，純取世界主義，就是所謂大同者也。」（註一八）

受過日本醫學校教育的賴和，一生堅持使用漢文創作，而這正是他堅強的民族氣節和極度的愛國情操之體現。早在一九二五年三月十二日　國父逝世後，臺灣有志於廿四日下午七時在港町文化講座舉開盛大的追悼大會時，賴和即寫了一首輓聯和輓詞以表達他對中山先生的敬意及對祖國同胞的關懷，輓聯如下：

中華革命雖告成功，依然同室操戈，一統雄心傷未達；
東亞聯盟不能實現，長使天驕跋扈，九原遺恨定難消。

輓詞是：

當四萬萬同胞，
酣醉在大同和平的夢境中，
生息在專制忘我的傳統道德下，
嬉戲在豆剖瓜分的危懼裏，
使我們曉得有種族國家，
明白到有自己他人，
這不就是先生呼喊的影響嗎？

破壞的已經破壞了，
建設的亦在途程上，
可是人們的軀殼雖說不能永保，
生命也自永遠無窮，
先生的精神久嵌入在四萬萬人，各個兒的腦中。

使這天宇崩，地宙折，
海橫流，山爆烈，
永劫重歸，
萬有毀絕，
我先生的精神，亦共此世間，永遠永遠的不滅。

另外在他第二次入獄前所寫的遺稿〈夕陽〉一詩：

影漸西斜色漸昏，炎威赫赫更何存；人間苦樂無多久，回首東山月一痕。

詩中也透露了他期待臺灣重歸祖國懷抱的深切寄望。

賴和除了利用行醫之餘的空檔積極從事新文學的創作外，一九二六年起更應聘主持人財兩缺的《臺灣民報》學藝欄，擔任編輯選稿的工作。楊守愚在〈小說與懶雲〉一文中曾說明了當時新文學作品之貧弱與賴和改稿之苦心稱：

當時，在一片未開墾的臺灣新文學園地中，作品之貧弱，自不待言。偶見幾篇作品，大多是沒有寫完的東西。「好」作品固不論矣，即「差不多」的作品也十分難求。因此，在這一時代的文學編輯人的苦心，不言可喻。（下略）

通常，一個編輯者的任務，無非只是擔當作品之閱讀從而加以選擇的工作。遇到「不合格」的作品，就把它往紙字簍一丟了事。但是，懶雲當時的文學界的情況卻不是這樣。爲了補白報紙空下來的版面，就無法去選擇原稿。他當時幾乎是拼著老命去做這份工作的。他毫不珍惜體力地去一一刪修寄來的稿子，有時甚至要爲人改寫原稿的大半部份。常常有些文章，他簡直是只留下別人的情節而從頭改寫過。

由於醫務的繁忙，常常要到晚上十時以後才得空閒。因此，他擔當編輯選稿的工作，便是這十時以後的事。爲了潤改來稿，他工作到凌晨的一、兩點，是常有的事。如果碰到急迫的工作，工作通宵，也不是絕無僅有的事。這是何等重大的精神上和身體上的犧牲！（註一九）

此外賴和還擔任過《南音》和《臺灣新文學》兩種文學雜誌的編輯工作，《南音》的創辦者黃邨城（春成）就曾極力稱讚賴和對《南音》的貢獻道：「假使《南音》有點聲譽，他的功勞是不可埋沒的，換句話說，《南音》不至被人唾棄至於無容用身之地，也可說藉他的光不少。」（註二〇）

在實際的編務之外，賴和對於後起之秀的文學青年也給予愷切的指導和鼓勵，例如廖毓文即指陳：

筆者和點人、克夫二君，起頭開始研究文藝，因爲沒有參考的書籍，或指導者，正苦於暗中摸索的時候，或曾寫信去叩問他創作上的經驗談。（註二一）

朱石峰也回憶他受教於賴和的情形道：

我初識先生之時，正是先生在五十年生命的三分之一的時候，距今才十數年。當時正是我們開始厭棄舊詩，而矚目於新文學，而先生屢屢推出新作的時代，他的作品鼓動了我們的心，而拜訪先生以求教的時候，先生卻出乎意外地，懇切地教導我們創作的方法。因此，在以後的年月中，我們終於也能有幾篇作品問世者，先生居功甚大。（註二二）

至於以〈送報伕〉一文揚名扶桑，成爲進軍日本文壇第一人的楊逵，更是深受到賴和的照顧提攜。賴和不但仔細潤改過楊逵的文章，也是「楊逵」這一筆名的命名者，而成爲楊逵的「命名之父」（註二三）。楊逵的處女作〈送報伕〉，也是經由賴和之手才得以於一九三二年五月十九日至二十七日在《臺灣民報》上連載。當這篇後半部被查禁的小說以第二名的優異成績入選於一九三四年十月日本《文學評論》一卷八號上後，楊逵追憶當時的情形說：

當我把登〈送報伕〉的《文學評論》拿給賴和看時，他非常高興，他雙手握著我的手，久久不能說話。每思及此，我便由衷地感激賴和先生，他是我文學創作的導師，在我貧困潦倒時，他經常鼓勵我，關照我。（註二四）

由於賴和的文學創作實績及其對文學青年的愛護提攜，因此在一九三四年五月六日臺灣文藝聯盟成立時，膺任常務委員的賴和即被公推爲常務委員長，因他固辭而改推選張深切擔任。當賴和於一九四三年一月三十一日逝世時，由張文環主編的《臺灣文學》，即於四月二十八日發行的三卷二號製作「賴和先生追悼特輯」，刊出楊逵，朱石峰、楊守愚等人的追思文章，和張冬芳翻譯的賴和遺稿〈我的祖父〉、〈高木友枝先生〉兩篇散文以誌哀悼，由此可見賴和深受當時文壇敬重之一般，楊守愚即曾指出：

只要是爲了臺灣的新文學得以發展，爲了作品的品質得以逐步提高，他是任何付出都不推辭的。懶雲氏的這一份熱情和努力，曾給予當時的文學界很深的感銘，並且逐漸激發了文學青年的創作慾望。也正因爲這樣，後起的新秀，終於如雨後的春筍般地湧現了出來。（註二五）

臺灣本土文壇就這樣以賴和爲中心而建立了起來，不但廖毓文、朱點人、林克夫、朱石峰、楊逵、楊守愚、陳虛谷、病夫、夢華、老塵客、繪聲、玄影、……等人紛紛蔚起從事新文學的創作，而在當時，「因爲有懶雲在，彰化儼然成爲新文學運動的中樞。」（註二六）

第二節　人道關懷的文學主題

生在一個身不由己的殖民統治時代的賴和，由於深切感受到了「我生不幸爲俘囚，豈關種族他人優」（〈飲酒〉第三）的痛苦，加上天生「同情弱者，看見了貧困的人們悲慘的生活就不禁歎息的人道主義者」（註二七）悲天憫人的襟懷，使得這位有「彰化媽祖」（註二八）之譽的仁醫賴和，在他以「但願天下無疾病，不懼惡死老醫生」（註二九）自期，而懸壺濟世時，更加深入思考全面抒解臺灣民衆倒懸之苦的方法。經過實際參與「臺灣文化協會」、「臺灣民衆黨」的政治抗議活動之後，賴和體悟到：

> 單是政治運動，不能算是完善的方法，因爲多數的民眾若不會共鳴是不能成功的。所以一方面須從事民眾的啓蒙運動，臺灣的民眾所受的政治上的壓迫痛苦也已夠了，所受官權的欺凌不能再容忍了。吾們向大眾宣傳他們所受的痛苦的原因，向他們表示同情，教他們須求自救，他們一定波湧似的傾向到吾們這邊來。（註三〇）

藉由文學的力量，去啓蒙無知的大衆，讓他們瞭解「世間未許權存在，勇士當爲義鬥爭」（〈吾人〉）的眞諦，從而團結一致，共同奮鬥，才是最直接有效的自救之道。賴和文學創作的原點，可以說即是始自痌瘝在抱的人道關懷，期望藉著文藝的力量去啓迪民智，改變國民的精神。在他省視到當時臺灣民衆所受的痛苦，是來自於日本殖民帝國的壓迫和封建社會的遺毒時，「反帝」、「反封建」的主題便自然孕育爲其作品的主要訴求。他曾呼籲作爲民衆喇叭手的新民報要努力吹奏激勵民衆的進行曲說：「現在民衆所缺乏的，已經不是訴苦的哀韻，所要求的是能夠促進他們的行進的歌曲。民報呀！我們唯一的言論機關的民報，血管裏過去豈不是曾流著紅的血嗎？切不可以這些被懷疑，而丟棄了一切的歷史的使命要緊呀！」（註三一）葉石濤因此指出：

賴和先生終其一生均以悲天憫人的人道精神，客觀地透視臺灣殖民社會統治機構，對臺灣民眾的摧殘和剝削，也深刻地凝視被壓迫的臺灣民眾，怎樣地在黑暗和困苦的地獄中掙扎。他的文學充分表現了臺灣新文學的反帝、反封建的民族風格，反映了殖民地人民生活的困苦—在政治、經濟壓迫下的痛苦呻吟，同時又犀利地批判殖民統治的缺陷和殘暴，指出反壓榨、反欺凌、積極抗議和控訴的一條途徑。（註三一）

「反帝、反封建」即是賴和一生所稟持的信念，黃得時曾自述一九三七年他大學畢業應聘《臺灣新民報》副刊主編，前往彰化請教賴和先生如何編輯副刊時，賴和當場提出四點指示說：

㈠現在雖然是在日本統治下，我們絕對不要忘記我們是中國人。

㈡對於中國優美的傳統文化，不但要保存，還要發揚光大。

㈢對於日人的暴政，盡量發表，尤其是日警壓迫欺負老百姓的實例，極力暴露出來。

㈣對於同胞在封建下所殘留的陋習、迷信，應予徹底的打破，提高文化素質和水準。（註三三）

直到逝世前夕，賴和仍然念念不忘於他畢生所致力推展，隱含民族意識與抗日精神的新文學運動。（註三四）

賴和生平崇拜魯迅（註三五），他所開創的這一「反帝、反封建」的文學創作主題，不但承繼了五四運動的精神，也和二十年代魯迅左翼文學運動所高倡的「反對帝國主義和封建禮教」之主張若合符節，而賴和對臺灣新文學的開創之功，又足可媲美魯迅對中國現代文學的貢獻，也因此黃得時要將

賴和比之爲「臺灣的魯迅」。（註三六）

對於供作總督統治之工具而濫施威權的日本警察，賴和自始便極端的排斥，他認爲：

那時代的補大人，多是無賴，一旦得到法律的保障，便就横行直撞，爲大家所側目，說起大人，簡直就是横逆罪惡的標本，少知自愛的人，皆不願爲。（註三七）

但是對那些被強權所欺壓而無力反抗的苦難同胞，他是懷抱著無限的悲憫與同情：

我們島人，眞有一個被評定的共通性，受到強權者的凌虐，總不忍摒棄這弱小的生命，正正堂堂，和他對抗，所謂文人者，藉了文字，發表一點牢騷，就已滿足，一般的人士，不能借文字來洩憤，只在暗地裏咒詛，也就舒暢，天大的怨憤，海樣的冤恨，是這樣容易消亡。（註三八）

從賴和的作品中即可充分印證他那爲民請命的人道情懷，作於一九三〇年底的〈新樂府〉、〈農民謠〉的臺灣話文歌謠，和遺稿集中未公開發表的對話體小說〈不幸的賣油炸檜的〉，即是通篇歌詠百姓苦難的文章。而其所取材的對象，都是現實社會中所常見或發生的眞實事例。一九二五年第一首正式發表的白話新詩〈覺悟下的犧牲〉，副題〈寄二林事件的戰友〉（註三九），便是作於二林蔗農抗爭事件發生時的十月廿三日，即時呈現殖民地人民被壓迫榨取景況的實錄。全詩九節四十七行，深刻描述蔗農任人宰割的悲慘命運：

弱者的哀求，
所得到的賞賜，

只是橫逆、摧殘、壓迫，

弱者的勞力，

所得到的報酬，

就是嘲笑、謫罵、詰責。

我們只是一塊行屍，肥肥膩膩，留待與

虎狼鷹犬充飢！

在弱者拋卻那不值錢的生命，覺悟地提供了犧牲後，作者對被蹂躪的弱者的覺醒給予高度的禮讚，並抒發詩人滿腔的愛國情懷，充滿了反殖民的高度抗議精神！

唉！這覺悟的犧牲！

多麼難能，多麼光榮！

我聽到了這回消息，

忽充滿了滿腹的憤怒不平，

無奈慘痛橫逆的環境，

可不許盡情地痛哭一聲，

只背著那眼睜睜的人們，

把我無男性眼淚偷滴！

〈豐作〉是一篇脫胎於「二林蔗農事件」，以日本製糖會社殘酷剝削臺灣蔗農的慘痛事實爲骨幹的小說，曾經由楊逵推介譯成日文刊載於一九三六年一月出版的東京《文學案內》二卷一號上，與朝鮮張赫宙的〈アン・ヘェラ〉，中國吳組緗的〈天下太平〉，同爲該號「朝鮮、臺灣、中國新銳作家集」之代表，是日據時期惟一被譯介到日本的漢文作品。內容描述勤勞樸實的蔗農添福，眼看著自己心血耕耘培育良好的甘蔗豐收在望，到時候給兒子娶媳婦的錢都不成問題，「想到這裏，添福兄的心內眞是得意到無可形容。」不料在採收甘蔗時，蔗糖公司卻發表了極其苛刻的新的採伐規則來壓榨農民，在蔗農不堪盤剝群赴會社抗議時，一心期待獲得獎勵金的添福也不敢參與的採取傍觀態度，但在甘蔗過磅時，由於公司的磅秤稱量不公，剋扣斤兩，以致預期到手的收入驟減許多。在終年辛苦的勞力付出卻仍落得兩手空空之後，連憨厚安分的添福也不禁要憤怒地咒罵：「伊娘咧！會社搶人！」吐露了臺灣殖民地被榨取農民的心聲。

一九二五年至一九二六年十二月止，臺灣總督伊澤多喜男爲安撫退職的日本官員，使他們能夠長久留住臺灣起見，遂實行所謂「退職官拂下（批售）無斷（擅自）開墾地」的政策（註四〇），將臺灣農民辛苦開墾出來的土地三千八百八十六甲餘以極廉價格售予三百七十名退職官員，此舉不但造成層出不窮的土地糾紛，也逼得農民流離失所，無以爲生。賴和一九三〇年九月連載於《臺灣新民報》上的〈流離曲〉（註四一），即是以這個悲慘的史實爲背景，表現了失去土地的農民掙扎生存的情景。〈流離曲〉全詩長達二九二行，是日據下臺灣新文學中最長，最動人的一首詩，分爲〈生的逃脫〉、

〈死的奮鬥〉和〈生乎？死乎？〉三個部份。詩中首先描述勤勞善良的農民遭遇到大水來襲的悽慘景況：

澎澎！湃湃！
窸窸！窣窣！
澎湃的眞像把海吹來，
窸窣地甚欲併山捲去，
溪水也已高高漲起，
森茫茫一望無際。
猛雨更挾著怒風，
滾滾地波浪掀空。
驚懼、怱惶、走、藏、
呼兒、喚女、喊父、呼娘、
牛嘶、狗嗥、
混作一片驚號慘哭，
奏成悲痛酸悽的葬曲，
覺得此世界的毀滅，

就在這一瞬中。

劫後餘生，一無所有的貧民，抵不住饑餓的催逼，只好典賣兒子暫解倒懸之苦，而後遷徙他鄉，憑著雙手拚命去開闢一片砂石荒埔：

墾墾！闢闢！
忍苦拚力！
一分一秒工夫，
也不甘去休息。
鋤鋤！掘掘！
土黑砂白，
開開！鑿鑿！
石火四迸。
幸福就在地底，
努力便能獲得。
鋤鋤！掘掘！
土黑砂白，
開開！鑿鑿！

石火四迸，
一分一秒工夫，
也不甘去休息，
忍苦拚力，
墾墾！闢闢！

但就在墾殖有成，收穫在望，一心期待著美好的未來時，卻被統治者以「無斷開墾」的罪名而沒收田產，強迫遷徙，這時候無地投訴的滿腔辛酸與無奈，正如詩人所指陳的：

把田畑阡陌開墾得齊齊整整，
流盡我一身血汗，
把稻仔蕃薯培養得青蒼茂盛，
眼見得秋收已到，
讓別人來享受現成，
這就是法的平等！
這就是時代的文明！
這麼廣闊的世間，
就一個我這麼狹仄，

到一處違犯著法律，
到一處牴觸著規則，
耕好了田卻歸於官吏，
種好了稻竟得不到收穫，
這麼廣闊的世間，
就一個我怎這樣狹仄。

從殘酷的現實覺醒過來以後，作者向被壓迫的大衆指出了團結奮鬥求生存的一貫主張：

天的一邊，地的一角，
隱隱約約，有旗飄揚，
被壓迫的大眾，
被搾取的工農，
趨趨！集集！
聚攏到旗下去，
想活動於理想之鄉。
去！去！
緊隨他們之後，

我怎生這樣痴愚！
我怎生這樣痴愚！
怎甘心在此受盡人欺負？
去！去！
緊隨他們之後，
尚有強健的腳和手，
且有耐得勞働的身軀。

〈南國哀歌〉（註四二）是爲哀悼發生於一九三〇年十月二十七日的「霧社事件」（註四三）而作，在這次日人慘無人道的武裝鎮壓行動中，山胞浴血奮戰，寧死不屈。賴和以質直簡潔的詞句和激昂慷慨的旋律，爲山胞們反抗日本統治者的壯舉而高歌，更爲歷史留下了見證。

此詩以倒敘手法，先提示了血腥屠殺過後的景況：

所有的戰士已都死去，
只殘存些婦女小兒，
這天大的奇變，
誰敢說是起於一時？

詩中沉痛地描述了山胞被奴役被迫害的生活遭遇，歷數了日本殖民統治的罪行：

勞働總說是神聖之事，
就是牛也只能這樣驅使，
任打任踢也只自忍痛，
看我們現在，比狗還輸！
我們婦女竟是消遣品，
隨他們任意侮弄蹂躪，
那一個兒童不夭眞可愛，
凶惡的他們忍相虐待，
數一數我們所受痛苦，
誰都會感到無限悲哀！

在「生竟不如其死」的痛苦和「不自由，毋寧死」的深切醒悟下，山胞們「舉一族自願同赴滅亡」，到最後亦無一人降志。」展現了義無反顧，視死如歸的大無畏精神。相對於「和他們同一境遇，一樣呻吟於不幸的人們」，賴和也加以批駁道：

那些怕死偷生的一群，
在這次血祭壇上，
意外地竟得生存，

便說這卑怯的生命，
神所厭棄本無價值。

賴和在詩中一再的吶喊著：

兄弟們！來！來！
來和他們一拚！
憑我們有這一身，
我們有這雙腕，
休怕他毒氣、機關鎗！
休怕他飛機、爆裂彈！
來！和他們一拚！
兄弟們！
憑這一身！
憑這雙腕！
兄弟們！來！來！
捨此一身和他一拚！
我們處在這樣環境，

只是偷生有什麼路用，
眼前的幸福雖享不到，
也須爲著子孫鬪爭。

上述這兩段詩句，不但充滿了勇往直前的犧牲奮鬥精神，道出了作者寫作這首詩的用意，更是向日本帝國主義者公開宣戰的號角，賴和不屈的抗議精神，在這首詩中可以說是發揮得淋漓盡致，表露無遺了。

〈低氣壓的山頂─八卦山〉一詩，是賴和登臨故居的八卦山頂，眼見暴風雨即將來臨，緬懷當年彰化保衛戰爲抵抗日軍入侵而犧牲的烈士，不禁心潮激蕩，百感交集，於是借大自然的景象，以象徵的手法，寫下了這一首氣勢磅礴的戰歌。

詩人以淒愴悲壯的筆調，述說宛如置身於世界末日的暴風雨前夕之所見所感，舉凡「巍峨的宮殿，破陋的草屋，痛苦的哀號，快樂的跳舞，勝利的優越者，羞辱的卑弱者，善的、惡的，所有的一切」，「盡包圍在唬唬風聲裏，／自然的震怒，／似要把一切都毀滅去。」然而風雨儘管再強，萬物儘可毀滅，但那抗日英雄的英靈卻是浩氣長存，永入人心，詩人爲此發出了他的嘔歌：

在這激動了的大空之下，
在這狂飆的迴旋之中，
只有那人們樹立的碑石，

兀自崔嵬不動，
對著這暗黑的周圍，
放射出矜誇的金的亮光，
那座是六百九十三人之墓，
這座是銘刻著美德豐功。

作者既不爲即將來臨的狂風暴雨所撼動，也不爲已要破毀的世界和行將滅亡的人類而悲傷哀悼，因爲：

人類的積惡已重，
自早就該滅亡，
這冷酷的世界，
留它還有何用？
這毀滅一切的狂飆，
是何等偉大凄壯！
我獨立在狂飆之中，
張開喉嚨竭盡力量，
大著呼聲爲這毀滅頌揚，
併且爲那未來的不可知的，

人類世界祝福。

本詩洋溢著賴和對罪惡齷齪世界的不滿，狂熱地呼喚暴風雨的到來，以便能毀滅黑暗的舊世界，再造人類美好光明的未來，而這也正暗示著賴和內心世界的吶喊，期待著殖民統治的早日結束，以便迎接新時代的來臨。做為一個愛國詩人，賴和的感情是熾烈的，因此他的詩往往直抒胸臆，不假虛飾，所以說「賴和屬風暴型的詩人，他的詩是號角，也是吶喊。」（註四四）

賴和一九二六年二月連載於《臺灣民報》上的小說〈一桿「稱仔」〉，最能具現他「同情弱者，反抗強權」的一貫精神，這也是一篇他所親歷，反映被壓迫人民不屈的反抗意志和奮鬥精神的社會寫實之作。藉著對貧苦賣菜小販秦得參那可悲身世的描述，作者不僅觀照了日帝統治下一般農村社會的沒落破敗景象，也指控了警察即連善良百姓也不放過的殘酷不道：

因爲巡警們，專在搜索小民的細故，來做他們的成績，犯罪的事件，發見得多，他們的高昇就快。所以無中生有的事故，含冤莫訴的人們，向來是不勝枚舉。什麼通行取締、道路規則、飲食物規則、行旅法規、度量衡規紀，舉凡日常生活中的一舉一動，通在法的干涉、取締範圍中。

本篇故事敘述菜販秦得參在過年前帶著借來的一桿「稱仔」（秤）上街賣菜，卻因不知巴結賄賂前來買菜的日警，而被誣指「稱仔」不準，不但「稱仔」當場被打斷擲棄，還被控以違反度量衡規則的罪名羅織入獄。在深感「人不像人，畜生，誰願意做。這是什麼世間？活著倒不若死了快樂」的覺悟下，他終於抱了必死的決心，殺死了夜巡的警吏而同歸於盡。

「稱仔」所代表的法律，本應是公平正義而爲人民所信服奉行，但殖民帝國卻是依恃法律來鞏固他們的政權，賴和對此已有深切的體認，在〈蛇先生〉一文中他即一針見血的指出：

因爲法律是不可侵犯，凡它所規定的條例，它權威的所及，一切人類皆要遵守奉行，不然就是犯法，應受相當的刑罰，輕者監禁，重則死刑，這是保持法的尊嚴所必須的手段，恐法律一旦失去權威，它的特權所有者——就是靠它吃飯的人，準會餓死，所以從不曾放鬆過。像這樣法律對於它的特權所有者，是很有利益，若讓一般人民於法律之外有自由，或者對法律本身有疑問，於他們的利益上便覺有不十分完全，所以把人類的一切行爲，甚至不可見的思想，也用神聖的法律來干涉取締，人類的日常生活、飲食起居，也須在法律容許中，纔保無事。

這篇藉著市井買賣常用的「稱仔」爲主軸，運用寫實主義的手法而舖敘的作品，不僅具體呈現了弱勢農民和善良百姓橫遭迫害，有冤難伸的悲慘生活，也凸顯了殖民當局倚仗嚴刑峻法以遂其殘暴統治的不公不義。在這裏賴和展露了利用文學來鼓舞民心，爭取自由的意氣，尖銳地顯現了整個臺灣新文學的反日抗議精神，堪稱爲日據時期抗議文學的代表作。

發表於一九二七年東京留學生創辦的文學思想性雜誌《新生》創刊號上的〈補大人〉（註四五），是描寫一個當上日帝最低階級「巡查補」（候補警員）的臺灣人，橫行鄉里，儼然一副土皇帝的醜態。某日清晨在督導居民清掃街道時，竟刻薄得連自己的母親也不放過，還爲被罵了一句「死囝仔」而出手打母親，終至糾纏到派出所，引來人群圍觀議論，而演出一幕乖違倫常的鬧劇。賴和不但藉著這篇故事諷刺某些忘本而甘做日本走狗的臺灣人，同時也暗示著啓蒙民衆，以反抗強權的重要，而這一文學取向，早在一九二三年時即已醞蓄成熟，具現端倪。就在該年四月十六日，日本皇太子裕仁巡幸臺灣，並頒授十一名臺灣仕紳勳章，十一月八日辜顯榮、林熊徵等御用紳士更公開募集會員，創立迎合日本官憲的「公益會」，以爲殖民當局張目，賴和有感而發地於十一月十三日作了〈飼狗頷下的銅牌〉一詩加以諷刺道：

下賤的東西　勿狂妄
珍瓃瓃珍瓃瓃
那麼樣—自誇自大
可不識人世間　珍瓃
有了多少人們　珍瓃
因爲我　珍瓃瓃珍瓃
得到多大的榮譽光彩
那拖牛做馬的人們
始終不能得到我　珍瓃
眼角一睞　珍瓃瓃珍瓃
看得到聽得著　珍瓃

被虐殺的無辜　珍璫
刑訊場的死屍　草原上的殘骸　珍璫
雖說是死得應該
珍璫璫珍璫璫
亦爲著他的衣襟上
沒有我許他佩帶　珍璫
一塊赤銅青綬的丸章。（註四六）

一九二三年一月十六日，蔣渭水、石煥長等人爲謀促進在臺灣設置特別立法議會而申請成立「臺灣議會期成同盟會」，但卻被日方以違反治安警察法之名義禁止其活動。二月廿一日蔣渭水、蔡培火、陳逢源等人轉移至東京臺灣雜誌社舉開臺灣議會期成同盟會成立大會，但在十二月十六日清晨，臺灣總督府警務局即對參與臺灣議會運動的關係人展開一網打盡的全島性大檢舉。這一日據時期規模最大、範圍最廣的「治警事件」，計有四十九人被捕下獄，五十人受傳訊。身爲同盟會會員而又熱心於社會運動和文化講演的賴和，也在當天遭到搜查扣押，初囚臺中銀水殿，後移送臺北監獄，至次年一月七日始獲不起訴處分出獄。飽受迫害的賴和，不但不曾因此畏難退縮，反而更加堅定他反抗壓迫的決心，在一篇題爲〈阿四〉的自傳體小說中，賴和曾做了一番自我表白：

阿四受到這次壓迫，對於支配者便非常憎惡。把關聯於他們的事務，一律辭掉，決意也不和他

們協作。覺得此後的壓迫一定加倍橫虐，前途阻礙更多。但他並不因此灰心退縮，還是向著唯一光明之路前進。（註四七）

賴和進一步指出反抗心的源泉，是來自於壓迫著的威壓凌辱：

在優勝者的地位，本來有任意凌辱壓迫劣敗者的權柄。所以他們不敢把這沒出處的威權，輕輕放棄，也就忠實地行使起來。可不知道那就是培養反抗心的源泉，導發反抗力的火戰。（註四八）

在賴和未曾發表的《一九二三年稿本》中，即有一首約作於三、四月間的白話新詩處女作〈歡迎蔡陳王三先生的筵間〉，他在詩中即呼籲臺灣民衆要在二十世紀的新時代來臨中乘時奮起，詩中滿溢著賴和積極奮鬥求生存的風發意氣，全詩如下：

兄弟們
這二十世紀
是解放運動全盛之時。
世界新潮流
久已高高漲起。
無奈何我可愛臺灣，
尚閉置在眞空裏！

沒有傳波的空氣、
終只寂沈沈反動不起。
唉太陽高起來了
氣壓變動了，物質膨脹了。
眞空的瓶兒微微的破裂了。
新鮮的氣流透進來了。
快醒罷、不可耽眠了。
這幾位早起來的弟兄。
說破了唇兒、喊破了喉嚨。
是因爲甚麼事呢。
快哆開眼兒罷、快翻轉身子罷。
大家合攏起來罷。
「生不自由寧勿死」
我原是熱血男兒。
奮起，奮起，須奮起。
傍有人笑，走肉行屍。（註四九）

另一首作於「治警事件」前夕──十二月十五夜的〈草兒〉，同樣輝耀著賴和不屈的抵抗精神，茲錄如下：

春要來了，草地上──
被牛羊踐踏過的──
草兒──再要發生了！
含蓄著無限生機的、
草兒──依依地、蓬蓬地──
覺悟似的發出芽來！
似對著人們──說，
「不相干──發芽仍舊要發芽、
甜美的露培著，和熙的風吹、
時候到了不容生生地閃著
踐踏只得由他罷！
我們亦自各有天職。」（註五〇）

〈不如意的過年〉則是一篇運用嘲諷手法，抨擊日警欺壓善良百姓的小說。作品中的警察大人，因不滿人們所送的年終禮金意外減少，於是假借權勢：

對於行商人取締的峻嚴，一動手就是人倒擔頭翻；或是民家門口，早上慢一點掃除，就被告發罰金；又以度量衡規矩的保障，折斷幾家店舖的「稱仔」。

雖然運用各種手段，意圖激怒老百姓，好用妨害公務的罪名進行更大的迫害，來使人民懼怕，以便從中收賄撈取好處，然而他的詭計並沒有成功，因爲綿羊一般柔馴的人們，「受到他嚴酷的取締，也如從前一樣，很溫馴地服從，不敢有些怨言，絕不能捉到反抗的表示。」失望之餘的查大人，禁不住大罵臺灣老百姓都是「豬，一群蠢豬！」

〈辱〉則藉著一群做吃食小生意的攤販在戲臺前的閒話，揭示人民的痛苦和日警的橫暴，賴和指出當時人民普遍的感覺是：

在這時代，每個人都感覺著：一種講不出的悲哀，被壓縮似的苦痛，不明瞭的不平，沒有對象的怨恨，空漠的憎惡；不斷地在希望著這悲哀會消釋，苦痛會解除，不平會平復，怨恨會報復，憎惡會滅亡。但是每個人都覺得自己沒有這樣力量，只茫然地在期待奇蹟的顯現，就是在期望超人的出世，來替他們做那所願望而做不到的事情。

然而擺在眼前的事實卻是，日警藉著整理交通的名義，大舉出動捉拿小販，而在一陣濫肆追捕的慌亂之後，這一行拿人的人，還神氣活現的衝進一處參與文化協會活動的醫生家，「到講正義人道的人面前去顯威風，眞是稱心的事情，痛快無比。」日警的目的就是「橫暴只管是橫暴，看講正義的人，有法度無？」而這不正是「人爲刀俎，我爲魚肉」的臺灣人民的奇恥大辱嗎？

在描述一名畢業生回到家鄉後所見所聞的小說〈歸家〉中，賴和不僅藉著這位賦閒青年的觀感，道出蕭條市景下的失業問題：「講古場上，有幾處都坐滿了無事做的閒人。」也批判了在虛假建設口號下的貧富不均現象：「市街已經改正，在不景氣的叫苦中，有這樣建設，也是難得，新築的高大的洋房，和停頓下的破陋家屋，很顯然地象徵著廿世紀的階級對立。」最後作者更借由祖廟口擔販的閒聊，吐露出對日本統治者的不滿，以及懷念日本統治前的自由歲月：「永過實在是眞好，沒有現時這樣警察……」「現在的景況，一年艱苦過一年。」日治下生民的艱苦歲月，就在輕描淡寫的對話中表露無遺。

賴和的諸多作品中，攻擊日本警察最力，而被日據時期文家公認爲「文學技巧最圓熟」（註五一）的創作要數連載於《南音》上的〈惹事〉。這篇小說分爲兩部份，上一部份敘述甫出校門賦閒在家的二十歲青年豐，在百無聊賴下前往釣魚解悶，卻因魚池小主人的干涉不准垂釣而發生爭執動武，招致魚池主人的興師問罪，惹出事端，受到父親一番訓斥，由此顯現主人公那種充滿正義感，好打抱不平，卻又急燥魯莽的性情。下一部份則是作者亟欲捕捉呈現的主體故事，描述一群警察大人養的雞母雞仔在菜畑裏覓食，雖然「腳抓嘴啄，把蔬菜毀壞去不少。」，但因爲：

這群雞是維持這一部落的安寧秩序，保護這區域裏的人民幸福，那衙門裏的大人所飼的，「拍狗也須看著主人」，因爲有這樣關係，這群雞也特別受到人家的畏敬。

在警察權威的籠罩下，種菜的人雖然氣得大罵：「娘的，畜生也會傍著勢頭來蹧躂人。」卻不敢用土塊丟擲雞群。

故事隨著警察的挾怨報復，誣指一貧苦的寡婦偷雞而引起主人公的憤恨不平一路開展，作者藉著青年的口，指控了日警卑劣的行徑：

我一面替那寡婦不平悲哀，一面就對那大人抱著反感，同時我所知道這幾月中間他的劣跡，便又在我腦裏再現出來「捻滅路燈，偷開門户，對一個電話姬強姦未遂的喜劇，毒打向他討錢的小販的悲劇，和乞食撕打的滑稽劇」這些回想，愈增添我的憎惡。「排斥去，這種東西讓他在此得意橫行，百姓不知要怎受殃。」

在這裏賴和既批判了殖民者仗勢欺壓民眾的昭彰罪行，也提示了敢於抗爭血性青年的勇者形象。

賴和自始即獻身於臺灣的政治社會運動，當一九二一年十月十七日臺灣文化協會於臺北初創立時，賴和即當選理事，至一九二七年文化協會內部因為思想的對立發生「左右傾辯」，左右兩派互相對立攻訐的結果，以連溫卿、王敏川為首的社會主義左派遂於一月三日在臺中成立新文化協會，賴和則出任評議員。隨後蔡培火、林獻堂、蔣渭水等的民族主義右派舊文化協會幹部也於七月十日在臺中成立「臺灣民眾黨」，而與新文協分道揚鑣。賴和雖然在民眾黨中也擔任幹事，但他眼見領導抗日的文化協會分裂，造成兄弟鬩牆的局面，內心之傷感可知。一九二八年發表的散文〈前進〉，即是一篇以象徵的筆調，表達作者對文協分裂的痛心，希望新舊兩派能如兄弟般攜手共進的願望。

這篇文章以「被黑暗所充塞的大地」象徵暗無天日的殖民統治，「兩個被時代母親所遺棄的孩童」則暗喻失去中國母國支持的分裂文協，作者期望失去母愛的兩個孤兒，在一片漆黑而險阻重重的夜晚，能夠互相提攜，勇往直前：

他倆感到有一種，不許他們永久立在同位置的勢力，他倆便也攜著手，堅固地信賴地互相提攜；由本能的衝動，向面的所向，那不知去處的前途，移動自己的腳步。前進！盲目地前進！無目的地前進；自然忘記他們行程的遠近，只是前進，互相信賴，互相提攜，爲著前進而前進。

由這篇文章中，正可看出賴和那永不止息，積極奮勇前進的戰鬪意志，張良澤即曾指稱：

賴和一生影響後人甚深。楊逵取其抗議精神，故有〈送報伕〉之作；吳濁流取其嘲諷意味，遂有〈陳大人〉之發。（註五二）

賴和一九二六年一月發表於《臺灣民報》上的第一篇小說〈鬥鬧熱〉，是最先批評封建社會迎神賽會的舖張浪費，表達期盼文化革新與社會進步的作品。故事借著鎮上人們的閒談，表達出兩庄村民爲了在媽祖生日的祭典中比賽那一邊熱鬧，而不惜一擲千金的愚昧行徑道：

「實在是無意義的競爭，」丙喝一喝茶，放下茶杯，慢慢地說，「在這時候，救死且沒有工夫，還有閒時間，來浪費有用的金錢，實在可憐可恨，究竟爭得是什麼體面？」

賴和是非常反對這種迫使窮人典衫當被，耗盡老本來迎合舊俗的陋習，對於爲發起「鬥鬧熱」而奔走的學士、委員、中學畢業生和保正等「有學問有地位的人士」，賴和也以他進步的觀點，提出了諷諫批判。

描述西醫研究傳聞中解蛇毒秘方的〈蛇先生〉，是一篇旨在破除迷信秘方的生動小說，內容敘述一位以捉拿田雞爲業的人，由於懂得醫治蛇傷而被鄉民們稱爲「蛇先生」。因他深知「世間人總以不知道的事爲奇異，不曉得的物爲珍貴，習見的便不希罕，易得的就是下賤」的道理，因此他在使用草藥治療蛇毒時也不免要弄一點江湖手法：

明明是極平常的事，偏要使它稀奇一點，不教他們明白，明明是極普通的物，偏要使它高貴一些，不給他們認識，到這時候他們便只有驚嘆讚美，以外沒有可說了。

在蛇先生以治蛇毒而聲名遠播後，一位西醫前來拜訪，並將得到的秘方交予從事藥物研究的朋友化驗其成份藥效，在虛耗一年十個月的光陰後，終於研究出所謂的秘方，並沒有什麼特別的神奇效力。

賴和遺稿中未曾發表的〈未來的希望〉（註五三），同樣是一篇描述秘方誤人的小說。故事敘述擁有大片田地的阮大舍爲求子嗣以傳宗接代，在續娶的正妻和幾房側室都沒有懷孕的徵兆下，不免乞靈於神佛，賴和諷刺說：

女人家的疑難事，只有求神托佛了，無奈神佛無靈，單會消耗一般善男子善女人的財帛，享受他們的禮酒，一些些也無有感應。

當妻妾們轉而求助於廣告上的秘藥卻不幸喪生後，賴和再次抨擊了秘方的誤人：

大舍的妻妾，在不自覺之中，遂成爲一般走方醫的試驗動物。既被掛上試驗的號牌，當然免不掉犧牲。大舍的繼室，就在試藥之下失去了生命。

在這裏賴和以詼諧的筆調，述說中年早衰的阮大舍為求一兒半女以慰解寂寞人生的期盼，也批判了封閉世界中只知求神拜佛，迷信秘方的愚昧眾生。

日據時期臺灣人民吸食鴉片之風相當普遍，日本政府雖曾先後發布鴉片令，採取漸禁方式的禁煙政策，但仍特許煙癮較重或身體較弱者吸食，賴和對此深為詬病，〈棋盤邊〉一作即是藉著一群飽食終日的人物，圍在棋盤邊談論著鴉片吸食持許問題，小說不但批駁：開放吸食鴉片是「民本政治的一種表現，就是尊重民意，這是始政以來第一件的善政。」「抽鴉片的無一個無幸福。當他過足了癮頭的時候，他們都覺得他的幸福是世上無比。」這種荒謬無知的說辭，也透過「第一等人烏龜老鴇，唯兩件事打雀燒鴉」這幅聯文，反諷這群舊士紳的落伍可憐。

封建社會中不乏依賴祖宗餘蔭，過著紙醉金迷般腐化生活的縉紳子弟，〈赴了春宴回來〉（註五四）即是一篇鞭撻一群聖人之徒徒事酒肉爭逐的荒唐行徑。在「一被邀進過咖啡館，在肉香、酒香，還有女人的柔情、媚態的包圍中，一次，二次……心也活啦。」於是腦海中所盤旋的，便儘是一些「紅的唇、白的頸項、水溶溶的媚眼；還有，是富於彈性的雙乳和肥滿的臀部……。」至於什麼父母妻子的叮嚀，聖人的教訓等早被拋到九霄雲外，無怪乎作者要作詩諷刺說：「不是敢違阿母訓，美人情重更難違。」

〈可憐她死了〉是一篇哀憫封建社會中窮苦百姓的經典之作。故事中命途多舛的阿金，因家貧被賣做童養媳後，不料未來的丈夫卻在一次罷工風潮中被警察打傷死亡。為了抒解家裏的困境，阿金再次被已有大小老婆的富紳阿力哥包養。對於當時封建社會中的金錢肆虐，賴和提出了嚴厲的指控：

在此萬惡極了的社會，尤其是資本主義達到了極點的現在，阿金終是脫不出黃金的魔力，這是不待贅言的。

富戶阿力買阿金只是要充做他蹂躪洩慾的工具，因爲「阿金很年輕很嬌媚，而且困苦慣了，當然不會怎樣奢華，所費一定省，比較玩妓女便宜到十倍。」而在阿金懷孕之後，阿力哥便因厭膩而棄之不顧，可憐的阿金也在一個夜晚到河邊洗衣服時不幸落水而死。就在「阿力哥又再托阿狗嫂替他物色一個可以供他蹂躪的小女人」時，良心發現的媒人阿狗嫂一句：「唉！阿力哥！你可曉得嗎？可憐阿金死了！」這句話實具有震撼人心的無比力量。阿金的不幸身世，正是臺灣人民的寫照。

小說中不僅對被屈辱踐踏的無力窮苦大衆寄予深切的同情，也對富戶人家爲富不仁的窮奢極慾做了深入的刻畫，在貧富兩極化的對照之下，封閉固陋舊社會中所潛藏的敗德行爲完全暴露無遺。

賴和取材於滿清時代民間傳說的代表作〈善訟的人的故事〉，是一篇描寫窮知識份子林先生爲民請命，和盤剝農民的財主打官司的故事。作品中勾勒出財主志舍在霸佔山林，向窮民逼索墓地錢那種唯利是視，自鳴得意的話語說：

現今是錢的天下，有錢也就有名譽幸福，但是也須有無錢的人，纔見得錢的威風；無錢的人，是要使有錢的享福快樂，纔有他們生存的使命，神是爲著有錢的人，纔創他們的。

善良正直的林先生，爲了伸張正義挺身而出，爲處於「生人無路，死人無土，牧羊無埔，耕牛無草」

的貧苦人民提出告訴，他認爲：

公道還未至由這世間滅亡，大眾的窮苦，蒼天是看到明明白白，一定會同情的，強橫的若真沒有果報，那樣世間也就可知了！

在這樣的信念和人民的支持下，上告到福建總督衙門的林先生終於獲得最後勝利，使志舍的山場成爲公塚以及放牧牛羊的所在。

賴和這篇借古諷今的小說，不但指控了官府惡霸夤緣勾結，刻剝農民的惡形劣狀，並且藉著林先生跨海上訴到福州尋求協助的鬥爭方式，暗示著臺灣抗日民族運動需和祖國相連，並以祖國爲後盾才能成功，可以說標示著賴和一向反帝反封建的一貫訴求。

第三節　社會寫實的文學路線

謙稱自己對於文藝是「門外漢」（註五五）的賴和，曾在寫給文友郭秋生的信中，述說自己創作的方法道：「對於創作是利用空閒的時間，把日常所接受的題材，隨宜把它文學化，要須刻苦深思，他是做不來的。」（註五六）可見賴和的創作源泉，除了攝取所看過的作品爲其基礎知識與創作之資外，主要的便是「自然的材料，所構成的事跡」（註五七），賴和這裏所指稱的「自然材料」，便是發生於臺灣社會上或歷史上苦難人生的眞實寫照，也就是他所謂的「有臺灣地方色彩的文學」。（註

五八）

賴和一系列反帝、反封建的小說，都是反映被壓迫者的反抗心聲，表達農村社會的艱辛歲月，即使是取材於滿清時代臺灣三大訟案的傳記小說〈善訟的人的故事〉，也是描寫鄉土小民反抗強權的奮鬥事蹟，揭示了日本統治下本省人苦難的諸樣相，因此葉石濤認為賴和是臺灣鄉土文學的先驅，他說：

本省鄉土文學的誕生應當從賴和開始。因為賴和的出現才奠定了現代鄉土文學的基礎。在這以前的舊文學包括漢詩在內，姑且不論它在鄉土文學史上有何特殊的價值，但對於現代本省人的思想、感情、生活，實在沒有什麼密切的關係。（註五九）

賴和的新詩所表現的主題，正如同他的小說，絕大部份都是反應當時社會重大事件的現實主義文學。寫於一九二五年十月廿三日的〈覺悟下的犧牲〉，即是直接以發生於彰化二林等庄蔗農反抗製糖會社壓榨剝削的「二林事件」為背景，以反映被壓迫者奮起抗爭的重要作品。一九三〇年的長詩〈流離曲〉，則是針對殖民當局用強迫手段，奪取農民所墾殖的土地廉價批售予退職官吏，造成大批農民流離失所的事件所作的哀歌，王詩琅認為：

當我們讀著他那吟唱農民生活的悲慘的，以「澎澎！湃湃！窸窸！窣窣！」開始的長詩，我們感到作者眞摯的藝術創作態度，在我們的心中有力地脈動著。他是一個無畏無懼，不欺不詐地，正確表現了臺灣現實的作家。而正因為他不欺不詐的正直性，越發增高了他的作品的藝術果效。（註六〇）

爲霧社事件而作的〈南國哀歌〉，更是一首記錄這一場震憾世界屠殺事件的史詩，詩人藉著娓娓的彈唱，追索著這一巨變的起因，也頌揚了山胞的勇敢赴義精神。〈低氣壓的山頂〉則是在睹物思情之餘，不僅追念當年彰化八卦山上爲抗日而犧牲的烈士英靈，也宣告了殖民統治的終會滅亡和新時代的必將來臨。

平生不喜歡閱讀難澀佶屈的理論或刻苦深思之文章的賴和，作品所呈現的是平易近人的寫實風格，而這種風格則是源自於他對民間文學的關心和對臺語文學的提倡。

賴和一向主張：「苦力也是人，也有靈感，他們的吶喊，不一定比較詩人們的呻吟，就沒有價值。」（註六一）「像老嫗能解的詩文，乞丐走唱的詞曲，就說沒有文學價值，也只自見其固陋而已。」（註六二）推而廣之，舉凡「有思想的俚謠，有意態的四季春，有情思的採茶歌」（註六三）等民間文學作品，賴和認爲其文學價值絕不在典雅深雋的詩歌之下，他指出：

這些被一部士君子們所擯斥的民間故事與歌謠，到了現在，還能夠在民衆的嘴裏傳誦著，這樣生命力底繼續掙扎，我們是不敢輕輕看過的；何則？因爲每一篇或一首故事和歌謠，都能表現當時的民情、風俗、政治、制度；也都能表示著當時民衆的眞實底思想和感情，所以無論從民俗學、文學，甚至於從語言學上看起來，都具有保存的價値。（註六四）

對保存民間文學的重要性有深切體認的賴和，不但親自創作了表現臺灣現實社會生活中廣大人民悲苦生活狀況的〈新樂府〉、〈農民謠〉，以及情歌的〈相思歌〉和兒歌的〈呆囝仔〉等民間歌謠體作品，他在一九三〇年寫給《臺灣新民報》編輯黃周（醒民）的信中，更提出了應當及早整理民間文學，藉以保存固有民族文化的呼籲：

講要把民間故事和民謠整理一番，這是很有意義的工作，我是大贊成。若不早日著手，怕再幾年，較有年歲的人死盡了，就無從調查。現時一般小孩子所唱的豈不多是日本童謠嗎？想著了還是早想方法才是。（註六五）

就在賴和等有識之士的提倡呼籲下，臺灣民間文學的採集整理才受到重視而有了積極的開展。一九三五年一月六日發行的《第一線》雜誌即推出十五篇的「臺灣民間故事特輯」，並有黃得時的卷頭言〈民間文學的認識〉，和另外兩篇有關傳說及民謠的評論。一九三六年六月十三日李獻璋更出版了他費了三四年工夫所編成的《臺灣民間文學集》，其中搜集了約近一千首的歌謠，謎語，以及二十三篇的故事和傳說，而賴和根據彰化傳說所作的〈善訟的人的故事〉這篇爲弱者控訴不義的小說即收錄其中。

賴和的新文學理念，表要呈現在發表於一九二六年《臺灣民報》上的〈讀臺日紙的〈新舊文學之比較〉〉和〈謹復某老先生〉這兩篇文章上。前者是針對一月三、四日《臺灣日日新報》上署名「一記者」的〈新舊文學之比較〉一文之答辯；後者則是回應署名「老生常談」者於二月廿五、廿八日及三月二日在《臺灣日日新報》上連載的〈對於所謂新詩文者〉一文。在這兩篇文章中，賴和提出他對文學語言形式的兩項基本主張：

第一，新文學運動的標的，是在舌頭和筆尖的合一，亦即言文一致的問題，其方式即是把說話用文學來表現，再少加剪裁修整，使其合於文學上的美。

第二，舊文學的對象是讀書人，不屑與民衆爲伍，新文學則是以民衆爲對象，亦即是大衆文學，因此即使是苦力痛苦的吶喊，乞丐走唱的詞曲，都具有文學上的價值。

可見賴和的新文學主張，即是要以臺灣大衆日常所使用的臺灣話文，去建設言文一致的大衆化文學。藉著口語中方言、俚語、俗語的運用，不僅要呈現出臺灣的鄉土特色，更要將反帝反封建的意識，直接打進廣大的社會群衆中，以達致其文章救國的初衷。

據賴和的友人王詩琅、李獻璋稱，寫作認眞的賴和，每寫一篇作品，總是先用文言文寫好，最後再改成接近臺灣話的文章（註六六）。對於創作純取「世界主義」（註六七）的賴和，在臺語文學的草創階段，即已主張在白話文的文章中使用臺灣話文，甚或臺語化的日式熟語詞句，他認爲：

> 一篇文章中，插有別種的文字，是進化的表識，若嫌洋字有牛油臭，已有注音字母的新創，儘可應用。（註六八）

然而由於臺灣話中有音無字的問題，造成臺灣語言表現上的困擾，因此新字的創造，便成了唯一的解決途徑。關於臺灣話文的新字問題，賴和曾在一九三二年一月二十七日致書臺灣話文運動的健將郭秋生，提出他的看法和主張：

> 新字的創造，我也是認定一程度有必要，不過總要在既成文字裏尋不出「音」「意」兩可以通

用的時，不得已才創來用，若既成字裏有意通而音不諧的時候，我想還是用既成字，附以傍註較易普遍。（註六九）

賴和此一有關臺灣話文字化的見解，不僅獲得郭秋生的讚同，即在實際的創作實例中，也獲致了肯定的成果，王詩琅即稱：

賴懶雲似乎在很久以前即已敏銳地理解了這個問題，很早就避開了作品中使用臺灣話的困難，而寫下了任何一個中國人都讀得懂的作品。雖然目前在作品中寫臺灣話的問題已經成爲一個重要的傾向，但在實踐上卻尚無人出於賴懶雲之右者。（註七〇）

在賴和的新文學作品中，〈新樂府〉、〈農民謠〉、〈相思歌〉、〈呆囝仔〉這四首民間歌謠，和〈一個同志的批信〉以及生前未曾發表的遺稿〈富戶人的歷史〉（註七一）這兩篇對話體小說，固然都是使用臺灣話文所寫成的創作，即使是以中國白話文爲基調所寫的小說中，其人物的對話也都是使用口語化的臺灣話文，因此人物的形象便越發顯得貼切而生動，例如在〈惹事〉這篇小說中，描寫日警誣指寡婦偷雞的一段對話即其一例：

「你，偷拿雞有幾擺（幾次）？」受到這意外的問話，她一時竟應答不出。

「喂！有幾擺？老實講！」

「無！無，無這樣事。」

「無，你再講虛詞。」

「無，實在無。」

「證據在此，你還強辯，」拍，便是一下嘴巴的肉響，「籃掀起來看！」這又是大人的命令，寡婦到這時候纔看見籃翻落在地上，籃裏似有雞仔聲，這使她分外恐慌起來，她覺到被疑爲偷拿雞的有理由了，她亦要看牠究竟是什麼，趕緊去把籃掀起。

「啊！徼倖（可憐）喲！這是那一個作孽，這樣害人。」她看見罩在裏面是大人的雞仔，禁不住這樣驚喊起來。

「免講！雞仔拿來，衙門去！」

「大人這冤枉，我……」寡婦話講未了，「拍」又使她嘴巴多受一下虧。（註七二）

在文章中適確的運用臺灣話文，的確能使作品中的人物更顯生動突出，從而增添文章的魅力，對此李獻璋即曾指出：

懶雲的作品，使用很多福佬話，十足表現臺灣人的感覺，發揮了獨特的魅力，不僅引用會話和地方特有的事物名稱，充分表現地方色彩，也在敘述、表現全體上，成功的引用臺灣福佬話的文脈。（註七三）

但是如果使用過當，不僅有礙讀者對文意的理解，減少了可讀性，也會形成方言文學的流弊，阻扼了文學的大衆化。賴和一九三五年十二月發表的最後一篇新文學創作：〈一個同志的批信〉，即是全用臺灣話文所寫的臺語文學作品，其中描寫作者接獲獄中友人來信求援後的一段獨白：

啊！啊！晦氣！伊安怎（怎麼）想到我來？「身體病到太壞，需要一點營養補給劑，身邊無半個錢。」無錢？你無錢，我敢春（敢，豈。春，剩）有百外（餘、多）萬？有錢？我自己鱠曉使？供給你？我有這義務？怎樣身體不顧乎好好？

同志？我不是被恁（你們）笑過的落伍者，向後轉？現在怎樣？恁走錯了路呢？還是我無認錯「戥花」？恁忠實，恁信堅，安呢（這樣），就該會堪得病，那用食藥？更至於滋養？

恁這一班東西，實在使我禁不得要罵，怎樣偏要講我生理（生意）做去（做得）好，賺錢多。賺錢多？敢應該要提去厚（給）恁開駛（花用），怎欠用就來向我提。是欠恁的嗎？這東西。

雖然是在頭殼裏獨語著，這樣發洩一下，心肝頭（心裏頭）的悶氣也輕鬆了許多。

這段文字即因臺灣話的過度使用，不但在當時即有文家聲稱讀不懂：

這篇的文字和有名以用臺灣白話寫作的蔡愁洞氏的一樣，這是我臺灣白話和鄉土方言特色的作品。不過這篇裏面，那段獨白的字句，有地方使我不明瞭，這或者是校正者的不周到誤植了字也說未一定的。（註七四）

更有人對本文提出「很難讀」的批評：

在〈一個同志的批信〉的灰氏（賴和）的計劃諒是以漢字寫臺灣白話，以謀大眾化。他的立想確實可敬，可是用了許多新造的臺灣白話漢字，反見得爲諸篇中最難讀的一篇。（註七五）

再如賴和晚期之作的〈富戶人的歷史〉，藉著兩個轎夫的沿路閒談描述幾個鄉野傳說，其中臺灣話文的運用，固然能夠貼切地表露當時的民情風俗，但隨著時空的轉移，文中轎夫所用的行話諸如：「小！鎮路，帶溜！」「大無地，小掛角」、「小！溜，大步開！」、「垂手」、「交纏！」「蹋步呑！」等等，除了少數老輩人士外，一般人現在已難於探悉其意義。

賴和所開創的此一社會寫實的臺語文學，在選字用詞上或許存在著某些不得已的缺憾，然而就草創期的臺語文學而言，他那些具有啓發性的臺語文學創作，已是當時最好的作品，就此而言，賴和可以說是臺語文學的開山祖師。

第四節　影響與評價

在日據時期的臺灣新文學運動中，賴和以其反帝反封建的主題，人道主義的精神和寫實主義的方法，率先倡導寫作具有地方色彩的鄉土文學，他的傑出成就，不僅使他成爲臺灣創作界的領袖與新文學的奠基者（註七六），而且影響及於其他同時代的作家，正如文評家張恆豪所指稱：

他的寫實精神引導了不少的繼起者，尤其是楊守愚、陳虛谷、王詩琅；他的反諷技法影響了蔡愁洞、吳濁流、葉石濤；而他那不屈不撓的抗議勇氣更鼓舞了楊華、楊逵、呂赫若。可以說，臺灣新文學的紮根從賴和開始著手，而賴和的崛起才奠定了現代臺灣文學的基礎。（註七七）

論者雖謂賴和的小說仍不免有夾敘夾議，時有介入解說之處，在藝術的表現上也還不夠細膩，缺乏一種純粹之美。有些作品過多使用臺灣話文的結果，造成了閱讀上的困難，不免影響了作品的藝術感染力和廣泛流傳。然而這些不足之處卻都是受限於時代環境所產生的結果，絕不是賴和的才學有所不足，誠如陳虛谷所稱：

賴和生於唐朝中國則可留名唐詩選；生於現代中國則可媲美魯迅。我不是說賴和的作品與魯迅一樣好，而是說若有好的環境，賴和能寫出匹敵魯迅的作品出來，可惜他的環境太差。（註七八）

生長於日帝高壓殖民統治下的賴和，正是欲借嘲諷的筆緻，去抒發心中的抑憤，反映現實的不平，向殖民者發出正義的怒吼，引領同胞走上自救圖存的光明之途。他對於臺灣新文學乃至臺灣人民的犧牲奉獻，正可藉下列這段客觀的敘述作說明：

發軔於一九二〇年代，以四〇年代中葉爲終點的日據時代新文學運動，具有反殖民侵略，結合民眾參與和人文關懷的文化性格，強烈追求民族自決和思想自由，不僅是日據當時臺灣民眾的文化鬥爭和思想啓蒙運動，同時也與國際間弱小民族的反抗文學思潮，以及歐美追求人性，社會解放的進步文學思潮同步發展，而賴和正是這個文學運動的先驅者。

賴和胸懷磊落，正氣凜然，秉持良心和巨筆，指控日本帝國主義者對殖民地的苛酷統治，爲被壓迫的弱者伸張正義，給予挺身的反抗者熱切鼓舞，可說是位知行合一的智識份子，不僅被人公認爲一代仁醫，也被尊稱爲臺灣新文學之父。（註七九）

【註釋】

註一　守愚：〈小說與懶雲〉，原載於《臺灣文學》第三卷第二號，「賴和先生追悼特輯」（一九四三年四月二十八日），引自《日據下臺灣新文學—賴和先生全集》（以下簡稱《明集一》）（臺北：明潭出版社，一九七九年三月），頁四二五。

註二　守愚：〈赧顏閒話十年前〉，原載於《臺北文物》第三卷第二期（一九五四年八月），引自《日據下臺灣新文學—文獻資料選集》（以下簡稱《明集五》）（臺北：明潭出版社，一九七九年三月），頁三四六。

註三　王錦江：〈賴懶雲論〉，原載於《臺灣民報》第二〇一號（一九三六年八月），引自《明集一》，頁四〇〇。

註四　朱石峰：〈回憶懶雲先生〉，原載於《臺灣文學》第三卷第二號（一九四三年四月），引自《明集一》頁四二二。

註五　同註一，頁四二七。

註六　林瑞明：〈賴和的文學及其精神〉，原載《臺灣風物》第三十九卷第三期（一九八九年九月），收於氏著：《臺灣文學與時代精神．賴和研究論集》（臺北：允晨文化公司，一九九四年十二月），頁三五六。

註七　葉石濤：〈爲什麼賴和先生是臺灣新文學之父？〉，《沒有土地，哪有文學》（臺北：遠景出版社，一九八五年六月），頁一四。另見《臺灣文學史綱》（高雄：文學界雜誌社，一九九一年九月），頁四二。

註 八　王錦江之評論見註三，頁四〇五，李獻璋之評論見：〈臺灣鄉土話文運動〉，《臺灣文藝》第一〇二期（一九八六年九月），頁一五五。

註 九　楊雲萍：〈臺灣新文學運動的回顧〉，《臺灣文化》第一卷第一號（一九四六年九月），頁一一。

註一〇　黃得時：〈臺灣新文學運動概觀〉，《明集五》，頁二八六。

註一一　●小說，〇新詩，⊙隨筆散文，均以西元繫年，（）表示推定時間。

註一二　《臺灣小說選》是日據時期臺灣新文學運動發軔以來唯一的中文小說選集，全書二百二十餘頁，三十二開本，除收錄賴和的五篇作品外，另有楊雲萍的〈光臨〉、〈弟兄〉、〈黃昏的蔗園〉，張我軍的〈誘惑〉、一村（陳虛谷）的〈榮歸〉、守愚的〈辱魚〉（原題〈斷水之後〉）、芥舟（郭秋生）的〈鬼〉、朱點人的〈蟬〉，和王詩琅的〈沒落〉、〈十字路〉等十篇小說，書前並有楊雲萍的序文一篇，概述臺灣新文學運動的經過。詳見王詩琅：〈臺灣小說選〉，《臺北文物》第三卷第二期（一九五四年八月），頁三七；楊雲萍：〈臺灣小說選序〉，《明集五》，頁二〇四～二一五。

註一三　懶雲：〈讀臺日紙的〈新舊文學之比較〉〉，原載於《臺灣民報》第八十九號（一九二六年一月二十四日），引自《明集一》，頁二〇九。

註一四　同前註，頁二〇八。

註一五　王昶雄：〈打頭陣的賴和〉，《磺溪一完人》（臺北：前衛出版社，一九九四年七月），頁三三一。

註一六　賴和：〈開頭我們要明暸地聲明著〉，原載於《現代生活》創刊號（一九三〇年十二月），引自《明集一》，頁三五五。

註一七　同前註，頁三五六。

註一八　同註一三，頁二一〇。

註一九　同註一，頁四二六～四二七。

註二〇　黃邨城：〈談談《南音》〉，原載《臺北文物》第三卷第二期，引自《明集五》，頁三四三。

註二一　毓文：〈甫三先生─諸同好者的面影之一〉，原載於《臺灣文藝》第二卷第一號（一九三四年十二月新年號），引自《明集一》，頁三九八。

註二二　同註四，頁四二〇～四二一。

註二三　楊逵：〈憶賴和先生〉，原載於《臺灣文學》第三卷第二號（一九四三年四月），引自《明集一》，頁四一六。

註二四　楊逵：〈坎坷與燦爛的回顧〉，《中國現代文學的回顧》（臺北：文鏡文化公司，一九八六年十一月），頁一一八～一一九。

註二五　同註一，頁四二七。

註二六　同註二，頁三四八。

註二七　同註三。

註二八　楊雲萍：〈追憶賴和〉，原載於《民俗臺灣》第三卷第四號（一九四三年四月五日），引自《明集一》，頁四一一。

註二九　賴汝：〈憶父親〉，《磺溪一完人》（臺北：前衛出版社，一九九四年七月），頁四三。

註三〇　賴和：〈阿四〉，《明集一》，頁三三四。

註三一　懶雲：〈希望我們的喇叭手吹奏激勵民衆的進行曲〉，原載於《臺灣新民報》第三二二號（一九三〇年七月十六日），引自《明集一》，頁二三九。

註三二　葉石濤：《沒有土地，哪有文學》，頁一六。

註三三　黃得時：〈臺灣新文學播種者—賴和〉，原載《聯合報》，一九八四年四月五日，引自《賴和研究資料彙編（上）》（彰化縣立文化中心，一九九四年六月），頁二四三～二四四。

註三四　參見註二八，頁四一〇。

註三五　楊守愚：〈賴和〈獄中日記〉序言〉，《政經報》第一卷第二期（一九四五年十一月），頁十一，引自林瑞明：《臺灣文學與時代精神》，頁三〇九。

註三六　黃得時：〈輓近の臺灣文學運動史〉，《臺灣文學》第二卷第四號（一九四二年十月），頁九。

註三七　懶雲：〈無聊的回憶〉，原載於《臺灣新民報》第二二二號（一九二八年八月十二日），引自《明集一》，頁二三〇。

註三八　懶雲：〈隨筆〉，原載於《臺灣新民報》第三四五號（一九三一年一月一日），引自《明集一》，頁二四三。

註三九　「二林事件」係一九二五年十月廿三日發生於彰化二林地區的臺灣第一件農民運動，事件起因於蔗農不滿林本源製糖會社的甘蔗收購價格太低，因而與指揮強行採收的警察發生暴力衝突，導至數十名蔗農被逮捕凌虐非刑拷打，被檢舉者九十三人中起訴了四十七人，結果二十五人被判有罪，最高懲役一年，最低四個月，詳見葉榮鐘：《臺灣民族運動史》，頁五〇四～五一二。《臺灣民報》第七十九號（一九二五年十一月十五日），頁四～六。

註四〇　對於無斷開墾地批售予退職官吏一事，《臺灣民報》曾撰文爲民請命，力陳其不合理，如一九二五年二月十一日第三卷第五號的社論：〈對於臺灣的退官者還有特別優遇的必要嗎？〉，一九二六年七月十一日一一三號的論評：〈關於無斷開墾地的政府之責任和態度如何？〉，另葉榮鐘《臺灣民族運動史》頁五一九對此事原委亦有所說明。

註四一　〈流離曲〉原載於《臺灣新民報》第三二九～三三二號（一九三〇年九月六日，十三日，二十日，廿七日），四次刊出，惟原應刊於第三三三號「曙光欄」的詩，全文被日本統治者刪除，後從賴和後人處找到原文而得以全詩重見天日，原詩參見《賴和先生全集》，頁一四三～一六二。

註四二　〈南國哀歌〉原載於《臺灣新民報》第三六一號，三六二號曙光欄（一九三一年四月廿五日，五月二日），此詩言人之所不敢言，因而下篇僅刊出六行，以下盡被刪除，報上留下一大塊空白，全詩見《明集一》，頁一七九～一八四。

註四三　一九三〇年十月二十七日，三百多名霧社泰雅族山胞因無法忍受日本統治者的勞力壓榨和沒收山產土地，遂乘當地公學校運動會時聚衆起義，殺死一百三十六名日本人，引起日本當局出動飛機大砲毒氣的屠殺鎮壓。戰爭歷時二月，霧社山胞傷亡過半，震驚中外，是日據時期僅次於「噍吧哖事件」的大規模抗暴事件。

註四四　古繼堂：《臺灣新詩發展史》（臺北：文史哲出版社，一九八九年七月），頁三三。

註四五　賴和〈補大人〉一文尚未出土，故事梗概參見鐵英（張良澤）：〈巡查補〉，《自立副刊》，一九七七年五月二日，收於《鳳凰樹專欄》（臺北：遠景出版社，一九七九年三月），頁二。

註四六　賴和：〈飼狗頷下的銅牌〉，《明集一》，頁三四三～三四四。

註四七　同註三〇，頁三三七。

註四八　懶雲：〈鬥鬧熱〉，原載於《臺灣民報》第八十六號（一九二六年一月一日），引自《明集一》，頁五。

註四九　林瑞明：〈賴和與臺灣新文學運動〉，原載《國立成功大學歷史學報》第十二號（一九八五年十二月），收於氏著：《賴和的文學與社會運動之研究》（臺南：久洋出版社，一九八九年三月），引自氏著：《臺灣文學與時代精神》，頁四五～四八。

註五〇　同前註，頁四九～五〇。

註五一　〈惹事〉於一九三二年在《南音》連載後，賴和的《南音》同仁芥舟（郭秋生）即撰文稱：「懶雲兄的〈惹事〉，眞的是我們不可多得的好作品了，那樣的題材，確是非他的關心不能把握，非他的伎倆不夠以表現出來的。」（《南音》第一卷第十一號，一九三二年九月，頁二五。）王錦江在〈賴懶雲論〉中稱：「在〈惹事〉中，他充份地發揮了圓熟的技巧。若以這篇來窺視賴懶雲的作品之全貌，固然也是很好的作品，但即使只有這一篇作品，已足確立他做爲一個作家的存在了。」（原載於《臺灣民報》第二〇一號，一九三六年八月，引自《明集一》，頁四〇一。）朱石峰：〈回憶懶雲先生〉一文亦稱：「〈惹事〉堪稱是懶雲先生的文學技巧最圓熟時期的作品，幾乎達到無技巧的技巧之境。」（原載《臺灣文學》第三卷第二號，一九四三年四月，引自《明集一》，頁四二三。）

註五二　同註四五。

註五三　賴和：〈未來的希望〉，《明集一》，頁三〇三～三〇八。

註五四　賴和晚期之作：〈赴了春宴回來〉頗有自我調侃的況味，其至友陳虛谷〈贈懶雲〉（《明集一》，頁四〇八）詩中曾稱：「鄉里皆稱品學優，少年原不解風流；那知心境年來變，每愛偷閒上酒樓。」可資印證。

註五五　甫三：〈彫古董〉，《臺灣新民報》第三一四號（一九三〇年五月二十四日），頁九。

註五六　毓文：〈諸同好者的面影〉，《臺灣文藝》第二卷第一號（一九三四年十二月），頁三六。

註五七　同註五五。

註五八　賴和：〈答覆臺灣民報特設五問〉，《臺灣民報》第六十七號（一九二五年八月二十六日），頁五四。

註五九　葉石濤：〈臺灣的鄉土文學〉，《臺灣鄉土作家論集》（臺北：遠景出版社，一九八一年三月），頁二八。

註六〇　同註三，頁四〇二。

註六一　同註一三，頁二一〇。

註六二　懶雲：〈謹復某老先生〉，原載於《臺灣民報》第九十七號（一九二六年三月二十一日），引自《明集一》，頁二一四。

註六三　同註一六，頁三五六。

註六四　懶雲：〈臺灣民間文學集序〉，《臺灣民間文學集》（臺北：龍文出版社，一九八九年二月），頁一。

註六五　醒民（黃周）：〈整理「歌謠」的一個提議〉，《臺灣新民報》第三四五號（一九三一年一月一日），頁一八。

註六六　同註八。

註六七　同註一三，頁二一〇。

註六八　同前註。

註六九　郭秋生：〈臺灣話文的新字問題〉，《南音》第一卷第三號（一九三二年二月），頁九。

註七〇　同註三，頁四〇四。

註七一　走街仔仙（賴和）：〈富戶人的歷史〉，《文學臺灣》創刊號（一九九一年十二月），頁三八～四九。又見林瑞明：《臺灣文學與時代精神》，頁三九二～四〇六。

註七二　懶雲：〈惹事〉，《南音》第一卷第六號（一九三二年四月），頁三六，又見《明集一》，頁一〇一～

一〇二。

註七三　李獻璋：〈臺灣鄉土話文運動〉，《臺灣文藝》第一〇二期（一九八六年九月），頁一五五。

註七四　徐玉書：〈臺灣新文學社創社及《新文學》第一、二、三期作品的批評〉，《臺灣新文學》第一卷第四號（一九三六年五月），頁九八。

註七五　貂山子：〈讀過《臺灣新文學》創刊號的感想〉，《臺灣新文學月報》第二號（一九三六年三月），頁一二。

註七六　吳新榮一九三七年二月十七日日記中，即以賴和爲「現代臺灣十傑」文學類代表，見張良澤編：《吳新榮全集六．吳新榮日記》（臺北：遠景出版社，一九八一年十月），頁四五。

註七七　張恆豪：〈覺悟下的犧牲—賴和集序〉，《臺灣作家全集—賴和集》（臺北：前衛出版社，一九九一年七月），頁四六。

註七八　陳逸雄：〈我對父親的回憶—陳虛谷的爲人與行誼〉，《陳虛谷選集》（臺北：鴻蒙文學出版公司，一九八五年十月），頁四九六、五〇六。

註七九　此段文字錄自彰化賴和紀念館掛書〈時代背景〉之說明文。

第六章　臺灣新文學運動的進程

第一節　開拓期（一九二〇——一九二七）（註一）

第一目　主要之新文學雜誌

臺灣新文學運動的主流是張我軍所倡導的白話文運動，它的對象是沒有生命的舊文學，而這一運動即是以一九二〇年《臺灣青年》（註二）的創刊為其起點。至一九四五年臺灣光復的二十五年間，臺灣地區刊行之文藝雜誌數逾一百三十餘種（參見附錄四：日據時期臺灣文藝雜誌一覽表），其中大多爲日人所創辦的和歌雜誌，無涉於臺灣新文學運動，本章僅就由臺灣人所創辦或參與之主要新文學雜誌予以論列。

一、《臺灣青年》

一九二〇年一月十一日，旅居東京的臺灣留學生在中澁谷蔡惠如旅寓召開新民會創立總會，當時即有發刊雜誌，以爲臺灣民族運動宣傳機關之議。林呈祿於悼輓蔡惠如逝世文中曾回憶當時情況說：

在新民會創立總會的席上，由林仲澍、彭華英二君提議創刊雜誌，得多數贊成，但發刊費用頗難籌集。迨至三月六日他（蔡惠如）欲往北京，我們送他到東京車站的時候，他竟慨然取出千五百金交給我說：「你們可將此款充作創刊之費，雖是發刊一兩號亦定要實行云云。」（註三）

於是以這筆錢爲基金，再經幹部們的奔走籌募，《臺灣青年》乃得於一九二〇年七月十六日在東京創刊，並以「介紹內外之文明併評論我臺應改善之事項，兼謀日華之親善」爲宗旨。（註四）《臺灣青年》由蔡培火擔任編輯兼發行人，其他則有林呈祿、彭華英、林仲澍、王敏川、徐慶祥、蔡式穀、蔡玉麟、石煥長、羅萬俥、陳炘、蔡敦耀、呂靈石、陳昆樹、蔡先於、吳三連、劉明朝等留日學生群。創刊號的《臺灣青年》爲廿四開本，日文佔六十二頁，中文佔五十四頁。至一九二二年二月十五日停刊時止，共發行十八期，其中有四期因涉及主張設置臺灣議會以及批評日本治臺政策過激，而被日本政府認爲內容不當予以查禁。（註五）

《臺灣青年》作爲新民會的喉舌，「社告」中即明白昭示了其創刊緣起稱：「創刊本誌，思集內外，文兼和漢，期應世界之時勢，順現代之潮流，以促進我臺民智，傳播東西文明，雖非敢自謂爲我臺社會之耳目，竊願作島民言論之先聲焉。」其目的即在喚起青年，反抗橫暴，以配合時代民主潮流，努力發展新文化。創刊號卷頭辭（註六）中在疾呼青年們奮起之後，指出了今後努力的目標：

我人深思熟慮的結果，終於這樣醒悟了：即廣博地傾耳於內外的言論，將應取的東西，無大小之別，取之爲我涵養，而不遲疑地將所涵養得了的力量，向著內外以盡，這正是我人的理想，而是當勇進的目標。我敬愛的青年同胞！一同起來，一同進行罷！

由於《臺灣青年》是為配合島內反日文化運動而創刊的雜誌，因此它所關心和討論的問題，都集中於政治、經濟、教育、社會等層面。關於文學的文章，則僅有陳炘的〈文學與職務〉，甘文芳的〈實社會與文學〉，陳端明的〈日用文鼓吹論〉，以及日人小野村林藏的〈現代文藝的趨勢〉等篇，內容多著重於討論今後文學應走的方向，篇數雖少，但上述諸作，卻是白話文運動的先聲。也由於《臺灣青年》的創刊，標誌了臺灣新文學運動的起始，青年知識份子由此展開了熱烈的文學革命運動，其歷史意義至為重大。

二、《臺灣》

風行於日本和臺灣的《臺灣青年》，自一九二二年四月十日起取消「青年」兩個字而改名為《臺灣》，改名的原因有三點：（註七）

第一：雜誌的靈魂人物如明治大學的林呈祿、鄭松筠，東京帝國大學的劉明朝，早稻田大學的王敏川、黃呈聰，以及蔡伯汾、王江漢、吳三連、蔡培火等人均已大學畢業，進入社會工作，與《臺灣青年》所標舉「以吾臺文化之促進，責在吾輩青年，並所以表諸先輩之期待」（註八）的立意已不符。

第二：如創刊號卷頭詞所言，為「應時勢之推移與我島之要求，如今已到重新改題《臺灣》的時機，吾人衷心欣喜之餘，回顧過去的臺灣，省察現在，展望未來，益感任重而道遠。」（註九）因此沒有幼、少、青、壯、老之差別，標明係以所有年齡層之讀者為對象，使其共負民族運動，文化運動之神聖使命。這一點在其〈臺灣雜誌社設立趣意書〉一文中說得更明白：

諸君，如今要想挽回得多少的名譽，要想在文明世界爭一個最末席的人格，你想非大家努力來文化運動，還有別法麼？所以諸同人再四商量，要減少穿衣食飯的工夫，來做點知識交換的事業，竭力輸入東西洋的新智識，來喚起這沉睡的社會，振動這神經麻木的人群。想諸君多少必定表一點同情，多少必肯出一點力，同人很希望的。（註一〇）

第三：由於經費困難，於是在「臺灣文化協會」之建議下，將《臺灣青年》改爲《臺灣》，並籌備成立公司體制的組織，以求增加發行範圍和收入，並選派蔡培火爲臺灣支社主任，同時進行募股工作。

《臺灣》雜誌改名後由林呈祿負責，鄭松筠任發行人，王敏川任中文編輯，劉明朝爲日文編輯，此外尚有黃呈聰、蔡伯汾、石煥長、王江漢、吳三連、徐慶祥、蔡炳耀等同仁，臺灣方面則由蔡培火負責。自一九二二年四月十日創刊至一九二四年五月十日停刊的兩年多時間中，共刊行十九期（查禁第四年第三號和第七號二期）。內容仍是中日文各半，但執筆者範圍與人數都較前大爲增加，包括日本大學教授，進步學人的論說，論調也漸漸由抽象的理論走上實際的臺灣問題，不失爲一部漢民族奮鬥的寶貴文獻。

綜觀全部十九期內容，除揭載政治、法律、經濟、時事以及要求政治解放與文化建設之論文外，並有文學評論、小說、詩、翻譯作品出現，顯見對於文學的關心和興趣已大爲提高，茲將有關文學之篇章表列如後：

論文　與人論文書（中文）　河野通之（第三年第三號）
小說　彼女は何處へ（日文）　追　風（第三年第四、五、六、七號）
論文　中國的文學批評家（中文）　麗　海（第三年第四號）
論文　近代文學の主潮（日文）　林南陽（第三年第五號）
論文　詩學（中文）　北京　黃　節（第三年第七、八、九號，第四年第一號）
論文　論普及白話文的新使命（中文）　黃呈聰（第四年第一號）
論文　漢文改革論（中文）　黃朝琴（第四年第一、二號）
小說　神秘的自制島（中文）　無　知（第四年第三號）
論文　歐戰後の中國思想界（日文）　秀湖生（第四年第五號）
小說　犬羊禍（中文）　鷺江　柳裳君（第四年第七、八號）
論文　近代思潮の推移（日文）　甘文芳（第五年第一號）
翻譯
小說　影と閃　（日文）　述譯者　林資梧（第五年第一號）
詩　詩の眞似する（日文）　追　風（第五年第一號）

就中黃呈聰〈論普及白話文的新使命〉和黃朝琴〈漢文改革論〉兩篇文章被認爲是臺灣文學革命的先

聲，追風的〈她要往何處去〉是臺灣第一篇新文學小說，而〈詩的模仿〉則是第一首日文新詩，由此可見《臺灣》雜誌提倡白話文的功績，堪稱爲孕育臺灣新文學的母腹。

三、《人人》

一九二五年三月十一日，由尚就讀於臺北第一中學校（今建國中學）的楊雲萍和其好友江夢筆聯合梓行的《人人》雜誌，可算是受新舊文學論戰刺激後由臺籍人士所創辦的第一本白話文純文藝雜誌（註一一），楊雲萍曾自述創刊緣起稱：

> 我和江君兩人，計劃合辦《人人》雜誌，是在民國十四年（日本大正十四年）的初春，創刊號於是年三月刊出，這本薄薄十多頁的雜誌，內容、體裁固不足道。可是，因爲它是臺灣最初的白話文文學雜誌，說好聽一點，可以說它有一些歷史的意義。（註一二）

至於雜誌命名《人人》的原因，江夢筆在發刊詞中做了說明：

> 文藝比較武藝的價値，不可同日語了。但是現在的文藝，多屬美感的之妝飾文藝，不是理感的之實用文藝，致使文藝之力微微。人人這個雜誌，是要發揮文藝的價値，行文藝的使命。所以卷號題作人人，薄有理感的之文藝的意義存在其間，唯以地球是人人共有爲信條，而以這人人雜誌是人人共有權的雜誌。

而對《人人》第一號刊頭標記的「器人雲萍個人雜誌」一語，楊雲萍在〈編後雜記〉中也有所解釋：

> 「個人雜誌」這四字招牌，我要說明一下，這就是我們對這沙漠似的世間的咒詛，兄姊，必有

諒其心而憐其志者歟？若有同志要和我們合作，我們願馬上就把這個招牌搥下，和敬愛同志，握手提攜，同登薔薇馥郁藝術之鄉！

《人人》創刊號連封面雖僅薄薄十二頁，但因是「臺灣純文藝雜誌的先聲，在這時期無疑地是一種推進力」（註一三），故其歷史意義實不容忽視。茲錄其內容篇目如後：

創刊詞（器人），罪與罪（小說，雲萍），女人呀（散文詩，太戈爾原著，雲萍譯），論覺悟是人類上進的機會接線（論說，器人），相片、即興、月兒（新詩，雲萍），小鳥兒（散文詩，雲萍），車中惱景（新詩，器人），吟草集（舊詩，有序，雲萍），無題錄（隨筆，雲萍），編後記（雲萍）。

楊雲萍是主倡新文學並且以實際創作去身體力行的作家，其所以發表〈吟草集〉的原因，據其自稱是：

原因是看不起舊體詩，原來，想把〈吟草集〉刊出的動機，是有一點「賭氣」的意思的。就是說：我們之反對舊詩、舊文學，並不是我們不懂舊文學，或是不會寫作舊文學；而是因爲舊文學已沒有存在的價值，故反對耳。（註一四）

而針對連雅堂在《臺灣詩薈》第十七期〈餘墨〉中所稱：

歌謠爲文章之始，自斷竹射肉，以至明良喜起，莫不有韻。韻之長短，出於天然。否則不足以盡抑揚完轉之妙，而今所謂新體詩者，獨不用韻。連寫之則爲文，分寫之則爲詩，何其矛盾。

他也在《人人》第二號的〈無題錄〉中加以反駁說：

詩要有韻，韻是甚麼？所謂要有韻，必是以詩的一要素是音樂來做前提。但是沒有所謂韻，就沒有音樂的要素存在嗎？沒有音樂的要素，或者不是詩；然而沒有所謂韻，就能會結論到不是詩嗎？尤其是詩韻合璧的韻，第五字，第七字的尾字韻！（中略）若只甚麼韻呀，四始呀，六義呀，就要來談詩，那末，太可憐！太可笑！

《人人》第二號遲至一九二五年十二月三十一日才出版，此時江夢筆已到上海去，因此由楊雲萍獨撐全局，除〈卷頭辭〉、〈編輯雜記〉外，楊雲萍並發表〈夜雨〉、〈無題〉、〈泉水〉、〈暮日的車中〉、〈送夢筆哥哥〉等詩作及短文〈廣東遊記片片〉。此外除牧童（柯文質）的評論：〈文學近考〉和賴莫庵（賴貴富）的隨筆：〈莫庵偶言〉外，全部都是新詩，作者包括：縱橫（鄭作衡）、鶴瘦（鄭嶺秋）、江肖梅、啓文（黃瀛豹）、梨生、一郎（張我軍）、翁澤生等人，故本期八頁中差不多可說是詩的專號。其中張我軍的〈亂都之戀〉，並予特別介紹，推許爲「可愛的金玉之聲」（註一五），雖僅刊出一半七首，卻已彌足珍貴。

第二目　楊雲萍的開創實績

本名友濂的楊雲萍，由於自幼生長於臺北士林的書香世家，因此早年在父祖的教導啓蒙下，對於漢詩古文多能琅琅上口，奠下了良好的漢學根柢。公學校畢業後，更以優異的成績，考入臺北第一中學校（今建國中學），與彰化的謝振聲同爲全校近千名學生中第一批被錄取的臺灣人子弟。中學畢業後再負笈日本大學攻讀文學，深受菊池寬、川端康成兩位大師的薰陶，由於這段求學的歷程，遂使他成爲中日文素養兼具的文學家。至於觸發他一窺白話文的殿堂，興起新文學的建設運動，則是在他仍就讀於臺北一中時，在一次回家的火車中，偶然見人翻讀一本商務印書館發行的白話文雜誌《婦女雜誌》這事而起。其後在好友江夢筆家中，才得以看到當時大陸流行的文學刊物如《小說月報》、《詩》、《東方雜誌》，以及嚴獨鶴、徐枕亞等編輯的《禮拜六派》等刊物，而獲一償對祖國新刊物的渴望。

一九二五年楊雲萍藉著學校畢業旅行之便，到香港、廣東大量購買新文學作品集及雜誌刊物，然而對於文學的理解和欣賞能力相當高的楊雲萍而言，對這些白話文書刊的內容和表現技巧並沒有感到滿意。就在這年三月，他和江夢筆合力創刊了臺灣第一本白話文雜誌《人人》，同年年底在江夢筆離去之後，再獨力出刊了第二號後便停刊。這兩期的內容雖然單薄，然而楊雲萍早期的詩歌創作及對新文學的主張，則多刊登於其上，尤其是張我軍的重要詩作〈亂都之戀〉前半部即係刊於第二號中。

與賴和、張我軍並列爲開創期新文學三傑的楊雲萍，雖然在新舊文學諸領域中俱有令人稱道的創作，然而成就最高，影響最大的則是他的白話文小說。他在草創期中的小說作品計有：〈月下〉、〈罪與罪〉、〈光臨〉、〈到異鄉〉、〈弟兄〉、〈黃昏的蔗園〉、〈加里飯〉等篇。

發表於一九二四年六月十一日《臺灣民報》上的〈月下〉，是他最早使用白話文寫作小說的嘗試作品，因此對於人物戀情的描述與心理的刻畫，乃至文字技巧的駕馭，均嫌幼稚生澀，不類小說。其後刊於一九二五年三月《人人》雜誌上的〈罪與罪〉，透過兄弟的對話，已能貼切表達回頭浪子在親情召喚下的心境轉變，字句的運用也頗婉轉有致，大非昔比。

到了一九二六年一月，與賴和的〈鬥鬧熱〉同時披露在民報上的〈光臨〉，則已是一篇凝煉有味的成熟作品，楊雲萍這篇代表作也就成爲臺灣新文學上第一篇有價值的新小說。通篇透過保正林通靈費心張羅準備宴請日警不果的描寫，既揭露了鄉里小人奴顏卑膝的可恥行徑，也批判了日本統治者魚肉人民的一貫作風。本篇小說情節單純，文筆簡潔，然而對人物的描寫卻是眞切生動，入木三分，誠如張恆豪在前衛版的《臺灣作家全集》楊雲萍集序——〈詩般的美感與深意〉一文中所稱：

小說都甚精緻含蓄，尺寸之幅，卻有深邃之觀，不煽情，不落言詮，卻包藏著極強烈的批判張力，具有凝煉的美感和蘊藉的深意。

〈到異鄉〉這篇小說是楊雲萍於一九二六年三月八日赴日讀書後，投稿於一〇一號民報上的懷鄉之作。作者在追思故鄉的父母弟妹以及可憐的女友之餘，更對當時的封建社會制度提出了批判：

我們要明白在這樣社會制度、家族制度的裏面，要說什麼自由戀愛是近於不可能的，何況是在想要實行，只可在這界限內盡我們的力量來做個最大限量的而已！

接著民報一一九號上的〈弟兄〉一作，則藉著旅居東京兄弟倆人之間的小事爭執，以反映異鄉生活的辛酸和手足之情。一二四號上的〈黃昏的蔗園〉，藉由孤弱女工在黃昏淒涼的蔗園中勞碌工作的情節，反襯出貧苦蔗農被剝削的慘痛生活以及對強權壓迫的覺醒與反抗。一九二七年一月二日民報上刊載的〈加里飯〉，則借著一位留學東京的臺籍青年，在生活費不足的情況下內心的惶惑不安，從而顯現出臺灣父老在「金融界大不佳！米價又落！租稅則一回加重一回！應酬亦甚繁雜！」的現實環境逼迫下，爲生活而辛勞奔走的困頓之情。

上述諸篇鄉土寫實之作，雖然篇幅都甚簡短，格局也不夠大，但誠如葉石濤在〈楊雲萍與《人人》雜誌〉一文中所說的：

一般說來，他的短篇小說都甚短，很少有尖銳的意識形態的流露。但小說中所隱藏的反日抵抗意識，冷靜的知性以及詩精神，都有獨樹一幟的表現。

總結而言，楊雲萍這些開創期的作品，自始即沿著反帝、反封建的寫實主義道路前進，不僅爲草創期的臺灣新文學作出了卓越的貢獻，也爲臺灣新文學的發展奠下了堅實的基礎。

第三目　成就與特點

開拓期的新文學創作，係承續新舊文學論戰之後，作家們除了一方面積極引介大陸名家之作以資觀摩學習之外，也力圖嘗試使用白話文來創作。但因這一時期的發表園地僅有《臺灣》、《人人》和《臺灣民報》等少數雜誌，《臺灣》和《臺灣民報》都是思想文化的綜合性刊物，雖設有文藝欄，但篇幅有限，僅出刊二期的《人人》雜誌頁數既少，又祇是區域性之同人雜誌，知名度不高。在沒有獨立的文藝雜誌和文藝社團推動下，作品發表的管道本已困乏，加上殖民當局對臺灣新文學運動的忌恨和阻撓，不僅力圖切斷新文學與祖國大陸母體的聯繫，也千方百計想堵塞它與世界各國現代思潮交流的通路，致使新文學的成長環境不良，因此萌長期的新文學創作，在質和量上都極爲貧乏，然而就萌芽期的原創性而言，仍有其不可磨滅的貢獻。

追風（謝春木）一九二二年七月連載於《臺灣》的日文小說〈她要往何處去——給苦惱的姊妹們〉（註一六），被公認爲是臺灣現代文學史上的第一篇新文學小說。這是一篇紮根於臺灣現實社會的作品，描寫臺灣留日學生與臺灣女學生的戀愛故事，批評舊禮教下婚姻制度的迂腐，鼓勵女性自覺奮鬥，以提出改革追尋自我。書中借著遭受婚變女主角桂花，在表哥的啓導下幡然夢醒後的一席話，表達了反封建的奮鬥決心：

> 這不是阿母的罪，也不是清風的，都是社會制度不好，都是專制家庭的罪。我祇是犧牲者之一而已。正如表哥所說，整個臺灣不知有多少人爲這制度而哭著。如今我都明白過來了。我要爲這些人奮鬥，勇敢地奮鬥下去。

本篇借由作者銳利的觀察，以鮮明的主題，完整的結構，情景交融的筆緻，批評傳統制度的弊害，確是一針見血。雖然內容不無鬆散枝蔓之處，技巧亦嫌粗糙，但卻深具啓發性及社會寫實的價值。只可惜採用日文寫作，未能與當時倡導的白話文運動相互協調一致。

無知的〈神秘的自制島〉（註一七），是一篇用中文寫的嘲諷式寓言小說，作者藉自制島（指臺灣）人民以戴枷爲榮，以譏諷臺灣人民不但忘了自身是被奴役統治，而且情願接受奴役統治的可憐可悲，文中作者借戴枷島民之口，說出戴枷的妙用，以諷刺島民的愚昧無知與甘爲奴隸的劣根性：

這個法物，變化無窮，其中的奧妙，連我也未能盡悉，但略舉數端，已算是世界上獨一無二之寶。第一呢，是使人饑了不想食飯，寒了不想穿衣。第二呢，是使人勞不知疲，辱不知恥。第三呢，是使人不必需要甚麼新學問，不得感受新思潮。

這篇文章寓莊於諧，頗饒機趣，惟小說語言，則仍殘存著明清章回小說的痕跡。至其以夢中所見的寓言型式表達內心深沉的悲哀，則是弱小民族作家在強權殖民統治下所常用的韜晦手法。

刊登於一九二三年四月《臺灣民報》創刊號上的趙經世〈賢內助〉一文，寫的雖是白話文，但因「內容似乎翻譯日人的作品，沒有什麼價值可言」（註一八），一般論者均略而不提。

柳裳君（謝星樓）的〈犬羊禍〉（註一九），是一篇章回體政治小說，主旨在批判林獻堂、楊吉臣被殖民當局所收買妥協的行爲，從而諷刺臺灣御用紳士的醜惡嘴臉，但因這篇小說所依據的素材資料不實，而影響了作品的眞實性。另外柳裳君以鷺江TS的筆名，發表於《臺灣民報》上的〈家庭怨〉（註二〇），則是一篇描寫臺灣學生在臺灣從事反日啓蒙運動處處受到掣肘，決心回到大陸求學的心路歷程，但本篇小說因太過簡略而有首尾交代不清之病。

施文杞的〈臺娘悲史〉（註二一），是另一篇政治性寓言小說，本篇以「華大」來暗示中國，以「臺娘」來暗示臺灣，以「日猛」來暗示日本，借橫暴的日猛覬覦臺娘的美色，使用各種陰謀毒計強逼貧乏老弱的華大就範而納臺娘爲妾，來隱喻積弱中國的任人宰割，和殖民地臺灣的孤立可憐。作者最後以深沉之筆敘述落入虎口後的臺娘之不幸境遇說：

臺娘是一個聰明敏慧的女子，不幸而墜入暗無天日底「人間地獄」裡，受萬般苦楚，整日痛哭傷心，都是無可告人。唉！臺娘之不幸，作者的淚痕。

上述諸篇都是新文學運動初萌芽的嘗試性作品，因此其小說藝術仍較粗糙稚嫩自不待言，有的作品甚至還沿用舊章回小說的形式和用語。經過短暫的摸索和試煉之後，自一九二六年起，在賴和、楊雲萍、張我軍等人的帶動下，以《臺灣民報》爲舞臺的臺灣小說，終於出現了燦然可觀的成果。就中諸如賴和的〈鬥鬧熱〉、〈一桿稱仔〉，楊雲萍的〈光臨〉、〈弟兄〉、〈黃昏的蔗園〉、〈加里飯〉，張我軍的〈買彩票〉、〈白太太的哀史〉，天遊生的〈黃鶯〉和涵虛的〈鄭秀才的客廳〉等，都是這時期的先驅性作品。這批小說無論在思想內容、表現形式或語言文字等方面，都與新文學的理論主張相一致，此後有價值的小說陸續湧現，推厥源始，便是這些奠基性作品的開創之功。

新詩創作方面，仍以追風作於一九二三年五月廿二日的〈詩的模仿〉（註二二）爲臺灣新詩的濫觴，題名模仿，表示作者對新詩的寫作還不能有效地把握。這首以日文寫的新詩包括〈讚美蕃王〉、〈煤炭頌〉、〈戀愛將茁壯〉、〈花開之前〉等四首短詩。〈讚美蕃王〉有假托讚美蕃王以影射揶揄日本當局專制統治的意味，〈煤炭頌〉則借讚頌煤炭無私的奉獻來批判社會上自私自利的人們，其他兩首亦各有所寄托。詩人陳千武即分析指出，這首詩具有「抵抗暴力的基本詩想與批判醜惡的知性意義，純愛與抒情美的藝術性表現，這些特色一脈相傳到光復後的現代詩都不變。」（註二三）茲將月中泉所譯有抵抗意味的〈讚美蕃王〉暨批判意味的〈煤炭頌〉二詩錄之於下，以見早期詩作之風格：

〈讚美蕃王〉

我讚美你
你以你的手，你的力量
建立你的王國
贏得你的愛人
你不剽竊人家功勞
我讚美你
你不虛僞，不掩飾
望你所望的
愛你所愛的
你不擺架子

〈煤炭頌〉

在深山深藏
在地中地久
給地熱熬了數萬年
你的身體黝黑

由黑而冷
轉紅就熱了
燃燒了熔化白金
你無意留下什麼

施文杞在一九二三年十二月所發表的〈送林耕餘君隨江校長渡南洋〉（註二四）是第一首中文新詩，但它和稍後也發表於《臺灣民報》上的〈假面具〉（註二五）等詩同樣未臻成熟，帶有散文化的傾向。

這種以文爲詩的毛病，多見於早期詩人的嘗試之作中，例如〈假面具〉一詩即其顯例：

一

哥哥戴著假面具，
跪到我面前，我見著一笑。

二

哥哥！
你爲什麼要戴假面具？
快些脫起來罷！
使人們得見你的，

「盧山眞面目」。

假面具呀！
可惡的假面具呀！
你少些供人戴罷！
戴著善惡使人不曉，
人家於是利用你多少。

三

開拓期的新詩是從無到有，欲以不拘形式的自由體裁，以取代拘泥韻律格式的舊體詩，因此詩歌創作與理論辯證互爲表裏的齊頭並進，成爲此一時期的詩壇特色，而其反帝反封建的主題以及現實主義的傳統，也在此時期初步確立。在歷經一段探索之後，眞正顯示了新文學運動中新詩實績的，要算是張我軍、楊雲萍、楊華等人的詩作。

張我軍以《亂都之戀》一書飲譽詩壇，這本書中十二個詩題所包含的五十五首新詩，雖多以描寫悲歡離合的男女戀情爲主，但在禮讚愛情的背後，也寓有詩人對於動盪社會下傳統封建禮教的勇敢挑戰，以及對於統治者威壓脅迫的不滿。其他如：〈弱者的悲鳴〉（註二六）一詩：

樹枝上的黃鶯兒呵，
唱罷！儘量地唱你們的曲！

趁那隆冬的嚴威，
還未凍結你們的舌，壅塞你們的嘴。
唱呀！唱呀！唱破你們的聲帶？
吐盡你們的積憤。

青空中的白雲呵，
飛罷！儘量地飛向你們的前程！
趁那惡劣的毒氣，
還未凝壅你們的去路。
飛呀！飛呀！無論東西，無論南北，
任意飛向你們的前程。

張光正認爲：

作者以「黃鶯兒」和「白雲」讚譽新文學運動參加者，以「隆冬的嚴威」和「惡熱的毒氣」隱喻日本殖民當局的暴行。這首詩是呼喚在殖民主義暴政統治下，更加奮起從事新文學運動的號角。（註二七）

張我軍在這首詩中，借用隱喻和象徵的手法，曲折地表達了對日本殖民統治的不滿和抗議。此一運用方式雖仍嫌稚嫩，但卻成功地奠定了臺灣新詩的一個主題原型和表達模式。總體而言，對張我軍的評價，或可以古繼堂的評論作爲代表：

張我軍作爲臺灣新文學史的奠基詩人，他的詩內容充實，感情眞摯，行文明白流暢。但是過於散文化，有的作品幾乎就是散文的分行排列。表達的直露也使詩缺乏耐讀性。（註二八）

楊雲萍一九二四年四月二十一日刊登於民報上的〈橘子花開〉，以及《人人》雜誌上的早期詩作，都帶有極明顯的古詩痕跡，並且仍未跳脫以文爲詩的框架，這也就是他所自命的「散文詩」，茲舉〈橘子花開〉一詩爲例：

徘徊——清香和月撲面來，心懷！

眞耶夢？橘子花又開，明月團圓十二回，人何在？樓台！花如舊，月似昔，杜牧尋春無分！孤燈黯黯彼樓台。

歲月過，韶華邁，焦焦我佇立，佇立我又來，我不憐人背我去，其奈望絕心未灰，月移花影上樓台。

夢耶眞？橘子花又開，明月團圓十二回，憔悴此身已矣夫？我不憐人亦命哉！人何在？爲追昔日剛又來！

徘徊——清香和月撲面來，人何在？鴉噪庭槐，心懷！

上述這種詩文不分的現象，隨著時間的遞增而日漸消除。同年八月刊登於《臺灣民報》二卷十五號上的〈這是什麼聲〉，可以說是他早期寫實主義的代表作。在這首詩中，作者借一個父喪母病，賣粿為生的貧苦小兒，半夜在洋樓下叫賣的悲慘聲音，來控訴社會上貧富懸殊，「朱門酒肉臭，路有凍死骨」，日據時期中那種不公正、不合理的社會現象，而頻頻呼喚：「矛盾！變則！虛僞！醜惡！和膏汗！血淚！所釀成的這是什麼聲？」於此詩人滿腔憤懣之情已是躍然紙上。

早在一九二六年十一月《臺灣民報》受新竹青年會之托，向全島詩人首次公開徵求白話詩時，楊華即以一首清新的〈小詩〉獲第二名，另外一首〈燈光〉則獲第七名。一九二七年二月以違反「治安警察法」的罪名被捕下獄時，更在獄中寫出了燴炙人口的〈黑潮集〉五十三首小詩。他憑不曾潤色的直覺和簡潔明快的筆觸，刻劃出清新自然的意境，而其哀惋淒絕的深沉悲吟，更緊緊的憾動著讀者的心弦，為身處異族統治下的臺灣知識份子的良知，寫下了悲慘的哀歌，例如〈黑潮集〉第五十首，詩人為在時勢無情摧殘下臺灣同胞的命運譜出了令人心酸的哀吟：

命運！

是生命的沙漠上的一陣狂飆。

毫不憐恤的

把我們

—不由自主的無量數的小砂—

緊緊的吹揚鼓蕩著，

飄飄地浮懸在空虛裏，

飄浮飄浮永沒有止息之處。

開拓期的新文學創作數量本就不多，散文、戲劇尤少。散文方面，除了張我軍的〈隨感錄〉和〈南遊印象記〉，以及賴和的〈無題〉較具代表性外，便是蔣渭水因治警事件入獄臺北監獄時所作的〈入獄日記〉和〈入獄感想〉（註二九），是為最早之監獄報導文學。

戲劇方面，先有張梗的〈屈原〉（註三〇），再有逃堯的〈絕裾〉（註三一），均為刊登在民報上的獨幕劇。〈屈原〉取材於史記的屈原傳，全篇以屈原和漁父的對答終始。〈絕裾〉則表現一位不顧父親勸止的青年，決然拋棄家庭絕裾去從事文化運動，但因結構太簡單，主題太露現，除作為拋磚引玉之用外，沒有什麼價值可言。

綜觀此一時期間的作品特色，有如下幾點：

第一、此一時期的作家，很多是富裕的地主階級和知識份子，他們在忙於「六三法撤廢」、「臺灣議會設置」和「臺灣文化協會」等各項政治、文化活動之餘，多無暇顧及緩不濟急的文學創作工作。縱有少數涉筆文學者，也是想藉文學作爲推進政治、文化運動之用，因此作品內容都以政治主張或社會改革爲主題的諷刺性作品爲主，黃得時即指出：

> 多半的作品都帶有啓蒙時期的色彩，譬如如何提高生活水準，如何改良風俗習慣，如何反抗日人的壓迫，如何提高女權地位，如何打破迷信等，都可見出此期的文學是附庸在政治運動、社會運動及民族開放運動之下，並非純粹的文學運動。（註三一）

第二、初期嘗試性的創作，其藝術性就顯得薄弱粗糙，張恆豪對這一現象曾有所說明：

> 早期的作家把文學當作反映時代、改革社會、喚醒民智、反抗異族的工具，他們對於文學獨立性的自覺是不夠的，因而他們作品的藝術性就顯得比較粗糙、膚淺，或是不成熟。（註三二）

值得注意的是，此期作品儘管離成熟還有一段距離，然而它卻醞釀著更高層次的發展。

第三、由於剛從激烈的武力抗日轉化爲非武力抗日的初期，日本政府對於台人文化上的壓制管制尚未成定型，作家既以文學作品作爲抗日的工具，因此作品內容都是直接控訴暴政而無隱晦遮掩，表現了赤裸裸反帝反封建的抗議批判精神及強烈的民族意識，形成了此後臺灣新文學的主潮，王詩琅稱：

> 臺灣新文學是孕育於日本殖民地體制下的，以反日新文化運動一支派生隊伍出現；因此，他的基調本來就具有民族思想和民族意識，況且初期是在五四運動影響下以白話文爲寫作工具，性格極爲明顯，日當局忌嫌他們的民族思想，毋寧說是當然的。而且它又跟五四的中國大陸新文學亦步亦趨，反帝、反封建是其最大題材，至於反殖民地體制，更是它所需的客觀狀況所產生

的特質更不消說了。（註三四）

第四、此期主要作品大多以中文呈現出紮根於鄉土的素樸寫實風貌，並力圖照著社會生活樣式本身來狀物抒情，此一作風也就衍化成臺灣新文學所特具的鄉土寫實風格，彭瑞金對此曾有一番詳細的說明，茲錄如下：

臺灣新文學運動最初期的作品，確立了以描寫貧苦無助受迫害最烈的勞動人民爲主幹的社會寫實風格，積極鼓吹新知和勇敢覺醒。異族的統治者，扮演剝削者角色的地主、資本家，代表壓迫、施暴的警察，臺灣人走狗——御用士紳，與佃農、工人及一般小市民之間，預先被畫上對立的符號，而臺灣新文學選擇爲受害者講話。他們也同時看出以迫害、榨取爲本質的統治政權，與爲維護自己財產權利的地主、資本家奉爲正朔的封建社會體制，同樣以愚民政策利用民眾的無知，予以傾軋、迫害。臺灣新文學主動擔負起啓迪、鼓舞、煽火的責任，女性往往又是他們最普遍的、代表他們對人間不平悲憫、關懷對象的極致。蓋女性多遭了一重封建社會的壓制，自然成爲新文學表達受迫害、受壓制形象的典型。（註三五）

第二節　發展期（一九二七——一九三七）（註三六）

第一目　主要之新文學雜誌

一九二〇年代初期，由進步的知識份子和開明紳士所倡組的東京「新民會」和島內的「臺灣文化協會」等團體，藉著刊行會刊雜誌以及組織「巡迴講演團」，向臺灣同胞進行全島性有計畫的文化啓蒙運動。

一、普羅文學雜誌（註三七）

此時正值第一次世界大戰結束之後，一九一九年的蘇聯第三共產國際和一九二一年的中國共產黨先後成立，開始向世界各地輸出其無產階級革命的主張，「日本共產黨臺灣民族支部」（臺共）也於一九二八年四月十五日由林木順、翁澤生、林日高、潘欽信、陳來旺、張茂良、謝雪紅等七人正式成立於上海。臺灣共產黨除了主張無產階級革命以外，還以「臺灣民族的獨立」和「臺灣共和國的建設」爲其綱領。「臺灣文化協會」也在臺共的操縱控制下，而於一九二七年一月三日轉向爲臺共的外圍組織。

迄至一九三一年六月日治當局大舉搜捕臺共及其控制下的農民組合、工會等各團體份子，並於是年底強迫解散文化協會的這段期間，由於無產階級運動的勃興，促使從共產主義階級觀點出發，要求文學鮮明地反映無產階級革命要求的左翼普羅文學（proletariat）（無產階級革命文學）在大陸、日本和臺灣各地大行其道。

一九二七年以後臺灣的反日民族解放運動，即承繼著前期的啓蒙運動而蓬勃地發展開來，各種思想組織，也就旗幟鮮明地結成陣營，發行刊物，以作爲宣傳主義的工具。《伍人報》、《臺灣戰線》、《洪水報》、《明日》、《現代生活》、《赤道》、《新臺灣戰線》等社會主義的左翼文學雜誌，便是這種社會運動興隆下的產物。《警察沿革誌》中對於無產階級文化運動興起的原因曾有所說明：

由於臺灣共產主義運動的發展，世上對於包括無產階級文學、演劇等的無產階級文化運動的關心，逐漸高昂起來。他們跟昭和三年三月二十五日在東京成立的全日本無產者藝術聯盟（略稱「納普」）（註三八）有連絡，而以此爲根據，傾注全力宣傳、煽動共產主義文學運動的發展。而且更於昭和六年十一月二十七日，在日本共產黨指導下，成立日本普羅列塔利亞文化聯盟（略稱「哥普」）（註三九）。企圖把文化鬥爭和政治鬥爭結合起來，把組織基礎放在工場農村，採取共產主義團體的組織原則，外表內容均作爲日本共產黨的外圍團體展開活動。（註四〇）

上述這些雜誌雖不盡然是新文學的雜誌，且其出現亦有如曇花一現，但對新文學運動的推進，仍然傾注不少力量，正如王詩琅所說：

這些刊物，除了《臺灣戰線》明白地標榜是文藝雜誌之外，其餘都是綜合性的，所刊載的文藝作品和評論，只是其中的一部份。但他們爲了臺灣文藝舖下一段不短的康莊大道，爲了臺灣新文學運動作過間接的貢獻。在當日他們或者沒有意識到，但從今天看起來，它的功績卻是不可磨滅的。（註四一）

因此仍有加以一敘的必要，惟以這些刊物幾乎全部散佚無存，故僅能就前人論述資料加以採擇整理。

㈠《伍人報》

該雜誌是於一九三〇年六月二十一日由王萬得主倡，邀同陳兩家、周合源、江森鈺、張朝基等共五人出資創辦，故名《伍人報》，另與台語「仵人」諧音，含有「嘲笑辯論」的意思。爲一十六開的綜合性文化周刊，創刊號發行三千冊。由於內容著重抨擊時弊，宣揚民族意識及社會主義，言詞尖銳，思想激進，因此發刊以後屢遭查禁。同年十二月出版至第十五期改稱《工農先鋒》，此時因爲資金困難而與楊克培的《臺灣戰線》合併後休刊，總共發行六個月。

《警察沿革志》中記載《伍人報》的重要性稱：

其間不滿六個月，可是獲有王萬得以外的臺灣共產黨員、臺灣左派文學青年們的寄稿，分發網佈滿全臺達七十餘所，且循著黨的連絡線，與日本無產者藝術聯盟、戰旗社、法律戰線社、農民戰線社、普羅列塔利亞科學同盟等及臺灣大眾時報社等都保持有密切的連絡，成爲臺灣無產階級文藝運動的先驅。（註四二）

《伍人報》由王萬得和周合源分任中、日文編輯，取材以嘻笑怒罵類雜文居多，純文藝作品甚少，而在該刊執筆的文藝作家有蔡德音（天來）、黃師樵、廖毓文（漢臣）、朱點人（石峰）、王詩琅等人。另外刊行了朱點人〈一個失戀者的日記〉和黃石輝的評論〈怎樣不提倡鄉土文學〉，則是該雜誌的另一項收穫。

㈡《臺灣戰線》

一九三〇年八月，由楊克培、謝阿女（雪紅）發起組織「臺灣戰線社」，同人有張信義、王敏川、賴和、陳煥奎、郭德金、林萬振等人。以國際書局爲根據地，刊行四期的《臺灣戰線》雜誌，但因思想尖銳，以致每期都遭禁止發行，於是與《伍人報》合併，同年十二月組織「新臺灣戰線社」，發行《新臺灣戰線》雜誌，發刊幾期不明，但也全部被禁止發行，終於自然消滅。

創刊號的《臺灣戰線》上，載有一篇發刊宣言，茲節錄於下，以見該刊倡導普羅文藝之宗旨：

現在將以普羅列塔利亞文藝來謀取廣大勞苦群眾的利益，解放在資本家鐵蹄下過如牛馬生活的所有被壓迫勞苦群眾。本刊就是在這樣重大意義和目的之下創刊，蓋也願為臺灣解放運動發難，作為唯一的文戰機關以及指南針。（中略）

我們不該再事躊躇，應該覺悟要一致努力，把文藝奪取到普羅列塔利亞的手中來，作為大眾的所有物，而且來促進文藝革命。我們深知：在這過渡期倘沒有正確的理論，便沒有正確的行動。故要使勞苦群眾能夠隨心所欲地發表馬克斯主義理論和普羅文藝，如此才能使無產階級的革命理論和無產階級的革命運動匯合起來，加速度的發展也才可能，藉以縮短歷史的過程。（註四三）

(三)《洪水報》

黃白成枝自《伍人報》脫退後，結合謝春木、廖漢臣等於同年八月所創辦之綜合性刊物，屬蔣渭水的民族主義派雜誌，約發行十期左右。寫作者與《伍人報》大同小異，所刊文章多為政論性，也有小說、詩歌、散文等作品出現，惟其中曾有幾期雙方展開論戰互相謾罵。

(四)《明日》

自《伍人報》脫退的林斐芳和宜蘭的黃天海，於一九三〇年八月七日創刊廿四開中日文綜合性雜誌《明日》，共發行六期，被禁止發行三期（註四四）。該刊創刊號揭櫫了格調高昂的「創刊宣言」，大聲呼喚尚在耽溺於惰眠的人要「早一天覺醒！早一天走向明天之路！我們不能用有生之命來死守今日黃昏時期的廢墟，迅速走向明日之路。」（註四五）

該刊文藝方面的寫作者有林斐芳、黃天海、張維賢、廖毓文、王詩琅等人，其中較引人注目的文學作品有創刊號中王詩琅記生田春日的自殺及黃天海的文章，第二號（八月）王詩琅的〈新文學小論〉，子野的〈中國文壇的介紹〉，第三號（九月）瘦鶴（楊松茂）的小說〈新郎的禮數〉，黃天海的戲曲〈蟲的生活〉等。由於執筆者中的林斐芳、王詩琅、張維賢等人屬於無政府主義份子，因此使得標榜不帶任何政治色彩的《明日》，無形中類似無政府主義派的雜誌。

㈤《現代生活》

一九三〇年十月十五日由許乃昌創刊於彰化的中文雜誌，同人有黃呈聰、林篤勳、楊宗城、賴和、許嘉種、許廷燎、周天啓等人，幾乎都是彰化人士。創刊辭中揭舉下列三點為創刊主旨：⑴圖謀合理知識之普及⑵提供臺灣缺乏的趣味與娛樂，同時極力促進各種新鮮的娛樂機關的發展⑶促進日常生活的向上，改革社會為完美的。

該刊標舉獨立自主的經營策略和言論主張，不與任何黨派或團體發生關係。創刊號的記事大多緊貼著日常生活，以小說而言，雖在目次上可以看到賴和的「棋盤邊」，但書裡全部被刪除，並未刊出。有趣的是佐藤春夫取材於中國大陸的小說〈星〉被中譯刊行。這本雜誌只見到創刊號，似乎沒刊行第二號。

㈥《赤道》

林秋梧於一九三〇年十月卅一日創刊於台南的中日文旬刊雜誌《赤道》，加盟者尚有趙櫪馬（啓明）、盧丙丁、胡金碖、莊松林（朱鋒）、林占鰲、梁加升、陳天順等十餘人。儘管在「創刊第一聲」裡高唱著不被任何黨派所左右的主旨，但它卻批判中央的「派閥」化（sect），亮出更加緊貼地域，以統一戰線方式去遂行無產階級革命的立場。於是，《赤道》聲言並非「赤化思想底不良份子」的集合，而使用無產階級文章中常見的用語，以便解釋他們眞意的所在。該刊創刊號至第三號（十月卅一日～十一月三十日）中特別連載日本普羅文學作家秋田雨雀的〈蘇俄的概觀〉一文，被認爲是和日本戰旗派（註四六）採取了同一的立場步調。

據創辦人之一莊松林回憶《赤道》的發刊情形及當時環境稱：

共刊行六期，而二、五期遭了日警察查禁，於是不得不暫告停刊了。我在共同園地也發表短篇創作〈女同志〉、〈到酒樓去！〉等二篇及隨筆數篇。嗣後經過了一番自我檢討，決定重行改組，併把刊名改題《廢兵》，籌劃再刊。於籌備中，不期主辦人林秋梧君，竟於民國廿二（昭和八）年十月十日，以三十二歲病故了，而且適逢九、一八事變後，日警當局對於本省民族運動加以彈壓，不遺餘力，不但藉端逮捕左右翼的鬥士投獄監禁，而且公然下令解散了合法政黨及各種人民團體，致使同仁生離死別，同時，所計劃的刊物也就流產了。（註四七）

二、《臺灣文學》

自從一九二七年以來日漸旺盛的日本無產階級文學，到了四、五年後的一九三一年，益形澎湃發展，風行一時，而臺灣的新文學運動也在這股風潮的帶動影響下，正要從所謂思想鼎立時期的附庸地位擺脫，以進入蓬勃發展的眞正文學運動時代。當時居留在臺灣的日本左派青年，在日本「納普」機關雜誌《戰旗》的影響下，以井手薰（後改名平山勳）、上清哉、藤原泉三郎、別所孝二等人爲中心，並召集了林耕三、王詩琅、張維賢、周合源、李彬（江賜金）、徐瓊二（徐淵琛）、廖漢臣、朱點人、黃菊次郎、賴明弘等十名臺灣人在內的中日作家三十九人，於一九三一年六月三十一日在臺北市召開「臺灣文藝作家協會」成立大會，並決議發行機關雜誌《臺灣文學》。

在大會中通過的「規約」第二條標明：「本協會以新文藝之探究及其在臺灣之確立爲目的。」明確指出該會的努力目標在於「確立新的文藝」和「文藝的大衆化」，另外在是年三月印發的招募會員創立趣意書中也說明了該會宗旨，茲節錄如下：

> 回頭來看看臺灣的文藝理論及文藝運動，在過去實在太排外主義，太主觀。極言之，那未免「夜郎自大」了。於此，我們特計劃糾合臺灣文藝作家，以期從事文藝的探討及其確立，在這裏既沒有排外主義，也沒有獨善主義。我們要把文藝在大眾的面前公佈出來，等待他們的批判，以便能夠達成所預期的目的耳。這也就是說，願以此來提倡臺灣文藝作家的團結。（註四八）

該會雖自認以「對新文藝的探討，及其在臺灣的確立」爲宗旨，但是臺灣總督府卻並不漠然以文藝運動團體視之，反而認為是別有居心：

其意圖乃在擔任臺灣共產主義運動一翼的普魯列塔利亞文化運動，可以說毫無疑問，創辦人與日本左派團體的連絡關係，則是透過戰旗，跟「納普」的關係及其他的關係，都是極為密切。

（註四九）

在這樣的認知情況下，該會在同年九月由別所孝二主編的《臺灣文學》創刊號即被以內容不妥為理由而全遭查扣，此後第五期亦被查禁。至一九三二年六月廿五日發行第六期後，終因會員分裂離散，資金缺乏，以及社會情勢變遷等因素，使得會務漸告停頓，《臺灣文學》也就遭到廢刊的命運了。

這一本由日人主導，以日文為主，中文為副的文學刊物，雖然作品的水準不高，乏善可陳，且其每期約一千份的發行量也影響有限，但因「臺灣文藝作家協會」是臺日文藝工作者首次攜手合作所成立的臺灣文藝團體，因此在臺灣新文學運動史上也佔有不容忽視的地位。

三、《南音》

《南音》是由臺北、臺中一群愛好文學人士所組成的「南音社」發刊的白話文純文藝半月刊雜誌，創辦人黃春成曾自述他在一九三一年自大陸歸臺後，與文友籌劃創刊的情形道：

歸後值葉君榮鐘南來，勸余倡辦文藝雜誌，當是時，因余在華搜羅古籍甚富，意欲假數年之力，補讀未完書。況倡辦文藝報，談何容易，犧牲金錢，豈能了事，募稿評稿，在在艱難，學淺如余，焉能問律，故不敢輕諾。嗣後郭君秋生辱訪，託余共興臺灣話文，般懇善誘不倦，大有天下興頹，擔彼雙肩之概。第奈余歷來志於考古，提倡臺灣話文，實非所望，然郭君之誠，令人難卻，遂電葉君南來磋商，聚談兩日，終覺非提辦文藝雜誌不可。好古者自考古，好小說者作小說，提倡臺灣話文，以及讚用文言或白話者，各行其志，大冶一爐，以求各人最後之勝利，益我民生。葉君歸中，隨託訪問陳逢源、賴和、周定山、張聘三、張煥珪、莊遂性、洪櫆、吳春霖等氏，幸蒙諸兄快諾，隨約余與秋生赴中面商。信到，余即偕郭君趨訪林獻堂林幼春兩先生，並中部諸同志。翌日會於莊宅，同時又得許文逵君，誠意加盟。（註五〇）

該刊刊名則是由林幼春所取，意指「南國之音」，至於刊期以半月爲一期，是接受林獻堂的建議而定，以免刊期過長，有十月黃花之憾。

《南音》創刊號「發刊詞」中，葉榮鐘指出他們這些志無所出，歌以當哭的文士們，當此百不可爲，混沌慘淡的時代，除了想藉創辦雜誌來消愁解悶之外，還希望「能夠在這些迷朦苦悶的人們的心靈上，添一點文藝的潤澤，給一點生活上的慰安。」（註五一）「做個思想知識的交換機關，盡一點微力於文藝的啓蒙運動。」（註五二）基於這一理念，葉榮鐘進一步揭明《南音》的兩種使命：第一，設法使思想和文藝普遍化；第二，提供作品的發表園地，並鼓勵作家創作。最後說明《南音》園地公開，無私無我的精神道：

我們絕對不敢以這個機關自私，也不敢有所偏倚，苟能增進臺灣新思想，新文藝的發達，無論是那一派的作品，在可以登載，和紙面的收容力所許容的範圍內，都是無任歡迎之至的。（註

五三）

由此可知，「《南音》是爲著臺灣文學的前途才誕生出來的時代寵兒！這樣說來，《南音》便是臺灣文學裡頭炸裂的雄音了！」（註五四）《南音》創刊號上所刊〈南國之音〉（註五五）一詩，更充分顯示該刊的創刊意旨和旺盛企圖心，該詩全文如下：

悠揚嘹喨
南國之音
是快樂之呼喊？
是痛苦之呻吟？
是不平之哀鳴？
是讚頌之雅什？該不是有閒階級的荒淫之樂
該不是頹廢者的無病呻吟
也不該是肉麻的愛底氣息
更不該是祇應天上有的神秘之琴
這應該是新時代努力的第一聲
這應該喧泄出大眾鬱鬱沈痛之情
從這裏訴說著大眾共同底慾求

從這裏流露著大衆烈熱的眞誠，很洪曉，很悲壯

是活躍的心之諸鳴

悠揚嘹曉

南國之音

這聲響我願牠來；喚醒那民衆的大夢沈沈

我願牠能夠鼓舞起；大衆跪向新時代底雄心。

爲了使刊物能夠順利出版發行，《南音》除了效法當年連雅堂出版《臺灣通史》時，請總督以次日本大官閒人題字作敘的方式，請出總督府翻譯官兼警務局出版物檢查官井出季和太以及臺灣總督府高等學校教授大浦精一作發刊祝辭以爲擋箭牌外，對於運作經營策略，也採用穩健的方式進行，黃春成說道：

鑒及過去島內，各種雜誌壽命多不永，凡我會員，對於寫作方面，應痛罵日人處，最好，不必即刻劍拔弩張，直搗黃龍，惹翻檢閱者的神經；與其作無謂的犧牲，何如運用含蓄的筆法，使讀者稱快，而檢閱者惘然，較爲得策。倘有特殊的理由，則不在此內。（註五六）

也因此使得《南音》自一九三二年一月一日創刊後，得以發行直至同年十一月八日的第十二期才因被查禁而告停刊（註五七）。其中第一期到第六期由黃春成擔任編輯兼發行人，社址也設在臺北的家中，其後因訪客增多，特務、警察的干擾，以及黃春成個人的財力不堪負荷等因素，因此自第七期起遷移

到臺中並改由張星建負責發行。

《南音》的內容包含甚廣，評論方面，諸如毓文的〈最近蘇維埃文壇展望〉，奇（葉榮鐘）的〈知識分配〉，芥舟（郭秋生）的〈社會改造與文學青年〉，明塘的〈民歌由來的概論〉等，宣揚先進文藝思想，強調文藝的大衆化，尤其是陳逢源的〈對於臺灣舊詩壇投下一巨大的炸彈〉一文，更是抨擊臺灣傳統詩作最有力的鴻文，成爲新舊文學論爭中極重要的篇章。創作方面有賴和的〈歸家〉、〈惹事〉，一吼（周定山）的〈老成黨〉，赤子的〈擦鞋匠〉等深具批判性、現實性的鄉土小說，以及一些輕鬆雋永的隨筆、新詩和散文劇作。其中賴和的作品更是叫座，郭秋生即指出：「懶雲兄的〈惹事〉，眞的是我們不可多得的好作品了，那樣的題材，確是非他的關心不能把握，非他的技倆不夠以表現出來的。」（註五八）也因此黃春成將《南音》的成就歸之於賴和道：

> 他的小說，無論何人都說好的，雖說他具有創作的天稟，但他的努力和誠意，是使人加倍尊敬的！不客氣說一句話，假使《南音》有點聲譽，他的功勞是不可埋沒的。換句話說，《南音》不至被人唾棄至於無容用身之地，也可說藉他的光不少！（註五九）

對於《南音》的文藝路線，所可注意的有以下兩點：

第一、提倡文藝大衆化

在《南音》創刊號中，葉榮鐘即直陳《南音》負有文藝大衆化的使命，其後在一卷七號卷頭言的〈智識分配〉（註六〇）一文裡，他更指出文化是智識的產物，智識則在謀求最大多數的最大幸福，但臺灣大多數同胞的智識水準仍十分低下，猶如過著「家畜的生活」，「然則吾人若要增進一般民衆的幸福，就要先去提高民衆的文化，要提高民衆的文化，自然要普及民衆的智識。」至於普及智識的方法，則在於「把這些智識份子挽至民衆的裏頭，使他們與民衆結成密接的關係。使他們能夠把自己的智識分配給一般民衆，則民衆的文化自然就有蒸蒸日上的希望了。」因此他呼籲智識階級要「向前到民間去，到農村去，到鄉里去，由家庭，由鄰里，由村落切實地去指導，……由日常茶飯屑事做起，以身作範去指導民衆。」

爲了達致此一目標，《南音》除了大聲疾呼臺灣自身的大衆文藝之出現，希望產生以臺灣的風土、人情、歷史、時代做背景，有趣而且有益的大衆文藝，諸如：

開闢時代的鄭氏父子的事跡，滿清時代的朱一貴，林爽文等的反亂，劉銘傳、唐景崧的經略，領臺當時的情形，和當時活躍過的，柯鐵虎，林少貓等的事跡以及三十年來的各種事件。（註六一）

另一方面在創刊伊始即以重金公開徵募小說、戲曲、詩歌、時聯等，在每期刊登「懸賞創作募集」啓事並一再延緩截止日期後，始略有所獲（註六二）。此外並應讀者的要求，自第三期起設立「讀者俱樂部」、「讀者問答欄」等專欄，以期達到園地公開，文藝普及的目的。

但是《南音》所倡導的大衆文藝，正如葉榮鐘所說的，既不是過去的「貴族文學」，也不是當時甚爲風行的「普羅文學」，而是「立腳在全集團的特性去描寫現在的臺灣人全體共通的生活、感情、要求和解放」的所謂「第三文學」（註六三）。這裡所謂「全集團的特性」包含兩點：第一、臺灣的特殊文化，指臺灣繼承了漢民族四千年的文化遺產，培養於臺灣特殊的山川、氣候、人情、風俗之下，兼受了日本文化的洗禮，所產生的特殊文化。第二、臺灣人的社會境遇，指日本殖民統治下，臺灣人不平等的政治、經濟、社會諸生活和不公平的教育、教化之下，所形成的社會狀態和社會意識（註六四）。最後葉榮鐘更指出：

> 第三文學須是腳立臺灣的大地，頭頂臺灣的蒼空，不事模倣，不赴流行，非由臺灣人的血和肉創作出來不可。這樣的文學纔有完全的自由，纔有完全的平等，進一步也纔可以寄與世界的文學界。（註六五）

第二、主張臺灣話文

《南音》創刊時，正值鄉土話文運動如火如荼地進行，而《南音》創辦人之一的郭秋生，既是此中要角，因此《南音》便承續了前此在臺中的《臺灣新聞》上有關臺灣話文的論爭，開闢了「臺灣話文討論欄」、「臺灣話文的新字問題」等專欄，引發了賴明弘、黃春成、黃石輝、郭秋生、莊垂勝……等人之筆戰。其中郭秋生不但在理論上主張「屈文就話」，並且特闢「臺灣話文嘗試欄」，輯錄臺灣歌謠、謎語、故事，或運用他自創的新字，發表他自己所寫的臺語詩、漫文〈糞屑船〉和童話、童謠，企圖把其主張從理論付諸實踐，以證明「臺灣話文」的確可以成立的事實。此外如青年詩人楊華連載於《南音》一卷五號至十一號上的重要詩作〈心絃〉，郭秋生認為得用臺語解讀才能傳神（註六六），而著力於民歌、俚諺之收集整理的李獻璋，也在《南音》上發表了〈無題〉、〈民歌零拾〉、〈俚諺〉等雋永可人的作品。諸如此類「臺灣話文」的創作，在《南音》中佔了相當高的比例，從而使得《南音》顯現出濃厚的鄉土風格，《南音》可以說是培育「臺灣話文」的搖籃。如此在一九三二年中，主張臺灣話文的《南音》，和主張中國白話文的《臺灣新民報》，形成了臺灣新文學運動的兩大中心。

擁有當時出色的作家群如周定山、李獻璋、黃純青、郭秋生、洪炎秋、黃得時、黃春成、林幼春、葉融其、連國材、洪正禮、黃石輝、周牧皇、顏龍光、懶雲、毓文、書癲、虛谷、悲鴻生等諸位先生，文藝樣式又是應有盡有，新舊文學兼容並蓄的《南音》，「表面上看來，是較他人順調的，如才刊行兩期，郵費就被遞信部認可，照新聞雜誌類優待辦法；像逢源氏那樣的文章，也未被禁止而照常發刊；刊行部數又日見增加。」（註六七）然而「譽之所至，謗亦隨之」，無產階級人士誣指《南音》是資產階級的娛樂刊物，是霧峰派的小嘍囉，而且「是本島人智識份子所組織的，專以深文曲筆譏諷當局，其創刊號所載井出季和太氏之祝辭是假的，當局須要嚴格注意，勿受其愚。」（註六八）另外楊行東則針對《南音》所刊風格輕鬆雋永的詩歌散文小品，批評為是「腐心於花鳥風月的貴族文學。」（註六九）日本當局方面，則以佔《南音》成員半數的陳逢源、張煥珪、莊遂性、張聘三、葉榮鐘、吳春霖等六人是「臺灣地方自治聯盟」的成員，而認為「南音社」是「文化協會」的遺孽，和「民衆黨」或「地方自治聯盟」不無關係（註七〇），其予干擾監控乃是必然的。

總體來看，《南音》無論在質與量都比過去的出版物進步，它的誕生標示著臺灣新文學運動已經由政治性、綜合性報紙上的一隅轉移到專業性、獨立性而園地遼闊的文藝刊物，並且在臺灣文藝雜誌的創辦上起了積極的帶頭作用，從此，文藝社團和文藝雜誌便如雨後春筍般相繼組織起來。觀《南音》內容之豐富多樣，語體文運用之圓熟自然，無怪施學習氏要極力讚美《南音》是「當時最優秀的一部文藝雜誌。……可謂當時中文臺灣文藝集大成的豪華版。」（註七一）

四、《フォルモサ》（《福爾摩沙》）

由於《荊棘之道》一書於一九三一年間出版，而揚名日本左派文壇的王白淵，和當時旅居東京的臺籍青年如林兌、吳坤煌、葉秋木、張麗旭、張文環、張水蒼、吳遜龍等人，在深受到「日本普羅列塔利亞文化聯盟」（哥普）成立後的文化運動風潮影響下，有意在臺灣建立類似機關，以便「藉文學形式，教育民衆理解民族革命」。在經過一番討論後，議定於一九三二年三月廿九日先在東京成立屬於「哥普」的「臺灣人文化サークル」（臺灣人文化圈），並由吳坤煌負責於八月十三日先行發刊《時報》七十部，分發旅居東京的同志、留學生，及臺灣島內同志，以作爲日後正式發刊機關雜誌《臺灣文藝》之先遣刊物，後因盟員葉秋木於九月一日震災紀念日參加反帝示威遊行被捕，集團終於曝光遭到日警檢舉而被摘毀。此後東京的熱血青年，仍不灰心喪志的爲再建一文化團體而積極奔走籌劃，經過再三研議辯論之後，終於一九三三年三月二十日，由在東京的蘇維熊、魏上春、張文鋹、吳鴻秋、巫永福、張文環、施學習、黃坡堂、王白淵、劉捷、吳坤煌等人成立了第一個臺灣人的合法文藝社團「

臺灣藝術研究會」，推舉蘇維熊為負責人，並發表會則及宣言書。（註七二）

該會會則指明「為圖臺灣文學及藝術之向上」，決定刊行機關雜誌《福爾摩沙》，並先於三月二十日發出「發刊宣言」的檄文，檄文中指出《福爾摩沙》同人們的奮鬥目標和自我期許道：

同人等常以對這種文藝改進事業為自許，大膽的自立為先鋒。在消極方面：想去整理研究從來微弱的文藝作品，來吻合大眾膾炙的歌謠傳說等鄉土藝術；在積極方面：由上述特種氣氛中所產生的我們全副精神，從心裏新湧出我們的思想及感情，決心來創造眞正臺灣人所需要的新文藝。我們極願意從新創作「臺灣人的文藝」，決不俯順偏狹的政治和經濟所拘束，將問題從高遠之處觀察，來創造適合臺灣人的文化新生活。（註七三）

對於宣言書的內容要旨及其精神所在，身為創刊人之一的施學習曾有所說明：

當時為要徹底的喚起留日青年學生們的民族意識，及鼓勵新文學的運動起見，除儘量利用機關雜誌《福爾摩沙》積極宣傳之外，曾用臺灣藝術研究會名義另印就發刊文藝雜誌《福爾摩沙》的宣言。在這篇宣言裏頭，極其詳盡針對時代解剖，而檢討過去臺灣文化運動的失敗和成就，並指摘日本殖民地的臺灣，受不了政治的壓迫和經濟的搾取的痛苦，而鼓勵青年對於臺灣文藝的積極的運動。（註七四）

於是乎由吳坤煌、王白淵、張文環、巫永福、蘇維熊、施學習、陳兆柏、王繼昌、楊基振、曾石灰、劉捷、黃波堂等十二人所決議發行的《福爾摩沙》創刊號終於在一九三三年七月十五日於東京上梓，由編輯部長蘇維熊所改寫的〈創刊辭〉（註七五）中除重申臺灣人民不當忍受殖民政府的政治迫害和經濟剝削外，更呼籲臺灣青年要起來積極行動：

臺灣青年諸君！爲求自由豐富著自己的生活，對於臺灣文藝運動，必須先靠著自己去努力！聯合同志，團結起來，一致奮起，交換意見，互相扶助努力創造文藝。我們應該知道現在的臺灣，不過是表面上的美觀，其實十室九空，可比是埋藏著朽骨爛肉的「白塚」。所以我們必須從文藝來創造眞正的「華麗之島」（Formosa）。（註七六）

在左翼團體影響下產生的《福爾摩沙》，卻是份政治宣傳色彩極爲淡薄的合法刊物，著重於鄉土風格文學的創造，以穩健的態度帶動臺灣文學的發展。創刊號只發行五百本，至一九三四年六月十五日發行第三號後，終因經濟困難而合流於「臺灣文藝聯盟」所創辦的《臺灣文藝》。這份以日文爲主的不定期刊物，三期中除了刊載施學習、蘇維熊、楊基振、王白淵、陳傳纘、陳兆柏、翁鬧、巫永福、王登山、托微、魯迅、鄭世元等人的詩作，以及蘇維熊、楊行東、吳坤煌、劉捷、施學習的評論和巫永福獨一無二的戲曲〈紅綠賊〉外，小說創作部分有：張文環〈落蕾〉、〈みさを〉（〈貞操〉），巫永福〈首と體〉（〈首與體〉）、〈黑龍〉，吳天賞〈龍〉、〈蕾〉，曾石火譯的〈賣家〉，王白淵〈ドンジアンとカポネ〉（〈唐璜與加彭尼〉），賴慶〈妾御難〉（〈納妾風波〉）。女作家張碧華的〈三日月〉（〈上弦月〉）頗具特色，而吳希聖的〈豚〉尤爲壓卷之作，也是早期日文小說中的傑作，葉石濤稱讚說：「吳希聖的〈豚〉，把日據時代臺灣農民的苦難描寫殆盡，情節曲折，技巧卓越，是不可多得的好小說。」（註七七）這篇小說也成爲當時文壇矚目的焦點，《臺灣新民報》上刊載評論的稿件連續數週，並且後來與楊逵的〈送報伕〉並列爲一九三四年度之傑作而獲得臺灣文藝聯盟之獎勵金。

《フォルモサ》雖只發行三期便告停刊，但正如黃得時所說的：

《フォルモサ》的創辦人，皆是在日本各大學正在專攻文學、哲學或美術的學生，所以他們能運用西洋近代文學的方法來創作文學和推進文學運動。（註七八）

因此《フォルモサ》的出現，對於當時的留日青年和臺灣文壇，產生了相當大的鼓舞作用，並且同人中的王白淵、張文環、吳天賞、蘇維熊、巫永福、吳坤煌、施學習、劉捷等，都成爲日後活躍於臺灣文壇的健將，而他們所創立的臺灣藝術研究會也成爲臺灣文藝聯盟東京支部，《福爾摩沙》可以說是推進臺灣新文學發展的又一股力量。

五、《先發部隊》

受到東京「臺灣藝術研究會」成立並發刊《福爾摩沙》雜誌的啓發，臺北的一班文學青年廖毓文、郭秋生（芥舟）、黃得時、朱點人（石峰）、林克夫（金田）、吳逸生（松谷）、陳君玉、王詩琅（錦江）、黃啓瑞（青萍）、黃湘蘋、林月珠、蔡德音（天來）、徐瓊二（淵琛）等人，也於一九三三年十月廿五日成立島內的第一個文學社團「臺灣文藝協會」。廖毓文曾在〈臺灣文藝協會的回憶〉一文中，敘述他在一九三三年秋造訪任職大稻埕江山樓酒家經理的文學同好郭秋生，共商發起成立文學團體的動機道：

在這次的訪問中，也互相談起「南音」停刊後的臺灣文學界及臺灣新文學運動不能進展的原因，以爲從來的新文學運動，都缺乏一個健全而有力的組織爲主體，以糾合全島的同志，採取集體的行動，來爭取民眾，以鞏固新文學運動的社會地盤。於是，互相同意先糾合住在臺北的同志，從新建立一個文學團體，創辦一個刊物，來號召全島的同志。（註七九）

大會成立當天同時議定會則八條，規定協會的組織精神及目的工作，茲列如下：

第一條：本會稱曰臺灣文藝協會，以有關心於臺灣文藝並能夠爲臺灣文藝進展上努力的有志而組織，以自由主義爲會的存在精神。

第二條：謀臺灣文藝的健全的發達爲目的。

第三條：爲遂行上記目的而行下記活動：

(1)關於文藝及與文藝有直接關係的各種問題之研究批判。

(2)關於文藝知識及文藝趣味的普及上應分的行動。

(3)發行機關雜誌或刊行相當的單行本。

(4)其他爲遂行本會目的，認爲必要的事項。

在歷經八個多月的積極奔走招募廣告以充出版經費下，該會的機關雜誌《先發部隊》（即「先鋒隊」之意）終在廖漢臣等人的苦心籌劃後於一九三四年七月十五日出刊。這一本純文藝的白話文雜誌採取新五號活字橫排的特殊版式，全文近一百頁，內容包括一篇宣言，兩首序詩，芥舟的卷頭言：〈臺灣新文學的出路〉，一個「臺灣新文學出路的探究」的特輯，收錄黃石輝、周定山、賴慶、守愚、點人、君玉、毓文、秋生等人的八篇文章，或就臺灣新文學運動全體的發展，或就新文學一部門的小說、詩歌之創作進路進行檢討。此外黃得時〈科學上的眞與藝術上的眞〉、青萍〈詩歌的科學性〉、逸生〈文學的時代性〉等三篇論文，都是呼應《先發部隊》做爲文學推進與領導者的角色而創作。理論之外還有黃純青、雲萍、黃得時、克夫、德音、HC、坤泰、逸生、毓文、月珠、文瀾、君玉、點人諸人十數篇隨筆、新詩、臺語歌詞，以及山本有三原作，月珠、德音共譯的戲劇〈慈母溺嬰兒〉（原名〈嬰兒殺レ〉）。蔡嵩林的〈郭沫若先生訪問記〉則是一篇介紹祖國文人的特稿，饒富意義。小說創作方面有點人的〈紀念樹〉，櫪馬（趙啓明）的〈私奔〉，毓文的〈創痕〉，和克夫的〈秋菊的告白〉等四篇，其中朱點人的〈紀念樹〉，更深受張深切的稱譽：

> 題材，手法都好，一點沒有焦急的痕跡。很沈著的起筆，很順序的修筆，令人一讀跟他筆墨悠然逍遙而去。手法及組織有帶一些張資平式的骨格，手法卻比他柔軟一點，風格稍似周作人那樣的平凡而耐人玩味。

而推許之爲「臺灣創作界的麒麟兒」。（註八〇）

《先發部隊》的創刊目的，原本是要做爲這四處碰壁而荒涼不堪的臺灣新文學之改造先驅與動力，該刊卷首的〈宣言〉中即標明它的行動指標在於：

從散漫而集約，由自然發生期的行動而之本格的建設的一步前進，必是自然演進的行程，同時是臺灣新文學所碰壁以教給我們轉向的示唆。

我們以爲唯其如此的行動，始足以約束新的劃期的發展到來，與待望臺灣新文學運動的實際化。

《先發部隊序詩》中，更充分展現其以文學尖兵自誓的壯志雄心：

無言的青山遽蒙殺氣了。
廣茫的蒼海也怒發暴鳴了。
壯烈的進軍之調，把宇宙撼震，
大地上，早破黑夢，
唯森嚴與緊張的沉默給一切武裝。

灰色的遊雲驀地急走，
憂鬱的中空因此而頓地明朗，
才被遊雲離了間的太陽，
越發的有勁的光芒和大地握手了。
蔓草遍了地，

荊棘滿了野，
頑石朽木隱約於蔭影之下。
加濃的炎熱，從地平蒸蒸而上，
宿在綠葉的霜露的臉色，
因此而漸漸輕浮幻滅。

烽火發了。
爲躍進而躍進的烽火——。
出發了，先發部隊！
在這樣緊張與光明的雰圍裏出發了。
沖天的意氣，
不撓的精神，
一貫的步驟，
前進！
前進！
獲得廣茫的園地。

建設美滿的生活。
添進健康的人生。
雖遠—。
可是很鮮明、很正確、活現著—潑剌的新世界的面貌。

蔓草算什麼？
荊棘算什麼？
頑石朽木？……。
熾烈的足跡過處，
只有焦赤的印痕，
留在後方的焦赤的聯續，
分明是小小的步道躍然。

鮮明的旗幟招展著，
爲躍進而躍進的先發部隊，
爲開發新世界而蹶起的先發部隊，
越發的血肉奔騰，

而等待著大家的後隊出動了。

莫遲疑，

別徬徨，

來！

趕快齊集於同一戰線，

把海洋凝固，

把大山遷移，

動起手來！

直待！

實現我們待望的新世界。（註八一）

在上述這一創刊目的下，「那麼先決的問題，便就是在於探究當來的出路，以確立新的指導原理，與行動的強力化實際化，爲本號先發部隊的主題。」（註八二）這就表明了《先發部隊》創作「臺灣新文學出路的探究」這一專輯的命意所在，但也因此招致葉榮鐘「文體異常生硬，缺少精彩，沒有吸住讀者的魅力，……因爲文字的生硬遂使理論不能透徹，減殺了內容的逼力，混亂讀者的印象。」（註八三）的批評。

《先發部隊》雖僅一期就告停刊，但是它已創立了臺灣文藝雜誌的水準，成爲名實相符的新文學運動之開端，尤其「臺灣新文學出路的探究」，更顯示了年輕的臺灣新文學已有意識地在尋求他們的發展途徑，黃得時指出：

由於這次的探究，大家已充份明白凡是一種文學上的新運動，只放任其自然的演進，絕對不能收到顯著的效果，一定要由於文學的專家或愛好者，拿出強力的意慾，突破任何阻礙，不斷向前推進，或站在前線領導，纔能達到最後的目的。這種有意的推進或領導，就是在當時的臺灣最需要的行動，而《先發部隊》也就是要滿足這種需要而誕生的。（註八四）

六、《第一線》

在《先發部隊》出刊後的臺灣新文學運動之巨浪，已經澎湃於全島，臺灣文藝聯盟不僅在臺北、嘉義、臺南等地成立分會舉辦座談，而且發刊了《臺灣文藝》，同時日政府的監視也相對的加重。在面對《臺灣文藝》的強勢競爭和各方深切期許下，獲得了王詩琅、李獻璋、陳茉莉三個生力軍加盟後的《先發部隊》，終於在半年之後的一九三五年一月六日，以《第一線》的刊名出版了。版式雖仍延續前期的橫排方式，但因受到日政府的要求而併列了一些日文稿件，頁數則較前期增加幾達一倍，詩歌、小說的創作水準也大爲提高。

本號內容有黃得時的卷頭言：〈民間文學的認識〉，論述收集民間文學的緊迫性，並且特置「臺灣民間故事特輯」，包括毓文、黃瓊華、一騎、一吼、沫兒、李獻璋、一平、描文、陳錦榮、蔡德音等人搜集的民間故事十五篇。〈編輯後記〉中對這項空前的壯舉曾有所說明：「我們祖先的遺產，只有臺灣的民間文學算得是最為純粹，我們不但在文學上有保存它的義務，在民俗學上也有整理它的必要。」這一特輯的設立，不但顯示該刊對民族文化遺產的關心，也表現了對文藝大衆化的重視。其後李獻璋即據此彙集成五百頁厚的《臺灣民間文學集》，於一九三六年六月出版，而成為傳誦一時的民間文學巨構。

評論方面計有具名「HT生」的〈傳說的取材及其描寫的諸問題〉，茉莉的〈民謠に就いての管見〉（〈關於民謠的管見〉），安田保譯的〈蘇維埃の藝術の眺望〉（〈蘇維埃藝術的眺望〉），王錦江的〈柴霍甫與其作品〉，黃得時的〈小說的人物描寫〉，逸生的〈薄命詩人蘇曼殊〉和HC生的〈文藝時評〉。詩歌則有洙兒、嵩林、王錦江、陳君玉、湘蘋、柳田生雄、新垣宏一、HC生、德音、獻璋、文瀾、蔡培火等人之作品以及青萍翻譯的英詩三首。隨筆有青萍、文瀾、林克夫、湘蘋、德音、鄉夫等六篇及徐瓊二日文的〈島都の近代風景〉（〈島都的近代風景〉），戲劇有毓文的獨幕劇〈逃亡〉。小說創作有芥舟的〈王都鄉〉，朱點人的〈蟬〉，王錦江的〈夜雨〉和林越峰的〈月下情話〉等四篇。本期詩歌小說頗多佳作，尤以朱點人的〈蟬〉更深受好評。《第一線》的編輯兼發行人廖漢臣對於當時同人的努力有一番說辭：

其實，我們同人在本號的寫作，也嘔盡了很多的心血，無論是一篇理論，一首短詩都充滿著我們的熱情，我們不但對新文學的建設，盡了很大的努力，就是對於先人的遺產的發掘，也毫不遺力。（註八五）

總結而言，一九三三年中分別在東京和臺北創立的「臺灣藝術研究會」和「臺灣文藝協會」這兩個文學團體存在的期間雖然不長，但受到他們成立的影響，臺灣的新文學運動才眞正進入深化的建設創作時期，並且匯合爲一道巨流，衝發了全臺灣文學青年大結合的「臺灣文藝聯盟」之出現，《先發部隊》的〈編輯之後〉即曾率先指出：

臺灣新文學的躍進氣運，自從一九三三年十月釀成了本會的成立以來，急見加速度地進展，遂促進一九三四年五月破題兒於臺中舉行了臺灣文藝大會，同時誕生臺灣文藝聯盟的新集團，這是多麼可共慶幸的一回事呀！

其後「臺灣藝術研究會」雖告合流於「臺灣文藝聯盟」而自然解散，但是「臺灣文藝協會」的成員在自由參加聯盟之外，仍然繼續維持著協會組織的運作，直到日本政府全面禁止使用漢文爲止。它們對於臺灣新文學運動的貢獻，黃得時曾有很中肯的評語：

要之，這兩個團體的成立，對於當時的臺灣文學運動，給與很大的刺激：一在東京以日文的形式，一在臺北以白話文的形式，對於萎靡不振的臺灣文學，灌輸了新鮮的血液，這一點是很値得一提的。要是沒有這兩個團體的出現，也許不能產生後出的「臺灣文藝聯盟」也說不定。可見兩團體的成立，對於臺灣新文學運動上的意義是很大的。（註八六）

七、《臺灣文藝》

一九三〇年代反對異民族統治的政治運動既受到殖民當局的摧殘壓迫，知識青年被種種桎梏枷鎖衡扼鷙曼得連伸腳出手的自由也沒有，但另一方面自由主義思潮卻又澎湃而來，加上臺灣藝術研究會和臺灣文藝協會成立的刺激，已然醞釀著結合文學同好，以便積極全面推進文學運動的空氣，賴明弘即指出：

由於這客觀情勢的要求，臺灣的智識份子自然而然的對建立新文學這一條路認眞的站起來，大家並且認爲有組織文學團體的必要，所以才很快的就能成立臺灣文藝聯盟。（註八七）

也就在這一共識下，由臺中的作家張深切、張星建、何集璧、賴明弘等人所號召成立的全島性文學團體「臺灣文藝聯盟」，終於一九三四年五月六日在臺中（註八八）宣告成立。

成立大會於是日下午二時在日警環伺下假臺中市小西湖酒家召開，計有來自全臺灣各地作家八十二人（註八九）與會，堪稱爲臺灣文學史上最生動最精彩的一頁，也是空前的壯舉。當時大會的激昂氣氛與奮鬥目標由會場所貼的下述標語即可充分顯現：

萬丈光芒喜爲斯文吐氣，一堂裙屐欣看大雅扶倫。

寧作潮流衝鋒隊，莫爲時代落伍軍。

推翻腐敗文學，實現文藝大眾化。

擁護言論自由，擁護文藝大會。

破壞偶像，創造新生。

精誠團結起來，爲文學奮鬥到底。

文藝大會萬歲。

除了各地文學同好的熱烈響應外，報紙上評論呼應的文章也幾乎無日無之，創立當天《臺灣新民報》即以社論〈對全島文藝大會之期待〉爲題，而深致其期許謂：

過去和現在的臺灣文藝界，全爲一片未開的荒地，只有和各人的生活不生關係的古典的山林藝術，氾濫其間而已。戲曲如是，詩文亦如是，這樣絕對不能表現吾人的生活感情。幸而最近有人留心此點，從荒廢中發見一道曙光，著手此方面的運動，眞是足爲喜慰的。吾人對大會的希望是：建立有秩序的計劃，以清算既往那種陳腐、無味、單調、古化、惡化的文學作品，而創造嶄新、生動的新時代作品。（註九〇）

是日大會公推總督府評議員黃純青擔任議長（註九一）並通過「臺灣文藝聯盟章程」（註九二），明定以「聯絡臺灣文藝同志，互相圖謀親睦，以振興臺灣文藝」爲宗旨，並以「贊同本聯盟宗旨之臺灣文藝同好者而組織之」（第二條）。爲貫徹此一宗旨將行創辦下記事業：㈠發刊雜誌、㈡刊行書冊、㈢開文藝講演會、㈣開文藝座談會（第三條）。會中並推舉聯盟委員：

北部：黃純青、黃得時、林克夫、廖毓文、吳逸生、趙櫪馬、吳希聖、徐瓊二。

南部：郭水潭、蔡秋洞。

中部：賴慶、賴明弘、賴和、何集璧、張深切。

而由張深切擔任常務委員長。（註九三）

會中除了通過成立「臺灣文藝聯盟」的文藝團體組織案，刊行中日文月刊雜誌《臺灣文藝》的機關雜誌案，和主張：「㈠描寫與大眾生活有密切關係之作品，㈡文體與文字宜用一般讀者容易理解程度，㈢對一般大眾喚醒他們的藝術趣味」的文藝大眾化案等三案外，並在朗讀經審查委員會修改之宣言後閉幕。這份曾經發表在當時的《臺灣新聞》和《臺灣新民報》上，而廣爲臺灣民眾所熟知的宣言包含五項要點如下：

㈠受到世界性經濟恐慌影響下的臺灣，其過去的文化狀況是落伍的。
㈡這次大會是在作家的自覺和大眾對於作品的要求之情況下召開的。
㈢①文藝團體的組織，能夠激發文藝家們的創作慾和造就文藝的舞臺。
②藉作品的獎勵與努力發表能夠啓示大眾前進的創作來推進臺灣文藝運動。
③創作適應情勢且富特異性的作品而予以推廣，使大眾能夠感受到一種新的刺激。
㈣出版文藝雜誌和單行本，並且舉辦文藝講演會或座談會，俾將作品介紹到民間。
㈤排擊一切有害的作品，並隨時改正自己所犯的錯誤。（註九四）

這一宣言表明了文聯立意推展文藝大眾化的決心，身爲聯盟常委的賴明弘，會後也在《臺灣新民報》上發表題爲〈敬呈全島文藝同志書〉，呼籲大家共同致力於臺灣文藝的開拓。

成立之初的文聯大會雖然遭到「彰化的會員故意集體遲到，臺北的出席者竟有人主張沒有組織文藝團體的必要」（註九五），幸賴各地會員熱心支持，不但順利通過了聯盟組織方案，更超越一切的派別，團結了全島的文藝家。隨著嘉義、埔里、佳里、鹿港、豐原、臺北、東京等處也先後成立分部，又在臺北、臺南、嘉義、東京各地舉辦座談會並設文學獎金，以獎勵優秀之作品。一九三四年度即選出吳希聖發表於《福爾摩沙》第三號上的〈豚〉，和楊逵發表於一九三四年十月號《文學評論》上的〈新聞配達夫〉為該年之傑作，而於十二月二十日頒發「文聯獎勵金」。另當機關雜誌《臺灣文藝》創刊之時即在該誌刊登徵文啓事，徵選以中文和日文描寫臺灣風土民情史實掌故之短篇小說及戲曲，籍以提高文學創作之水準，可惜此一徵文結果並無合於標準之入選者。

在一九三五年文藝聯盟的活動達於鼎盛時期，臺灣的作家已有作品刊登在日本一流雜誌如《新潮》、《中央公論》、《文藝春秋》、《改造》等。這一涵蓋面最廣而骨子裡帶有政治性的文藝聯盟，不但代表了臺灣的文學團體，也成了臺灣智識份子的精神堡壘，刺激了文學界長足的進步。但在一九三五年八月十一日在臺中市民館召開第二回臺灣全島文藝大會後的文聯，便因日本統治者的加緊壓迫和自身經濟條件的不足及文學同志的離開等因素，終於隨著其機關雜誌《臺灣文藝》的停刊而停止其為時二年多的活動。

可以說，臺灣文學運動之具有意識性、形象性與具體性，實即由於臺灣文藝聯盟的成立而發軔而發展，賴明弘因此推崇文聯對於臺灣新文學運動的不朽貢獻稱：

由於臺灣文藝聯盟的成立，才確立了文學運動的第一步，才起了領導臺灣文學運動的作用。文聯團結了作家，團結了智識份子，更溶化所有反封建反統治的，富有民族意識的臺灣文化人於一爐，展開了提高文學和文化水準的工作，並確保了臺灣精神文化的基礎而對異民族表示了堅毅不移的抵抗。所以我敢說這是臺灣智識份子的重大表現，其所留下的足跡是具有歷史性的。（註九六）

在臺灣文藝聯盟成立後半年，經由常務委員長張深切的奔走努力，以及漢詩人林幼春等人的捐輸資助下，機關雜誌《臺灣文藝》終於在一九三四年十一月五日出刊。這份由臺灣人所創辦歷時最久，作家最多，影響也最大的中日文月刊雜誌，在其創刊號中除了在卷首特別引用老子的「善者不辯，辯者不善」的名言作爲警語外，更刊登十四則〈熱語〉。由此不難看出該刊的行動方針，諸如：

最荼毒臺灣的是臺灣人的僞指導者們。

我們以其有僞路線不如寧無路線！

最惡毒的人最怕人議論。

我們的雜誌最歡迎人議論。

我們的方針不偏不黨。

我們希望把這本雜誌辦到能夠深入識字階級的大眾裏頭去！

惜乎臺灣未有春秋。

哀莫大於心死，天作孽猶可爲，自作孽不可活！

擁護我們的木鐸！

把臺灣的一切路線築向到全世界的心臟去！

看我們的藝術之花在世界心臟上開放吧！

另外該刊二卷一號卷頭言亦明白指出：

我們的聯盟決不是一個有爲的行動團體，同時也絕不是一個無爲的無行動團體，我們是無爲而有爲，無行動而有行動的集團。況且我們的雜誌並不是「爲藝術的藝術」的藝術至上派，「我們正是爲人生的藝術」的藝術創造派。

至於《臺灣文藝》的使命和任務，張深切曾在該刊二卷五號中指出。「我臺灣文藝帶有啓蒙運動的特別使命，不僅要爲發表咱們的意象，同時也要有啓導大衆的義務。」（註九七）因此他期勉：「深望我同志們倍加努力，不要只爲滿足自己的意象而執筆，最緊要的還是要把大衆爲對象，來完成咱們的啓蒙工作，這樣做去，所謂文藝大衆化才能達到目的。」（註九八）而爲達到文藝大衆化的目的，他在文中指出兩個作法：

第一：參考中國舊文學形式而配以蘇俄描寫與情節並重的新文學形式來改造新文學。

第二：選擇替臺灣民衆訴苦，爲臺灣民衆吐露希望，情節有趣而具社會性的題材來創作。

另外同號中賴明弘除極力呼籲同胞團結努力以促使臺灣文學強盛成長外，並指出目前的任務是：「親近讀者，和大衆握手。超越個性，提攜行進。支持『文聯』，擁護《臺文》。」（註九九）

每期發行量約近千冊，發行網遍佈臺北、新竹、臺中、彰化、嘉義、臺南、高雄、鳳山等地的《

臺灣文藝》，在受到日人的多方干涉和楊逵的脫退另創新雜誌的雙重打擊下，終於在刊行第十五期的一九三六年八月廿八日後停刊。此一日據時期壽命最長的文藝雜誌，內容充實而且多樣化，玆分類略述之。

文學評論方面的活躍作家有黃得時、吳鴻爐、施學習、劉捷、楊逵、蘇維熊、洪燿勳、夢湘、郭秋生、曾石火、張星建、吳天賞、徐玉書、巫永福、謝萬安、堅如、林克夫、張深切等人，尤以張深切的〈對臺灣新文學路線的一提案〉（二卷二號）和續篇（二卷四號），主張臺灣文學要站在獨自的立場，即築在臺灣一切「眞、實」的路線上，隨臺灣的社會和歷史之進展而進展，此一主張和當時文壇上「鄉土文學的建設」之唱議頗相呼應，最具份量。

小說方面產量甚多，爲前此所未有，中文小說有張深切的〈鴨母〉，林越峰的〈到城市去〉、〈好年光〉、〈紅蘿蔔〉，賴和的〈善訟的人的故事〉，楊華的〈一個勞動者的死〉、〈薄命〉，王錦江的〈青春〉、〈沒落〉，蔡德音的〈補運〉，廖毓文的〈玉兒的悲哀〉，吳慶堂的〈秋兒〉、〈像我秋華的一個女郎〉，謝萬安的〈老婆到手苦事臨頭〉、〈五谷王〉，李泰國的〈分家〉、〈細雨霏霏的一天〉，楊守愚的〈難兄難弟〉，徐清光的〈謀生〉，蔡愁洞的〈興兄〉、〈理想鄉〉、〈媒婆〉，楊少民的〈廢人黨〉，南燕的〈濁流〉，陳慶風的〈她的消息〉，張慶堂的〈鮮血〉，迷鷗的〈夜深〉，朱點人的〈無花果〉、〈安息之日〉等。

用日文寫的小說有吳希聖的〈乞食夫妻〉、〈人間楊兆佳〉，張文環的〈泣いてゐた女〉（〈哭泣的女人〉）、〈父の要求〉（〈父親的要求〉）、〈部落の元老〉（〈部落的元老〉），翁鬧的〈歌時計〉（〈音樂鐘〉）、〈贛爺さん〉（〈贛爺爺〉）、〈殘雪〉、〈哀れなルイ婆さん〉（〈可憐的阿蕊婆〉），郭水潭的〈フォルモサ〉（〈福爾摩沙〉），吳鬱三的〈蜘蛛〉、〈野雲雀〉，陳清葉的〈寄生蟲〉，陳春映的〈哀春譜〉，蕭金鑽的〈高獻榮の若き日〉（〈年輕時的高獻榮〉），林敬璋的〈復仇〉，曾石火的〈品さだめ〉（〈品評〉），林丹桂、夏陽合作的〈蕃人〉，劉捷的〈藝妲〉，陳垂映的〈麗秋の結婚〉（〈麗秋的結婚〉），王登山的〈山の黃昏と彼〉（〈山的黃昏和他〉），黃寶桃的〈感情〉，鄭永言的〈知高〉，呂赫若的〈嵐の物語〉（〈暴風雨的故事〉）、〈婚約奇談〉、〈女の場合〉（〈女人的情形〉），楊逵的〈難產〉，巫永福的〈河邊の女房達〉（〈河邊的太太們〉）、〈山茶花〉、〈阿煌とその父〉（〈阿煌和他的父親〉）、〈眠い春杏〉（〈睡眠的春杏〉）等。

詩歌方面經常發表詩作的作家甚多，例如楊華、夢湘、陳遜仁、楊啓東、守眞、賴河、浪石、陳垂映、陳君玉、楊少民、翁鬧、吳新榮、郭水潭、林精鏐、莊培初、張慶堂、吳天賞、朱點人、陳梅溪、江燦琳、張星建、吳坤成、吳坤煌、邱英二、楊俊傑、蔡嵩林、陳茉莉、巫永福、徐青光、楊守愚、董祐峰、蔡德音等人均是，作品大抵以表現內心的苦悶或描寫美麗可愛的本地風光爲多。

隨筆散文則仍乏善可陳，大抵類似小說或詩的副產物而已。戲曲產量亦少，只有守愚的歌劇〈兩對摩登夫婦〉，張榮宗的〈外交部事務官〉、〈貂蟬〉，德音的〈天鵝肉〉，邱春榮的〈結婚的理想〉，

曙人的歌劇〈虛榮誤〉和張深切的〈落陰〉幾篇而已。（註一〇〇）

學術論文則多爲探討哲學或語言方面的專論，如洪耀勳〈悲劇の哲學〉（〈悲劇的哲學〉）、〈藝術と哲學〉（〈藝術與哲學〉），陳紹馨〈西洋古文獻に現はれたる臺灣〉（〈西洋古文獻上見到的臺灣〉）、〈性格の魅力〉（〈性格的魅力〉），楊杏庭〈無限否定と創造性〉（〈無限否定和創造性〉），郭一舟（即郭明昆）〈北京話〉、〈福佬話〉、〈北京雜話〉，雷石楡〈我所切望的詩歌〉〈詩的創作問題〉，蘇維熊〈蠅の文學〉（〈蠅的文學〉），施學習〈中國韻文之發達及變遷概觀〉，李獻璋〈方言談屑〉，此外尚有蔡嵩林〈中國文學的近況〉和魏晉〈最近文壇上的大衆話〉等報導大陸文壇動態的文章。

文藝聯盟時期，可以說是臺灣新文學運動的全盛期，作品質量俱佳，也幾乎網羅了全臺灣的作家於一堂。但在《臺灣文藝》的後半期，由於臺灣人受日文教育的增多，在受到日本流暢優美的現代文學習染下，日文既已形成了強勢語言，用日文寫作的作品反較中文爲多，使得中文稿作每感不足，迫使文聯不得不刊出啓事呼籲：「白話文稿件，常比和文稿件缺少而稍有遜色，確實遺憾，咱們何不更奮發努力一點呢？」（註一〇一）並且修正爲偏重日文的編輯方針。《臺灣文藝》可以說是中日文的分水嶺，以此爲界，以前的是中文爲主的文學，以後的便是日文爲主的文學。至於文聯時期的作品與其前一時期作品在寫作風格上所顯現之差異，由黃得時下述說明即可窺知，他說：

前期的作品是作家站在政治、或社會的基盤上，爲抗議日人的壓迫和榨取而寫的爲多，同時對於臺灣的封建社會也很不客氣地暴露其腐敗和墮落的情形；可是這時期的作品，卻是作家站在文學獨自的立場，深入臺灣的舊社會去發見臺灣人的優點，再把這優點用寫實的方法表現出來，對於日人的歧視政策，作一種無言的抵抗，因此前者帶著一種很強烈的政治色彩而後者卻含有很濃厚的藝術氣味。換言之，臺灣文學運動到這時期，已漸漸脫去政治上的聯繫，而走向文學獨自的境地了。（註一〇二）

八、《臺灣新文學》

《臺灣新文學》是由自《臺灣文藝》編輯委員脫退的楊逵於一九三五年十二月廿八日集資在臺中創刊，創刊詞（註一〇三）中楊逵以對話體說明在文藝工作者熱情消褪，而「內地（即日本）的東西和自己是疏遠的，但臺灣又沒有足以鼓起自己底讀書慾的東西。」在這種兩難的情形下，萌發了他創辦刊物的動機：

我經過了千思萬慮，而所獲的結論是爲了臺灣的作家，爲了讀書家，迫切需要著適應臺灣的現實底文學機關。只是似乎誰也不願意給他們，作家以及讀者，到了這樣的田地，於是只有「積少成多」，集了自己零碎的錢，來建設培養一個園地，而自勵自勉，自己鼓舞下去。這也就是「臺灣新文學」的創成記。（註一〇四）

事後楊逵並曾一再解釋離開文藝聯盟的原因，並非欲想借另創《臺灣新文學》來和《臺灣文藝》對抗，實在是因不滿張星建選稿的專擅獨裁作風，加上眼見文聯組織鬆散，難有作爲，而大小事務又

都決於張深切等一二人士之手，自覺留在文聯已無法發揮作用而毅然退出。（註一〇五）

追索迫使楊逵脫退的遠因，固然與一九三五年六、七月中，環繞著「文聯的宗派（sect）化」問題所引發的楊逵與袒護張深切、張星建的劉捷間在《臺灣新聞》上的論戰有關，也是因社會主義思想濃厚的楊逵，不滿於《臺灣文藝》由於中文稿件不濟而再三變更編輯方針一事：

文聯獲得了東京支部的大力支持，臺文的作品也隨著東京寄來的優秀作品而提高水準，島內作家的作品漸有落伍的形勢，尤其中文的作品和日文作品對照起來，相形見拙。臺文的編輯方針，在實力對比之下，不得不自動轉變，由民族性轉向於政治性，再由政治性轉向於純文藝性，初創的主旨逐漸無法維持下去了。（中略）

臺文的編輯偏重日文之後，便有一部分的民族主義作家不滿意張星建的編輯方針，有一個進入了日本文壇的日文作家某生，為爭取編輯權，乘這機會，對星建加以猛列的攻擊，進而標榜主義問題向我和編輯委員會挑戰。我以為事屬思想問題，而臺文係以無黨無派無色彩的姿態出版的，如果公開討論主義思想，恐會惹起日本當局的干預，無異於引火自焚。我苦口婆心要求他顧全大局，息事寧人，然而他口是心非，實際上卻大佈筆陣表示非打到你死我活，不肯罷休。

（註一〇六）

至於眞正使事件白熱化的原因，則是葉石濤所指出的，為了要不要刊登藍紅綠的小說〈邁向紳士之道〉一事，促使主張採用的楊逵和同是編輯委員的張星建間發生了嚴重的爭執（註一〇七）。其後楊逵在其所編之《臺灣新文學》一卷五號中登出遭張星建拒絕採用的〈邁向紳士之道〉（註一〇八），並獲得讀者的回響，於次號的《臺灣新文學》中，吳濁流讚美爲是「《臺灣文藝》的遺珠，難以割捨的作品」，茉莉稱譽爲「臺灣有始以來最好的諷刺文學作品」（註一〇九）。也由於是否刊登這篇〈邁向紳士之道〉，而具體展現了兩本雜誌在意識型態和文藝大衆化路徑上的差異性。

楊逵的離開文聯另創雜誌一事，在當時也引發了正反兩面不同的評價，鼓勵支持的可以吳兆行、郭水潭〈對臺灣新文學社的希望〉一文爲代表：

我們過去有數次的集會去討論新文學的定義，其結果我們達到一個結論，即所謂新文學是使現實的社會生活更上一層提昇的文學，也就是進步的文學。因此，自任爲這新文學運動的一翼而欲活動的「臺灣新文學社」的誕生，我們找不出反對的理由。即只要是新文學運動，那一個人或那一個團體去做，我們都不吝支持，我們之所以支持「臺灣新文學社」的理論根據實在於此。（中略）

因「臺灣新文學」的發行而「臺灣文藝」會受到什麼影響，這完全由「臺灣文藝」本身的做法如何去取決。譬如基礎很穩固，也許變成良好的競爭對象，又若基礎不穩固，「臺灣新文學」的發刊倒變成刺激，這有反應性的作用促進其發展。然而，倘若萬一因「臺灣新文學」的發行而「臺灣文藝」慘遭不得發行，那麼這不穩固的刊物寧可早日消滅的好。（註一一〇）

批評反對的聲浪則認爲正當大家團結一致齊力對外時，楊逵此舉無異是製造分裂分化，例如巫永福即表示：「我一直沒有在《臺灣新文學》投稿，因為我認為臺灣人不可以分裂，要集中力量對抗日本人才對。」（註一一一）楊熾昌也認為，楊逵這種意氣用事的窩裡反，徒然造成親痛仇快的憾事（註一一二），而張星建更在《臺灣文藝》上指責楊逵公然散布「謠言」稱：「《臺灣文藝》沒收了好的原稿，有些沒有刊載的文章比登出來的文章還好。」（註一一三）

對於張星建和楊逵間因選稿問題衍生的風波，文聯方面曾經發表聲明表明息事寧人的立場稱：

張星建和楊逵君都是文聯的重要份子，但卻不是指導者，指導都是常委會，兩君均不是常委，也不是執委，兩君的衝突是個人的衝突，深望同志諒解。兩君的衝突均為極愛文聯而發生，所以本部對此事件，於上月廿六日的常委會已決定解決方針了。（註一一四）

創刊號的《臺灣新文學》〈啓事〉欄表明：「本誌是不屬任何流派，任何團體的機關，本誌是全臺灣文藝同好者的共同舞台。」因此創刊號中即公開徵求同人及誌友，凡能負擔一年五圓以上經費並再勸誘五個以上誌友者為同人，是為臺灣新文學社的根幹，誌友則是預繳半年訂費一圓二十錢之讀者（按《臺灣新文學》定價一冊二十錢）。根據第二號〈卷頭言〉所發表之同人數已達二一八人，誌友三一五人的盛況來看，可見該刊已深受讀者之愛好支持，而其遍佈臺北、新竹、臺中、嘉義、臺南、高雄、大甲、清水、鳳山的行銷網，應也是經營成功的因素。

該刊創刊號所列編輯部人員雖有：賴和、楊守愚、黃病夫（朝東）、吳新榮、郭水潭、王登山、賴明弘、賴慶、李禎祥、高橋正雄、葉榮鐘、田中保男、楊逵等人，營業部有：莊明當、林越峰、莊松林、徐玉書、謝賴登、葉陶等人，並且說明中文原稿寄送彰化賴和醫院，日文詩寄送佳里醫院，其他日文稿才寄送霧峰楊逵處（註一一五），但事實上該刊一切的編輯發行業務幾乎都由楊逵和葉陶夫婦辦理。楊逵也就因操勞過度而病倒，因此自一卷八號（一九三六年九、十月合併號）至二卷四號（一九三七年四、五月合併號）的六期改由王詩琅負責在臺北編印。第二卷第五號（一九三七年六月十五日出刊）的編務重新交回楊逵手中時，由於臺灣新文學社本身經濟的困難和日本政府下令禁止所有雜誌刊行漢文作品的雙重壓力下，《臺灣新文學》不得不宣佈停刊，而它也成爲日據時期最後一本中日文並刊的文學雜誌。總計一年半之間，共發行十四期，另發行供作誌友互相討論文學之園地的《臺灣新文學月報》兩期。

在具有和《臺灣文藝》互別苗頭的對抗意識中產生的《臺灣新文學》，其選稿原則相當開闊，凡是支持民族自決或自由民主理念的作品，不論是日本人或臺灣人的稿子都加以採用。每期並刊有讀者通訊以加強聯繫，並多次籌措經費舉辦「臺灣新文學賞」及「全島作家競作號」等徵文活動，對於鼓吹新文學創作不遺餘力，尤其自第十號起《臺灣文藝》已經停刊，《臺灣新文學》便成爲推動新文學運動的唯一刊物。

《臺灣新文學》的作者陣容除了張深切、張星建、劉捷以外跟《臺灣文藝》無甚分別，而其創作不論小說、詩歌、戲劇、評論也都大同小異，茲分日文與中文兩方面撮舉要目如下：

日文創作重要的如楊逵〈水牛〉、〈田園小景〉、〈知哥仔伯〉、〈鬼征伐〉，張文環〈過重〉、〈豚のお產〉（〈豚的生產〉），呂赫若〈未來記〉、〈逃げ去る男〉（〈逃逸的男人〉），吳濁流〈水月〉、〈どぶの緋鯉〉（〈泥沼中的金鯉魚〉）、〈自然に歸へれ〉（〈回歸自然〉），賴明弘〈夏〉、〈魔力〉、〈結婚した男〉（〈結了婚的男人〉），翁鬧〈羅漢腳〉、〈夜明け前の戀物語〉（〈天亮前的戀愛故事〉），藍紅綠〈紳士への道〉（〈紳士之道〉）、〈慈善家〉，黃有才〈初戀〉、〈斷崖の上〉（〈斷崖之上〉），陳華培〈王萬の妻〉（〈王萬之妻〉）、〈豚祭〉，陳瑞榮〈失蹤〉，徐瓊二〈婚事〉，邱福〈大妗婆〉，張榮宗〈告白〉等。

中文創作主要的有朱石峰〈秋信〉、〈長壽會〉，賴堂郎〈女鬼〉、〈姊妹〉，張慶堂〈年關〉、〈老與死〉、〈他是流眼淚了〉，楊柳塘〈有一天〉、〈轉途〉，周定山〈乳母〉、〈旋風〉、〈王仔英〉，唐得慶〈畸形的房子〉，莊松林〈鴨母王〉、〈林道乾〉，賴和〈一個同志的批信〉，楊松茂〈移溪〉、〈赤土與鮮血〉，康道樂〈失業〉，黃得時〈橄欖〉，一明〈牛話〉，蔡秋桐〈王爺豬〉，徐青光〈榮生〉，曙人〈商人〉，李泰國〈可憐的朋友〉等。

爲了挽救中文稿件日少的情況，並鼓吹中文創作起見，由王詩琅和楊逵商量之後便在第一卷第十期十二月號推出「漢文創作特輯」，一口氣刊載了八篇中文創作小說：賴賢穎（賴滄洧）的〈稻熱病〉，尚未央（莊松林）的〈老雞母〉，馬木歷（趙啓明）的〈西北雨〉，朱點人（朱石峰）的〈脫穎〉，洋（楊守愚）的〈鴛鴦〉，廢人（鄭明）的〈三更半暝〉，王錦江（王詩琅）的〈十字路〉，一吼（

周定山）的〈旋風〉。但這一動員了最活躍作家所寫相當夠水準的作品集，卻在剛印好提出審查時，即遭日當局以「內容不妥當，全體空氣不好」（註一一六）的理由而禁止發行。

此外該誌也深深致力於作家的介紹，廖漢臣連載於第一卷第二號、四號、五號、八號和九號上的〈同好者的面影〉，依次介紹朱點人、賴明弘、劉捷、王詩琅、吳逸生、林克夫、徐瓊二、黃得時等臺灣作家。尙未央（莊松林）的〈會郁達夫記〉（二卷二號）則是一篇記述郁達夫應《臺灣新民報》之邀於一九三六年十二月廿二日訪台情形的報導文學。第一卷第九號王詩琅寫的卷頭言〈悼魯迅〉，以及黃得時的〈大文豪魯迅去世〉，則在表達對魯迅逝世的深切哀悼。

比較來說，《臺灣新文學》和《臺灣文藝》的撰稿人和作品風格雖然幾乎沒有什麼差別，但由臺灣新文學社的發刊「漢文創作特輯號」和發售李獻璋編著的《臺灣民間文學集》一書來看，顯然《臺灣新文學》更注重臺灣新文學的發展以及民族文化的保存工作。另一方面由於楊逵一向主張臺灣文學運動是寫實的，現實主義的文學運動，應該和窮苦大衆打成一片，以推翻日本的殖民統治，因此在和日本左翼作家密切聯繫下，不僅使得《臺灣新文學》比《臺灣文藝》帶有更濃厚的寫實主義色彩，也使得臺灣新文學社簡直變成了日本那烏卡社的《文學評論》，文學案內社的《文學案內》，以及週刊《時局新聞》、《實錄文學》、《勞動雜誌》等左翼刊物的臺灣分支機構。

關於《臺灣文藝》和《臺灣新文學》對臺灣文學的貢獻，黃得時有極高的評價：

《臺灣文藝》和《臺灣新文學》的壽命不過是三年而已，可是在這短短的三年之中，所獲得的

效果，比過去十幾年的效果都來得大，堪稱在臺灣文學史上劃下一段光輝燦爛的時期。（註一一七）

第二目　臺灣話文運動

早在一九二五年八月文化協會開辦第二次夏季學校講習會時，臺南王受祿在其「外國事情」的課外講演中，即明白指出臺灣文化之所以進步緩慢的原因道：

臺灣人負有三重的負擔，即漢文、臺灣語、日本語，因此文化的進步非常遲緩，若把漢文和日語廢掉，純用臺灣語，則進步一定很快。因職業上的關係非使用日語不可者固屬別論，其他的人似無研究日語的必要。（註一一八）

基於文化傳統和民族意識，日據時期的知識份子固然極不願意用日本語文來做爲傳播知識、教化民衆的工具，而以傳統士大夫階級獨佔的古文來做爲溝通意志的工具也不可行，於是用什麼方式，才能使在異族支配下的臺灣人獲得識字的利器，以吸收新知識、新思想，便成爲知識份子深思的課題。臺灣的文字改革運動，也就在臺灣新文化運動昂揚開展的同時而併行發展，於是在民國十一年起至民國二十二年止的十多年間，便發生了一連串的文字改革運動，有的提倡「白話文」，有的提倡「羅馬字」，有的提倡「臺灣話文」，甚至也有人提倡「世界語」（註一一九），各人的主張雖不一致，但同樣都想使文學深入民間，以啓迪民衆，教育民衆。

所謂臺灣話文，是指相對於以北京話爲主的白話文，而爲臺灣大多數民衆日常所使用的閩南語（福佬話）（註一二〇）而言。臺灣話文運動即是爲適應臺灣的特殊性，以建設臺灣獨自的文化，而主張用臺灣的語言來描寫臺灣的事物。其目的不僅在保存臺灣語，更進一步要把臺灣語文字化，以代替日文或文言文及白話文，企圖消滅文盲以擴大臺灣新文學運動的社會基礎。

「臺灣話文運動」是在一九三〇年代，當主導文藝大衆化的普羅文學正囂塵上之時，繼「羅馬字運動」之後而起的文字改革運動，可分爲「臺灣話文保存運動」和「臺灣話文建設運動」兩個階段。

一、臺灣話文保存運動

一般認爲連溫卿是最早提出保存臺灣語主張的人，他在一九二四年十月一日發表於《臺灣民報》第二卷第十九號的〈言語之社會的性質〉一文中指出，言語的起源和民族的起源是一致的，言語的社會性質，就是一方面排斥他民族言語的世界優越權，同時要極力保護自己民族的言語，所以不論在什麼地方，若有民族問題，必有言語問題。

接著在同年十月十一日和廿一日的民報第二卷第二十號及廿一號上，連氏再發表〈將來之臺灣話〉，全文分成：言語的觀念，言語的起源，近世之言語問題，臺灣話的將來和臺灣話文法等五部份，但最後兩部份並未見續載。他認爲言語是從每日生活上生出來的，是表達社會觀念的工具，並批判殖民政權的言語侵略政策，高呼排斥痲痺人心的言語壓制政策，強調要設法保存臺灣話，並進行整理，改造我們的臺灣話，以應社會生活的要求。

其次連雅堂在一九二九年十一月廿四日二八八號的《臺灣民報》上發表〈台語整理之頭緒〉，指出臺灣之語傳自中國，源遠流長，高尙優雅，並有出於周秦時代的古語，爲今中國語所無者，因痛感保存臺語之必要，爲積極負起整理之責任而撰著《臺灣語典》四卷。十二月一日同報二八九號再發表〈臺語整理之責任〉，強調基於保存民族文化的立場而撰著《臺語考釋》（按即指《臺灣語典》一書）。

二、臺灣話文建設運動

這是比前期「臺灣語保存運動」更進一步的「言文一致運動」。首先提出「鄉土文學」的口號，主張用臺灣語寫作的是鄭坤五，一九二七年六月，他在《臺灣藝苑》上連載題爲〈臺灣國風〉的臺灣山歌，並在若干小品，強調用臺語寫作，因此黃石輝稱：

臺灣鄉土文學的提倡，算是鄭坤五氏最先開端的。鄭坤五編〈臺灣國風〉的意思，只是認識了臺灣的〈褒歌〉是和詩經三百篇有同樣的價值吧了。………〈臺灣國風〉公表之後，雖然引起古董學究的著急，其實影響不大，沒有一人因此演出鄉土文學的提倡。（註一二二）

由於鄭坤五缺乏整套的理論，並未引起一般的注目，直到黃石輝、郭秋生兩人出來力唱，才正式展開「臺灣話文運動」，也引起了「鄉土文學論戰」。（註一二三）

作爲分裂後臺灣新文化協會會員，並積極參與無產階級社會運動的黃石輝，在受到前述鄭坤五的啓發後，於一九三〇年八月十六日起在《伍人報》第九號至第十一號上發表了〈怎樣不提倡鄉土文學〉（註一二三）一文稱：

你是臺灣人，你頭戴臺灣天，腳踏臺灣地，眼睛所看的是臺灣的狀況，耳孔所聽見的是臺灣的消息，時間所歷的亦是臺灣的經驗，嘴裏所說的亦是臺灣的語言，所以你的那枝如椽的健筆，生花的彩筆，亦應該去寫臺灣的文學了。（註一二四）

他這一段要將臺灣新文學本土化的訴求，雖說和一九二五年十月四日《臺灣民報》第七十三號的社論：〈詩學流行的價值如何〉中所主張的「盼望白話文學的作者的將來，務要拿臺灣的風景爲舞台，臺灣的人情爲材料，建設臺灣的新文學，方能進入臺灣文化的黎明期。」若合符節，但黃石輝所強調的是在「用臺灣話做文，用臺灣話做詩，用臺灣話做小說，用臺灣話做歌謠，描寫臺灣的事物。」亦即採用臺灣話文寫作文藝，而不是貴族式的文言文或白話文。接著他提出文學內容大衆化的主張：

你是要寫會感動激發廣大群眾的文藝嗎？你是要廣大群眾心裡發生和你同樣的感覺嗎？不要呢？那就沒有話說了。如果要的，那末，不管你是支配階級的代辯者，還是勞苦群眾的領導者，你總須以勞苦群眾爲對象去做文藝，便應該起來提倡鄉土文學，應該起來建設鄉土文學。

準此黃石輝提出三點建議：

㈠用臺灣話寫成各種文藝。
㈡增讀臺灣話音。
㈢描寫臺灣的事物。

由於黃石輝這篇文章引起許多人的注意和討論，於是他又在一九三一年七月二十四日的《臺灣新聞》上繼續發表〈再談鄉土文學〉，全文分為一、鄉土文學的功用，二、描寫的問題，三、文字的問題。四、言語的整理，五讀音的問題，六、基礎問題，七、結論，重申提倡「鄉土文學」的趣旨。在一、鄉土文學的功用謂：「就是因為鄉土文學是代表說話的，而一地方有一地方的話，所以要鄉土文學」。並在二、描寫的問題附言說：「因為我們所寫的是要給我們最親近的人看的，不是要特別給遠方的人看的，所以要用我們最親近的語言事物。就是說要用臺灣話描寫臺灣的事物。」所以在本文更就建設「臺灣白話文」上，提出他的意見。在三、文字的問題，主張「採用漢字」，無字可用時，盡量「採用代字」或「另做新字」。在四、言語的整理，主張：「刪除無字可用的（無必要的話）」。在五、讀音的問題，主張：「要採用字義來讀土音」。在六、基礎問題，主張：編輯「常識課本」，「尺牘課本」，「作文課本」，「白話字典」，「白話辭典」給書房先生教讀。在七、結論，主張糾合同志，組織「鄉土文學研究會」。

繼黃石輝之後，郭秋生也於一九三一年七月七日起二個月間，在《臺灣新聞》上發表連載三十三期，長達三萬七千字的宏篇大論：〈建設臺灣話文一提案〉，全文分為五節：㈠文字成立的過程，㈡言語和文字的關係，㈢言文乖離的史的現象，㈣特殊環境下的臺灣人、教育狀態、文盲世界、臺灣語記號問題，㈤臺灣話文。此文縱述臺灣語之母體語言中國漢字、漢語之古今遞變，歷敘至民國新文學運動，臺灣之割讓，又詳介文字之本質與言語之關係，言文之分合，最後結以臺灣話文建樹之設計（註一二五），而他的重要主張即包括在最後一節中。

郭秋生慨嘆現代的臺灣人是智識的絕緣者，連保障自己最低生活的字墨算都不配，爲醫治臺灣的文盲症，便須使用學習言文一致的臺灣話文，爲此他並列舉其五項優點：一、容易學。二、學得的字可以隨學隨寫。三、間接的表現言語的文句越多，讀書將越固執文句，難以發揮獨創性，若直接記號臺灣語的文字，便可以解放這種病根。四、讀者易於理解。五、一個時代有一個時代的特色，若沒有直接記號言語的文字，是不會滿足的。

郭氏對於記號臺灣語的文字，是摒棄蔡培火的羅馬字而主張以現行的漢字爲工具來創造臺灣話文，爲此他定下五個原則：一、考據當該言語有無完全一致的既成漢字。二、如義同而音稍異（如「眞害」「眞壞」），應屈語音而就字音。三、如義同而音大異（如「雨」，字音是「羽」，語音是「護」），除了既定的成語呼字音（如「風雨」——羽），其他應呼語音（如「落雨」）。四、如音同而義不同，或音同義相近，但慣行上易招誤解者，這樣的缺陷，就沒有建設臺灣話文的資格。五、要補救上述的缺陷，應創造新字以就話。而新字的創作不外是「舊字的轉化變用」，有兩個原則：一、適用形聲的原則，從既成的漢字中尋出和當該語音一致的字來記號語音。二、若沒有妥當的既成文字可以形聲，那麼就採用會意的原則，隨當該語義從既成文字中尋出適當的二字或三字來合做一個會意字，以表現當該語義，同時註明當該語音以通行。（註一二六）

總之郭秋生對於臺灣話文字化的主張，一如他稍後在《南音》創刊號〈說幾條臺灣話文的基礎工作給大家做參考〉中所述，是要用漢字來表現臺灣話，一方面考據語言，找出適用的文字，一方面利用六書中形聲、會意、假借等法則來創造新字，這樣他相信就可以建設出一種理想的言文一致的臺灣話文來。

這篇文章發表不久後的八月廿九日及九月七日，郭秋生再在《臺灣新民報》三七九號及三八〇號上，仍以〈建設臺灣話文一提案〉爲題，除承續前文重申建設臺灣話文的重要性外，並討論臺灣話文的實際建設工作。認爲歌謠（尤其是現在流行的民歌）的整理，較之黃石輝所說「研究會的組織」或「字典的編纂」、「講習會的開辦」，都要來得迅捷有效，蔓延力廣，所以主張積極進行，而郭氏的主張，實即紮根於殖民地社會的特殊環境，針對時代的需要而發的。

黃、郭兩人主張於日本文學和白話文學之外，運用臺灣人最親近的臺灣語另創臺灣話文學的文章發表後，引起全島人士的注目，有人贊成，也有人反對，因而展開了繼「新舊文學論爭」之後又一場「鄉土文學論爭」的大論戰。

最先對黃石輝提出反駁論辯的是廖毓文發表於一九三一年八月一日《昭和新報》上的〈給黃石輝先生——鄉土文學之再吟味〉，其反對鄉土文學的論點有三：第一、鄉土文學本來就是反對「田園文學」的，第二、黃石輝的論文過於泛渺，缺乏時代性和階級性，第三、批評黃石輝「文學是代表說話的，而一地方有一地方的話，所以要提倡鄉土文學」的理論不通，文學的構成條件並不是如此簡單，並且反問：「一地方要一地方的文學，臺灣五州，中國十八省別，也要如數的鄉土文學嗎？」（註一二七）另外表明反對用臺灣話做文寫詩的理由稱：

總之我所要反對先生用臺灣話做文寫詩者，並不是俗與不俗，雅與不雅，就是我們臺灣話還且幼稚，不夠作為文學的利器，所以要主張中國的白話（如日本東京話）一樣而來從事我們的創作，至如方言在言語沒有統一之前難得免的，我們只管費點功夫，給他註解註解就沒有弄不清草了。（註一二八）

同時林克夫在八月十五日第三七七號的《臺灣新民報》上發表〈「鄉土文學」的檢討——讀黃石輝君的高論〉，針對黃石輝的論點一一提出反駁的意見：

第一、就「文學是代表說話的，而一地方有一地方的話」認為，文學不是單純地只代表說話而已，還包括笑、苦、樂、思想、感情等成分在內。

第二、就「一地方有一地方的話，所以要鄉土文學」而言，因為臺灣方言複雜，又多俚諺，若用福佬話來寫鄉土文學，難以使全臺灣的民眾都看得懂。

第三、承認黃氏所謂「中國的白話文不能充分代表臺灣話」的事實，難道中國各地也要另外創造一種文學去表現鄉土文學不成。

第四、雖然「所寫是要給親近的人看，不是要給遠方的人看的」，但若能使用中國白話文，而使中國人也看得懂，豈不是更好，何況學習中國白話文，比創造特殊的臺灣字還來得容易。

第五、對於「採用代字和另造新字」一節，指出臺灣話缺少圓滑，粗澀而不清雅，而且訛音又多，不如採用中國白話文較為經濟方便。

最後林克夫指出：

我的意見不外是反對再建設一種的臺灣白話來創造臺灣文學，若能夠把中國白話文來普及於臺灣社會，使大眾也能懂得中國話，中國人也能理解臺灣文學，豈不是兩全其美！

接著朱點人也在八月廿九日的《昭和新報》上發表一篇〈檢一檢鄉土文學〉，質疑黃石輝所發表的每一篇論文，指出錯誤和問題焦點，基本上站在跟廖毓文和林克夫同一個立場來反對臺灣話文。三個人都一致認為：㈠臺灣話粗雜幼稚，不足為文學的利器。㈡臺灣話紛歧不一，無所適從。㈢臺灣話文中國人看不懂。所以三人均主張普及中國白話文，以期個個能懂中國國語，而且能寫中國國語文，以溝通兩地文化。（註一二九）

黃郭二氏的文章發表後的一九三一年十月十五日至廿七日，黃純青即在《臺灣新聞》上連載〈臺灣話改造論〉加以響應，這是他以台北市漳泉人的鄉音為準試作的一篇臺灣白話文，全文七千二百六十三字，基本字數八百十六字。首先他說明臺灣話之所以要改造的四個理由是：言文無一致，讀音無統一，語法無講求，言詞太錯雜。繼就建設臺灣話文的前提問題進行檢討：

一、漢文存廢問題：主張「採取實用主義整理漢文」，選取三千字的漢文字，以充實用。

二、取音與取義問題：主張「以取義做根本，取音做枝葉」、「有合漳泉人口音，與中國話文又會共通」的一律取音，其餘取義。

三、與中國話關聯問題：主張改造獨立的臺灣話，「第一與廈門話要有一致，第二與中國話要有共通性」。

黃純青此文旨在倡議以廈門音做標準，以建設臺灣話文，並認爲建設臺灣白話文的功用有三：一、促進南進政策，二、防上臺灣話被消滅，三、挽救漢文。

對於黃純青的文章，日人小野西洲於十一月十五日在專門研究臺語之日文雜誌《語苑》上發表〈臺灣語改造論を讀みて〉（〈臺灣語改造論讀後〉），指出在《語苑》以外之刊物上見及純粹之臺灣語文者，此屬首創，除讚成所論外，並讚譽黃氏如同明治初期開創言文一致新文體的福澤諭吉，堪稱爲「臺灣的福澤諭吉」。（註一三〇）

此時黃石輝則在《臺灣新聞》上發表〈對臺灣話改造論之一商榷〉，從臺灣鄉土文學所需臺灣話文用語用字的立場，與黃純青多所商討。郭秋生在一九三一年十一月七日及十四日新民報第三八九號和三九〇號上刊登〈讀黃純青先生的〈臺灣話改造論〉〉，就黃純青原文要目，逐條批評。針對郭秋生的批評，黃純青再在十一月廿一日第三九一號新民報上發表〈與郭秋生先生論臺灣話改造論〉，指出因鑑於臺灣的鄉音複雜，往往有音無字，萬一新字過多，反爲不便，所以主張採用熟字，屈話就文，但只要臺灣話文所造的新字不致過多，就不堅持「屈話就文」的主張，並請郭氏以臺灣話文實地寫作以做驗證。對此郭氏即又在十一月廿八日及十二月五日的第三九二號和三九三號新民報上，用臺灣話文寫了一篇〈臺灣話文的新字問題——謹呈黃純青先生〉，以實際行動證明臺灣話文的新字斷不至過多，此外連雅堂的臺灣語講座，《臺灣新民報》登載的歌謠，臺灣的歌仔冊以及〈雪梅思君〉的民歌等，都可做為新字不致於過多的佐證。

此時華僑林鳳岐也在十二月五日第三九三號的新民報上發表〈我的改造臺灣鄉土文學的提案〉，他基於「現實」和「經濟」的考量，提出五點改進臺灣文字的具體辦法：一、臺灣語言當以中國現行的白話文做標準。二、推行臺灣音的羅馬字，當作註音符號。三、用羅馬字代替「有音無字」的臺灣話，不必另造新字。四、編撰羅臺字典、臺羅字典及各種臺灣鄉土詞典以便學者自修使用。五、交際應用文字當以漢字為主，不可使用羅馬字。

鄉土話文運動經由黃石輝、郭秋生等人登高一呼，引起了全島人士的關心，也展開了多場針鋒相對的論戰。待至一九三二年元月《南音》創刊後，論戰的園地即轉移到《南音》上面，而在《南音》上面的論爭，大多是在討論臺灣話文的新字問題，諸如創造新字該用什麼標音符號較適合等，可見鄉土話文運動已逐步邁向實踐的階段。

參與這次論戰的人相當多，支持臺灣話文派的有黃石輝、郭秋生、鄭坤五、莊遂性、黃純青、黃春成、李獻璋、擎雲、賴和、張聘三、葉榮鐘、周定山、陳虛谷、楊守愚……等人，主張「屈文就話」，亦即以語言為中心。支持中國話文派的有廖毓文、林克夫、朱點人、賴明弘、林越峰、王詩琅、張我軍、楊雲萍……等人，認為福佬話有各地不同的口音，加上客家話、山地話，如果各寫各的，反會造成混亂，因此主張「屈話就文」，以適應中國的白話文，但這樣的主張則被臺灣話文派評為「望洋失海的事大主義者」（註一三二）。雙方爭執的最大原因，則有如廖毓文所指稱：

提倡臺灣話文的，站在現實的立場上認爲臺灣是一特殊區域，如黃石輝所說：「臺灣是一個別有天地，在政治的關係上，不能用中國話來支配，在民族的關係上，不能用日本的普通話來支配，所以主張適應臺灣的實際生活，建設臺灣獨立的文化」。而主張普及中國白話文的，是站在理想的立場上，認爲臺灣是中國的一環，臺灣和中國是永久不能脱離關係的，所以反對另立臺灣特有的地方性的文化。（註一三一）

這次歷時近兩年的論戰舞台包括《臺灣新聞》、《臺灣新民報》、《昭和新報》、《臺灣日日新聞》、《三六九小報》、《伍人報》、《南瀛新報》、《南音》等主要刊物。論戰的結果雖然贊同鄉土話文的理論略佔上風，且人數也以臺灣話文派爲多，但因對有音無字的臺灣話文表音工具問題，客話能否融於福佬話的問題等問題皆未能解決，又沒有一個統一的組織來統籌規定，以從事實際的建設工作，因此終沒有得到一個結論而終息了。

臺灣鄉土話文運動雖然不能得出一個具體結果，但正如葉石濤所稱：

臺灣話文的建立運動，顯示著臺灣新文學已經從語文改革的形式進到內容的追究，向前跨了一大步。這些各種主張，其目的在於使臺灣新文學如何才能打進廣大的臺灣民眾裏，使得臺灣新文學成爲臺灣民眾的精神食糧，影響民眾的精神結構，使得民眾變成近代化的人民，獲得民族解放。（註一三二）

經由鄉土文學以及臺灣話文的討論和嘗試，不但在《南音》上開闢了〈臺灣話文討論欄〉和〈臺灣話文嘗試欄〉，以供討論創作的園地，作家也開始嘗試用臺灣話文來創作作品，從而建立起文學的自主性，例如賴和發表於《臺灣新文學》創刊號上的〈一個同志的批信〉，賴堂郎的〈女鬼〉（《臺灣新文學》一卷二號），匡人也的〈王爺豬〉（《臺灣新文學》一卷三號），以及楊守愚的歌劇〈兩對摩登夫婦〉（《臺灣文藝》創刊號）中的歌詞等都是用臺灣話寫成的，即如楊華發表於《南音》第一卷第五號至十一號的五十二首《心絃集》，也是要讀成臺灣話文才會轉覺有味，其他以臺語來詠嘆民生疾苦或鄉土風情的詩歌更是不勝枚舉。

鄉土文學運動的影響主要表現在民間文學的整理和臺灣話的研究上，並且取得了相當豐碩的成果。一九三〇年九月創刊的《三六九小報》上不但設有〈黛山樵唱〉等專欄揭載民歌，連雅堂更自一九三一年正月起在該報連載〈臺灣語講座〉，講座附有福佬話的語彙，從訓詁學上考證它的語源，對鄉土文學的建設，提供了很多資料。而在講座結束之後，緊接著發表〈雅言〉，並稱：「比年以來，我臺人士輒唱鄉土文學，且有臺灣語改造之議，此余平素之計劃也。」（註一三四）可見連氏研究臺語的動機，除了來自對俗語的興趣外，也是受到鄉土話文運動的影響所致。

受到這個運動影響的李獻璋，在一九三四年五月獨力收集一百多個謎語，並以〈臺灣謎語纂錄〉為題，在新民報上刊載，廣受注目。一九三四年六月發表〈臺灣的歌謠及其方言漫談〉，除了指出《臺灣情歌集》這一叢書的偽處外，對連氏連載的〈臺灣語講座〉之若干考釋，也提出糾正。一九三六年六月，他更將歷來收集到的民間歌謠、故事結集成《臺灣民間文學集》出版，對保存民間文學居功厥偉。另外在北京的郭明昆，則在《臺灣文藝》二卷六號和三卷四、五合併號上發表〈福佬話〉論文，黃得時稱：

是一篇最有價值的論著，他不但利用語言上的種種方法去研究和分析福佬話的組織，而且還以身作則，用「福佬語」寫成該篇論文，這是一種很大膽的嘗試，而且得到相當的成功。（註一三五）

第三目　成就與特點

臺灣新文學運動在經過初期白話文的提倡與新舊文學的論爭之後，新文學的主張已然取代了江河日下的舊文學，而居於臺灣文壇的主導地位。至一九三一年以後，由於日本統治者大舉搜捕臺共份子，使得在共產黨卵翼下的臺灣農民組合和臺灣工友總聯盟的活動一蹶不振。左傾的社會運動及激進的民族主義運動既受到全面壓制而無從發展，新文學運動遂成為代替社會運動的唯一出路，而臺灣文藝協會和臺灣文藝聯盟等文藝團體和文學雜誌的紛紛創立，更成為吸納知識份子，凝聚力量共識的最佳場所。尤其是文藝聯盟的成立，以及《臺灣文藝》和《臺灣新文學》二雜誌發行的短短兩三年間，「不但把臺灣新文學從過去從屬於政治的地位擺脫，還急速地把它推進，建立一個堅強的陣地，使它能夠採取文學獨自的立場，從事文藝工作。」（註一三六）

發展期的作家們，除了以文學社團為中心集結外，也有以地域為陣營，例如彰化的賴和、陳虛谷、楊守愚、黃朝東、賴通堯、賴滄洧、周定山、葉榮鐘等十餘人，萬華的廖漢臣、林克夫、朱點人、王詩琅、郭秋生、徐瓊二、楊朝枝等人，以及有「詩人鄉」之譽的臺南卅北門郡，以吳新榮為首的北門七子：郭水潭、林精鏐、王登山、徐清吉、莊培初、林清文等鹽分地帶詩人群。他們在從理論的闡揚轉向新文學的創作後，使得臺灣新文學運動進入了空前繁榮時期，從而造就了一批深具影響力的新銳作家。

在這新文學運動最高潮的十年黃金時期活躍的作家可謂濟濟多士，作品也不勝枚舉且都具相當的水準，茲略舉較具代表性者以概其餘：

中文作家有懶雲、楊守愚、黃朝東、郭秋生、張深切、朱點人、林越峰、廖毓文、蔡德音、蔡愁洞、周一吼、趙櫪馬、徐玉書、朱烽、林克夫、賴玄影、吳漫沙、林存本、張慶堂、楊華、王錦江、陳君玉、黃得時、李獻璋、黃石輝、莊遂性、施學習等。

日文作家有楊逵、賴明弘、張文環、呂赫若、翁鬧、吳希聖、賴慶、巫永福、郭水潭、吳新榮、龍瑛宗、吳濁流、王白淵、林精鏐、吳坤煌、吳天賞、江燦琳、劉捷、林快青、蘇維熊、徐瓊二等。

中文作品有懶雲〈豐作〉、〈善訟的人的故事〉、〈惹事〉，守愚〈一群失業的人〉、〈赤土與鮮血〉，楊華〈薄命〉，點人〈蟬〉、〈秋信〉，毓文〈明兒的悲哀〉，玄影〈稻熱病〉，一吼〈旋風〉，匡人〈王爺豬〉，王錦江〈沒落〉，芥舟〈死麼？〉，張深切〈鴨母〉等。

日文作品有楊逵〈送報伕〉，吳希聖〈豚〉，呂赫若〈牛車〉，翁鬧〈戇伯仔〉，張文環〈父親的臉〉，龍瑛宗〈植有木瓜樹的小鎭〉，賴明弘〈夏〉等。

由於臺灣新文學運動自始即以反日爲主要精神，因此具有反對殖民地體制和反封建特性的作品在這一時期大量湧現，古繼堂在其《臺灣小說發展史》中即指出：

這個時期的作品突出地體現了臺灣文學反帝、反封建的思想主題；表現了日本帝國主義殘酷壓迫下農民的痛苦生活；臺灣同胞與日本佔領者不可調和的矛盾；農民受到封建地主的殘酷剝削，以及資本家對工人的殘酷剝削所引起的勞動者和剝削者之間的階級矛盾；封建舊禮教束縛下的青年男女追求婚戀自由的鬥爭精神；日本帝國主義給臺灣社會造成的種種不幸和黑暗等。（註一三七）

根據上述論述，玆將發展期的文學創作，依其題材之不同，概分成下列六類例舉說明如下：

一、抗議殖民統治

臺灣民衆尋求「政治的、經濟的、社會的」解放之反日民族抗爭運動和臺灣新文學運動，自一開始即已緊密地結合在一起而且交互影響著，因此日據時期臺灣作家的作品，不管是中文的或日文的，都在反映臺灣民衆被剝削，被虐待的殖民統治之現實慘況，充分顯現了對不公不義的吶喊抗議，而帶著濃厚的抗議色彩。有「壓不扁的玫瑰花」之稱的楊逵即自承：「我當時的一些作品，像〈鵝媽媽出嫁〉、〈送報伕〉、〈模範村〉等等都是抗日的，尤其是〈送報伕〉，原本是在新民報連載，只刊出一半就被日本人禁刊，原因不外是抗日思想太濃厚。」（註一三八）楊逵進一步指出：「我認爲光復前的臺灣文學，不是屬於宮廷文學或貴族文學的遊戲文學，而是所謂的『抗議文學』。」（註一三九）葉石濤即認爲賴和的〈一桿「秤仔」〉，楊逵的〈送報伕〉，呂赫若的〈牛車〉，和龍瑛宗的〈植有木瓜的小鎭〉四篇是抗議文學的代表作品。（註一四〇）

楊逵這篇三萬多字的成名作〈送報伕〉，最初是由賴和之手發表於一九三二年五月十九日至廿七日的《臺灣新民報》上，但只登了一半就被查禁。一九三四年十月在東京的《文學評論》第一屆文學作品徵文賽中，於全部八十七篇作品中獲得第二名（小說部門入選三名，第一名從缺），全文乃於該刊第一卷第八號中獲得刊出。此舉使楊逵成爲臺灣作家進軍日本文壇的第一人，他也因而一舉成名，並於一九三四年十二月二十日和吳希聖刊登在《福爾摩沙》第三期的〈豚〉同獲文藝聯盟獎勵金。這篇文章次年即由胡風翻譯成中文刊登於上海的《世界知識》，是第一篇被介紹到大陸的臺灣小說。

日文原題〈新聞配達夫〉的〈送報伕〉一作，是楊逵根據他在日本困苦求學期間的深刻體認，加上自小眼見日軍殘殺臺灣人民的暴行，而激發他寫作此一描寫臺灣人民的辛酸血淚生活，並抗議殘酷殖民統治的巨構。內容敘述一個留學日本的臺灣苦學青年，在經濟大恐慌期間好不容易謀得一份送報的工作，但卻遭派報所老闆的剝削，而故鄉所賴以維生的田地，又横遭製糖會社的日本財閥所侵奪，以致家破人亡的故事，本文結尾時作者借主角楊君之口對日帝提出了這樣的指控：

> 我滿懷著信心，從巨輪蓬萊號的甲板上凝視著臺灣的春天。在日本帝國主義的統治之下，表面雖然裝得富麗肥滿，但只要插進一針，就會看到惡臭逼人的血膿的迸流。

楊逵這篇刻劃在日本帝國主義統治下臺灣人民所受的痛苦，以及他們反抗的戰鬥精神之作品，就寫作技巧而言，縱然有日本評論家認爲技術仍嫌幼稚，藝術化與形象化俱有未足（註一四一），但臺灣新文學運動卻因〈送報伕〉的出現而達於顚峰，並且達到足與日本作家相頡頏的地位。葉石濤更認爲它是「所有反帝反封建爲主題的臺灣小說的集大成」，而稱讚說：

楊逵的這篇小說最大的貢獻，在於他把臺灣新文學作品的反帝反封建的主要思想，以巨視性的觀點跟全世界被壓迫的農工階級的解放運動連結起來，使得臺灣新文學運動，成爲世界性被壓迫的所有農工和弱小民族的抗議運動的一環。這篇小說也附帶地闡明了臺灣新文學運動，不但是臺灣資產階級文化啓蒙運動的一部份，同時它也是臺灣無產階級心聲的眞摯的代言人。臺灣新文學始終與廣大的臺灣民眾打成一片，這篇小說是最好的證據。（註一四二）

繼楊逵之後，呂赫若發表於一九三五年一月號《文學評論》第二卷第一期的〈牛車〉，是又一篇描寫臺灣人民的苦難與抗爭的名作。故事敘述趕牛車載貨爲業的窮苦農民楊添丁，在因汽車出現雇主缺乏又無力謀生而饑寒交迫的情況下，不但妻子淪爲出賣靈肉的妓女，自己也爲了無錢繳納罰款遂鋌而走險去偷鵝，結果反而被逮捕入獄的慘況，具體呈現了在日本四十年殖民統治下的人民，依然不得溫飽的眞實面貌。

龍瑛宗入選日本三大綜合雜誌之一——改造社的《文藝》雜誌十九卷四期（一九三七年四月三十日出版）——佳作推荐獎的處女作〈パパイヤのある街〉（〈植有木瓜樹的小鎭〉），是從八百多篇的應徵者中脫穎而出的傑作。描寫一位剛從中學畢業任職鄉公所擔任助理會計的青年陳有三，雖然對未來滿懷憧憬，並且努力讀書準備文官考試，但遭遇到現實生活上不平等待遇的無情打擊後，終於壯志消沈，酗酒度日的消極心態，充分展現了在苛酷的殖民統治下，知識份子高度的隱忍屈從之抗議精神，作者後來自述說：

當時我寫〈植有木瓜的小鎮〉這篇小說，是描寫在日本統治之下，臺灣人民生活困苦之處，目的在透過小說的表現，使日本當局也瞭解這個情形，主要還是反抗日本統治。（註一四三）

小說之外，抗議日帝殖民統治的新詩更是所在多有，例如薄命詩人楊華，在其於一九二七年二月五日，因違犯治安維持法繫獄時所作的《黑潮集》五十三首中，即充滿這類抗議色彩。這些詩作後經朋友整理發表於《臺灣新文學》第二卷第二號及第三號（一九三七年一月卅一日，三月六日出版）。詩中隱喻環境的惡劣與迫害，有如滔天浪濤，憾動宇宙的黑潮，但是「築堤去防逆水，只是促成他的泛濫。（七）」「河岸雖然擋住河水的泛流，它的巨身軀卻一片片的葬送在急流裏。（八）」詩人一再提醒同胞，注意所處地位的危險：

可憐無告的小羊，
悲慘斷續的叫著，
無歸路般的站在歧途上，
小羊！那能徘徊。

眼前就是惡狼！（四三）

離了群的山羊，
被惡狼追逐，
失了伴的小鴨，
被飛鷹監視。（四四）

雖然「池魚逃不回大海」，「籠鳥逃不回森林」，而「日光戰不過黑暗的勢力」，但是詩人堅信：

我們是燎原之火底絲絲，
只要我們將這些絲絲的火線集攏起來，
就可燒斷束縛自由的繩索！（三二）

鐵索雖強，
當著我們熱熊熊般心火
也要溶解。（四八）

在這裏詩人提出了他內心沉痛的呼喊：

可驚可愛的鐘聲啊！
洪亮的鐘聲啊！
許多的同胞正迷夢著，

猛地一下

喚醒他們吧！（四〇）

陳虛谷的代表作〈敵人〉（註一四四）是在社會改革運動和新文化運動遭到殖民當局殘酷的鎮壓時，所發出的大無畏抗議之聲，茲錄全詩如下：

止！止！止！

止住我們的哭聲，

敵人來了！

不要使他們聽見，

使他們聽見，

他們就要誤會我們是在求憐憫同情，

他們就要加倍冷笑驕橫。

我們的事是全仗著我們自己的本領，

用不著他們來給我們助成，

我們便是滅亡在頃刻，

也不願在敵人的跟前表示苦情，

表示苦情，

是我們比死以上的可憎。
止吧！止吧！止住我們的哭聲。

拭！拭！拭！
拭起我們的眼淚，
敵人來了！
不要使他們看見，
使他們看見，
他們定要暗喜我們是受天責罪，
他們定要惡罵我們是不知懺悔。
我們的事解決盡在我們自己，
用不著敵人來假慈悲，
我們便是死屍遍野，
也不願在敵人之前表示失意，
表示失意，
是我們比死以上的羞恥。

拭吧！拭吧！

拭起我們的眼淚。

《臺灣文藝》創刊號上青光所作的〈醒來吧！朋友〉，大聲疾呼生在這萬惡世界與醜陋環境中的同胞們，不可再醉生夢死，流淚哭求，或者忍耐等待，而要「趕快握持我們的勇氣，去和黑暗萬惡醜陋爭鬥！」同期守眞作的〈鴨〉：

活！活！活！

一大群的鴨在喊著。

休！休！休！

掌握無數生命的飼主在趕著。

他們的性情柔馴，

任一枝竹竿指東畫西，

總是牠們會哀求著，活！活！活！

HC生在《第一線》的〈文藝時評〉中，更直指此詩「豈不是在××××（帝國主義）壓迫下的××××（臺灣人民）的如實的寫照嗎？」

二、反對封建制度

反帝反封建爲臺灣新文學運動的兩大目標，也是新文學的作品主題所在。反對封建思想、制度即在企求打破不公不義不平的封建社會，掃除迷信陋習，解放不幸婦女，以便提高自己的生活品質和水準。一九三四年十二月十八日發行的《臺灣文藝》第二卷第一號中，朱培仁的〈覺悟〉詩即指出了舊禮教的桎梏人心社會，要求予以打倒驅除：

我已覺悟了，
我看破世間一切的事物，
那個不是虛僞呢？
道德、禮教，這儘是無形的刑具。
也是束縛人身的繩索，
把我們全體綑羅、手足並無所措，
其實它是不該這樣弄糟！
可見古時稱賢的、稱聖的，
個個都是萬惡的罪魁！大家應該覺悟！

造就禮教的人死了，
被它誘殉的卻也難數，
殺害人間可算這禮教最殘苛！

戀愛不得自由……
一切都難應心達到地，
這那個不是被它打倒和破裂！
眞的可惡地呀！是這舊禮制。
大家應該覺悟覺悟，
把這禮教的惡魔驅逐，
莫給與我們同存，
永遭著它的生端弄禍！
覺悟吧！覺悟吧！
但是
我已覺悟了。

接著《第一線》中，李獻璋更作了〈新女性歌〉，以求喚醒女性起來爭取自由平等：

齊來解放的旗前
要求自由及平等
哇！響了、叫鐘
咱睏未醒的女性。

怎可藏在舊家庭
放掉人生的使命
哇！光了黎明
咱胭未醒的女性。

至今縛咱的鐵器
打破創造新世紀
啊！奮起奮起
平是父母的子弟。

眞理正義的風湧
猶有流著阮心胸
哇！光啦黎明
咱胭未醒的女性。

楊雲萍發表於一九二八年七月十五日二一七號《臺灣民報》上的〈秋菊的半生〉，是早期以貧弱女子的不幸半生爲題材之典型作品，表現出有錢人家飽暖思淫的封建專制本質，從而反映了當時臺灣社會貧富不均的嚴重失衡現象。

楊守愚以瘦鶴的筆名，運用流利純粹的白話文發表於一九三〇年十二月第三四三至三四四號新民報上的〈出走的前一夜〉，則描述一個有自己思想的新女性，爲反抗媒妁之言的傳統婚姻而決心出走，赴日留學，以實現自己的理想，追求光明的人生。文中作者藉用主角徘徊於出走和順從兩難抉擇下內心的矛盾和衝突之一席話，來鼓勵女性勇敢的向自己的命運挑戰：

嚇，卑怯的女子，你願意當奴隸，當玩物嗎？不，走吧，打斷舊制度的桎梏，跑向光明的前途去吧。

帶著你的希望，向前途跑去吧。

翁鬧於一九三五年八月一日在《臺灣文藝》第二卷第八、九合刊號發表的日文小說〈殘雪〉，則是一篇留學東京的留學生糾纏於中日兩個女友間的三角戀愛故事。日本的喜美子敢於衝破家庭阻力隻身赴東京謀生，並且大膽的和自己所愛的人交往。而成長於臺灣的陳玉枝，也爲追求個人幸福而不惜離家出走，以反抗父母的買賣婚姻，在這裡翁鬧成功的塑造了兩個反對封建傳統束縛的時代女性。

吳濁流的〈泥沼中的金鯉魚〉，是發表於一九三六年六月《臺灣新文學》第一卷第五號的徵文佳作，原名〈どぶの緋鯉〉。作者以巨視性的文學視野，描寫一位有知識有理想的時代女性，在父親過世家道中落後，因不滿於叔叔安排嫁給有錢人當姨太太的買賣婚姻而離家出走，但到台北擔任報社職員後卻又被社長誘騙失身。在經歷自殺與否的一番內心掙扎後，她「忽然發現整個社會像泥沼一樣，污波濁浪滾滾不息」，像這樣僅求謀報私仇是不行的，「整個像泥沼的社會，非全部浚渫清淨不算報仇」。在這樣的認知下，她毅然決心參加文化協會，和先覺女士共同奮鬥，「獻身爲被人欺負，被人污辱，被人歧視的婦女們提倡女權運動。」女主角的此一選擇說明了女性要能夠獲得解放，非先致力於女權運動的提倡不可。

三、韃伐日本警察

日本統治臺灣，全靠無遠弗屆的警察組織來維持地方治安和秩序，而農村社會中警察權力之大，更有若土皇帝般，他們每每假借權勢魚肉善良的百姓。因此做爲日本政府之代表的凶狠警察，便成爲文學作品中最常見的題材與攻擊的對象，並且都以「大人」的稱謂，高高在上地成爲作家筆下暴力與權力的象徵。

按照日本警察法的規定，警察官共分爲警視總監、警視監、警視長、警視正、警視、警部、警部補、巡查部長、巡查等九個階級，然而自上至下，不管是日本人警察或者是臺灣人警察，其殘暴不仁橫行無忌的態度則並無二致。一九二七年六月五日號《臺灣民報》中的一篇專文：〈斥官僚警察的威風〉中即指出：

> 臺灣的警察，比之一般的官吏，更是利害的很。因爲它有直接取締民眾的關係，況兼有法外法的保甲制度，在助紂爲逆。所以臺灣的警察，任他多麼橫暴，民眾若非十分自覺的，終無奈他何，因爲警察的不法，有萬能的保甲制度，可以把他抹消。如穿房越户、戲弄婦女，藉口是户口調查，便得無事。毆打行商，擅捕小民，說他是違警例，若不課他的罰金，還算是開恩的。至於警察的新任，或是轉勤，民眾對於歡迎及送別這回事，心裡頭雖不願意，表面上也不得不出來周旋的。這一來是保甲的勸誘，不好意思拒絕，二來是恐怕後患，不得不面從的。

也因此民報直陳「臺灣是官僚的天下，又是警察的王國。」

陳虛谷連載於《臺灣民報》第二〇二至二〇四號（一九二八年四月一日、八日、十五日）的小說〈他發財了〉，正是以一個貪婪無厭的日本警察為主角，描寫他在任內巧立名目，巧取豪奪榨取金錢的醜陋嘴臉，如假借慶賀新年，生男祝賀等名義大收紅包，並且毫不汗顏的告訴其妻說明來臺工作的目的道：「我們到這裡是千載一遇的，警察界誰不在暗中飛躍，趁這機會，我們不趕快多積蓄些，只靠著這些死釘釘的月給生活，我們何苦來這臺灣做官吏？」等到這位巡查大人搜括飽足，任滿離去時，路上行人望著滿載而去的幾車行李，不禁發出「他發財了！他發財了！」的喟嘆。

民報二二三～二二六號（一九二八年六月、七月出版）的〈無處申冤〉，更是一篇控訴好色的日本巡警蹂躪臺灣婦女的血淚史。故事敘述日警岡平常利用其警察特權調戲良家婦女，終於迫得被害者或背井離鄉，或含冤而死。雖然向郡衙告狀，但在殖民當局官官相護的情況下，臺灣人民反而倍受迫害，含冤莫伸，直到岡平被調職時，作者陳虛谷借著人們口中的一席話，指出老百姓永無止境的噩夢：「且慢歡喜，年年總是送往迎來，但我們年年不是過著艱苦的日子嗎？除非天要作成人把×××了，我們永遠是沒有出頭天！」

虛谷在《臺灣新民報》第三三六號至三三八號（一九三〇年十月、十一月出版）連載的〈放炮〉則是一篇諷刺日本警察貪婪成性的文章。前半部描寫村民老牛宴請日警眞川一家大人小孩三口，席中雖然極盡巴結討好之能事，即連對放肆的小孩子也極力奉承，背後則憤恨不平的咒罵：「啊啊！交官窮，交鬼死，請他實在更不值飼狗。開六七圓，連叫聲勞力都無，第一討人厭就是那小孩子，幹伊娘！全無教示！氣破腸肚！」後半部敘述正巴望著接受招待吃飯的眞川，在聽到外面的炮聲後，以爲附近人家又有喜事，少不得再打一次牙祭，不料卻久等無著，惱羞成怒之餘，次日即假借查戶口而明查暗訪，不巧正撞著在自家門口吃紅龜粿的村民劉天，即斷定是他放炮簡慢自己而借題發揮加以逮捕拘押。在這裏作者不但借眞川之口說出日本警察官「是有生死人的權利」，是看輕侮辱不得的，並且誇耀日本一番：「勇敢是日本人第一誇口的事，日清戰爭，日露戰爭統是勇敢而得到勝利的。中國人一些沒有勇敢，所以國是眞弱，世界的人，統看他不起。」一語道出了弱小國家的悲哀。最後作者借著放炮一事對日本警察大加譏諷道：

因爲劉天這場的吃虧，鬧得通庄的住民，都互相警戒著放炮，有萬不得已的事情，放了炮那一天，定要備辦一些酒菜，請大人去坐大位，這慣習，是比保甲規約，更要遵守奉行的。

楊守愚也是描寫日本警察殘暴不仁的個中高手，他擅以寫實的筆調，戲劇性的手法，完整呈現出臺胞生活在日本鐵蹄下的悲苦掙扎。他在一九三〇年至一九三二年間刊登於《臺灣新民報》的多篇小說即是以警察爲題材，例如〈十字街頭〉描寫警察取締小販的作威作福，不但踢翻擔子，倒掉貨物，更要押人坐牢。〈顚倒死〉描述文化協會人員一批評警察，警察反要拿貧苦無告的小販來處罰出氣的慘狀。〈嫌疑〉則是借一個被疑爲黑色聯盟的無政府主義份子受到不公的逮捕審訊過程，從而控訴日帝假借「治安維持法」來迫害人權的事實。〈罰〉乃是述說一個開台車的老車夫，因深夜未點燈開車撞倒警察慘遭凌辱，惹起一個打抱不平的青年，挺身出來爲正義而抗爭，卻被日警冠上妨害公務之罪而欲加以處罰的故事。

蔡秋桐刊載於一九三六年四月出版《臺灣新文學》一卷三號上之〈王爺豬〉，描述鄉民在王爺節慶日宰王爺豬大肆拜拜，正在祭祀時突然一批警察前來搜查未稅的偷刣豬、羊，而鬧得全庄雞犬不寧，怨聲四起。同一時期的《臺灣文藝》三卷四、五合併號上，李泰國發表了〈細雨霏霏的一天〉，敘述一個靠賣粉粿爲生的阿順，在一個陰雨天外出做生意時，遇到一個找麻煩的日警，以他在亭仔腳販賣有礙交通這種莫須有的罪名欲加處罰，逼得阿順不得不寅夜私下前往送賄以求免罰，小說中描寫阿順在日警淫威下驚恐萬狀的神態說：

> 阿順這一驚非同小可，他一回頭瞧到那個濃眉大眼，滿顎短短直豎的鬍鬚，一臉的橫肉，活似催命鬼的日警的，已嚇得魂不附體的打起抖顫來。

而挨打受辱，拚命求饒的阿順，則是：「好似快要絕氣的貓兒一般，蹲在那磚柱的一角，只管打戰抖，還不住地哀求著。」這正是一幅活生生的日據下小民的悲哀相。

四、諷刺御用紳士

早在一八九八年後藤新平擔任臺灣民政長官時，他即針對臺灣人的弱點擬訂了有名的「治臺三策」，成爲今後統治臺灣「鐵板不易的金科玉律」，此即：

㈠臺灣人怕死——要用高壓手段威嚇。

㈡臺灣人愛錢——可以用小利誘惑。

㈢臺灣人重面子——可以用虛名籠絡。（註一四五）

依照這一治臺策略，日本殖民當局即於一八九八年施行「保甲條例」，原則上以十戶為一甲，十甲為一保，甲置甲長，保設保正。保甲之作用，不僅在配合警察摘發反政府之言論行動，甲長、保正，以及州市街庄的協議會員，街庄長等頭銜，更被做為籠絡臺人的工具。這些被收買利用的御用紳士，以總督府評議會員辜顯榮為首，在日本殖民當局的威壓操控之下，他除了在一九二三年六月廿四日於臺中公會堂的演講中盛讚臺灣能有如此平靖局面，人民得享無窮之幸福，皆出於帝國政府之恩賜，而公開提出「吾人寧作太平犬，莫作亂世民」（註一四六）的主張外，更在日據當局的授意指使下，糾合全島迎合日本官憲人士一六五〇人，於一九二三年十一月八日在台北市鐵路飯店創立「公益會」，自任會長，林熊徵為副會長，以為文化協會之反對團體。並為抵制臺灣議會設置請願運動起見，於次年六月廿七日在台北召開有名無實的「全島有力者大會」，聲稱臺灣議會設置請願運動只是少數不滿足於臺灣文化現狀者之盲動，而非大多數島民之意思。為此遂引發文協在七月三日分別於臺北、臺中、臺南三地召開「無力者大會」以為反制，並通過決議文稱：「吾人因欲擁護吾人之自由與權利，切期撲滅偽造輿論，蹂躪正義，自稱為全島有力者大會之怪物。」（註一四七）

在當時的大環境下，御用紳士的言行作為，或有迫不得已的苦衷，然而由於部份御用紳士每多狐假虎威，仗勢欺人，深為一般人民所不齒，因此每每成為文人筆下嘲諷挖苦之對象，《臺灣文藝》創刊號中廈門的坤泰即有一首名爲〈狗〉的詩歌加以諷刺說：

搖搖著尾巴，舐著主人的腳跟，
這是我藉以表示親熱與喜歡，
跟著權貴的主人，增了不少威風。

他們的殘羹冷飯，使我喫得肥滿，
雖沒有主人那大腹如匏，
卻有一身光滑毛，也抵得他那纏身的狐裘。

聽人使喚，把守大門，
長長夜守到天明，
白天給我上了項鍊街頭遊行，
這是我的幸福，我的光榮，
卻不料因此就得了個不好聽的別名——狗。

《臺灣新民報》三二二號、三二三號（一九三〇年七月十六日、廿六日）陳虛谷的短篇小說〈榮歸〉，正是這類諷刺小說的代表。故事敘述的是一個考上高等文官的留日青年，在衣錦榮歸時，他那守舊的父親王秀才興高采烈的認爲兒子此次「狀元及第」，不但可榮宗耀祖，誇耀鄉里，也是通往「做官發財」的門徑。在慶祝酒宴上王秀才對日本帝國竭口稱讚之餘，並表露其感戴之赤忱道：

臺灣人才之輩出如雨後春筍，良有以也。豚兒再福，者番得荷寵命，及第高文，不獨我王氏一族之幸，抑亦全島三百萬忠良之民，所當感泣也。

願我子孫，竭其愚誠，勉爲帝國善良之民，以冀報深恩於萬一……。

蔡愁洞在一九三一年二月廿八日第三五三號新民報上發表的〈保正伯〉，描述一個專門向日本警察打小報告，而且無惡不做的流氓，靠著巴結送禮，終於當上保正，而繼續幹他獻媚當道，侵壓善良的勾當。文中敘述他送完禮後還自鳴得意的醜態稱：「保正伯提一大包來，雖然空手返去，行路卻也很活潑，態度也是很得意，像表示著他和大人交陪，是有無上光榮的樣子。」

朱點人的〈脫穎〉，原載於被日本當局禁止發行的《臺灣新文學》一卷十號（一九三六年十二月出版）上，諷刺一個在日本人家中當傭人的臺灣窮小子陳三貴，突然一朝時來運轉，成爲主人家的東床快婿，原因是主人的兒子在侵略中國的戰爭中喪生，因擔心女兒嫁給日本人後會當年輕寡婦而將之許配給家中佣僕。高攀後的陳三貴不但搖身一變過著日本式的生活，並且改日本姓且以日本人自居，而在中國人面前大耍威風，充份刻劃出一個諂媚異族認賊作父忘本之徒的卑鄙心態。

五、刻劃農民苦難

日據時期的臺灣是個仍待開發中的農業社會，一方面農民人口既佔了大約全人口的百分之八十，其中尤以貧苦無依的佃農爲主，加上新文學作家大多來自廣大的農村，他們對於農村的土地景觀和農民的四時作息本就非常熟習，何況對於封建地主勾結統治者壓榨佃農的行徑更不能視若無睹。在文學反應現實的主觀意識和道德良心的驅使下，形之於作家筆下的自然是農民們悲歡離合的眞實人生，和日本殖民政府橫暴苛虐的極權統治。這種以農村社會和農民生活爲題材的農民小說，在日據時期的作品中幾乎隨處可見，而且都是經由作家以或隱或顯的寫實手法，描繪出受日本帝國主義剝削下的農村破敗景象，從而傳達了反殖民統治的民族精神意識。

日據時期的農民大抵以稻農和蔗農爲主，他們每淪爲地主和糖廠會社剝削的農奴，因此農村中盛行著「種甘蔗給會社磅第一戇」的話，當時《臺灣民報》即經常爲文替農民請命，述說他們的慘況，例如一九二七年二月六日第一四三號中題爲〈農民的悲哀〉之評論即指出：

臺灣的人口三百七十餘萬，其中三分之二約二百三十萬五千是農民，因爲他們的大多數沒有智識所致，容易被人家侮辱，被人家壓迫。這一二年來，各地的爭議連接發生，有的呼號生活計之困難，有的呻冤土地被人家霸佔去，有的叫苦竹林被人家強奪去。

《臺灣文藝》第二卷第一號（一九三四年十二月十八日發行）蔣子敬的一首《耕田》詩，正是勞苦農民的寫照：

一隻黃色的老牛

氣吁吁的在田裏邊耕田

背上拖著了耕具

跑到東、跑到西，

沒有一刻工夫的停

還被農夫執了鞭子亂抽。

想起了

可憐的勞工們！

日出工作、日沒休息，

終日沒有停歡時候

還被資本家××虐待、侮辱。

可憐的勞工們！

你們也好似耕田的黃牛一般。

至於一般農民三餐不繼衣食無著的悽慘生活，在《臺灣文藝》第二卷第十號（一九三五年九月廿四日發行）署名「也是」所作的臺灣話文詩〈農村雜詩〉中，更是表露無遺，茲錄如下：

田園又很瘦

耕牛過無肥

連日連暝做

會貧眞缺虧
早冬著蟲害
尾冬又收無
頭家不減租
飫寒說奈何？
倸知室花時？
風颱眞膾好！
打到膾結漿
剩些稻仔稿
豆粕又到期
稅金不能免！
那知欲收成
大水做相連

欠了頭家租
租營暝日討
欠了官廳稅
抄封眞煩惱！

牽牛無到額
厝宅賣來補
一家五六口
餓到攪腹肚！

景氣講恢復
物價起加五
錢又塊搜趁
過日眞艱苦

此時期以刻劃農民苦難爲主題的小說作品，可以下列諸作爲代表：

楊守愚的〈凶年不免於死亡〉（《臺灣民報》二五七～二五九號），〈誰害了她〉（《臺灣民報》三〇四、三〇五號），〈升租〉（《臺灣新民報》三七一～三七三號），〈移溪〉（《臺灣新文學》一卷五號），〈鴛鴦〉（《臺灣新文學》一卷十號），吳希聖的〈豚〉（《福爾摩沙》第三號），徐玉書的〈謀生〉（《臺灣文藝》二卷三號），張慶堂的〈鮮血〉（《臺灣文藝》二卷九號），蔡愁洞的〈四兩仔土〉（《臺灣新文學》一卷八號），劍濤的〈阿牛的苦難（農村哀話）〉（《臺灣新民報》三四八、三四九號）。

六、反映生民疾苦

日據時期的臺灣，不論是鄉村或城市，一般人民的生活都是同樣艱苦，謀生困難，因此不只是農民，其他各行各業的庶民百態，也都成了作家取材的對象。這種具有鮮明的地方色彩，而反映臺灣人民生活的現實主義文學，即是以寫實的筆鋒，眞實地描繪生息於斯的土地和人民，因此日據時期作家所寫以鄉土爲主題的文學，基本上即是一種鄉土文學，而這也是日據時期文學的主流和臺灣文學的傳統。

《臺灣文藝》二卷八、九號上的〈貧民嘆〉：「逐項都爲難，無處可討趁，米糧直起價，害死散赤人。」一詩，正是度日惟艱貧苦小民們的寫照，這在《臺灣新文學》一卷十號楊少民的〈餓〉一詩中，更有赤裸裸的描述，茲錄其中二節以窺一般：

在這饑餓場中，

我的眼簾，已經映現著，
呻吟著的老婆底悽影！
耳朵裡，聽見小孩子慘叫底餓聲！
這個小小的情感裡，
已經費卻了我許多的精力，
又使我發生了無限的不平！
我再來探究我們生活底眞理！
一年埋頭工作苦幹，受盡他們的漫罵呼使，
才會得到腹飽！……
一旦失業了，才想要過霎時的閒活，
然而，後面寒餓的追迫，
已經襲上我們的身上來！
我們餓了！我們病了！

日據時期的小說中，幾乎充斥著作家反映人民辛酸血淚的鄉土寫實之作，例如：鄭登山的〈恭喜？〉（《臺灣民報》一八九號），楊守愚的〈女丐〉（新民報三四六、三四七號），〈一群失業的人〉（新民報三六〇～三六二號），〈啊！稿費？〉（新民報三九一號），劉夢華的〈

門！〉（新民報三五七～三六〇號），赤子的〈擦鞋匠〉（《南音》一卷三號），朱點人的〈島都〉（新民報四〇〇～四〇三號），陳賜文的〈其山哥〉（新民報四〇八～四一〇號），蔡愁洞的〈放屎百姓（上）〉（新民報三六一號，只刊載上半，下半部全被删除），楊華的〈一個勞動者的死〉（《臺灣文藝》二卷二號），〈薄命〉（《臺灣文藝》二卷三號），王詩琅的〈夜雨〉（《第一線》創刊號），〈青春〉（《臺灣文藝》二卷四號），〈沒落〉（《臺灣文藝》二卷八號），〈老婊頭〉（《臺灣新文學》一卷六號），〈十字路〉（《臺灣新文學》一卷十號），翁鬧的〈戇爺〉（《臺灣文藝》二卷七號），郭秋生的〈王都鄉〉（《第一線》創刊號），張慶堂的〈年關〉（《臺灣新文學》一卷四號），康道樂（莊松林）的〈失業〉（《臺灣新文學》二卷五號）。

自滔獲《南音》徵文比賽二等獎（一等獎從缺）而刊於該刊一卷十二號的〈失敗〉，不惟描述了一群被日警罰金拘留，嚴刑拷打的小販之悽苦無告，更借著奮起和強權抗爭的工人領袖之口，說出了「誰爲爲之，孰令致之」的癥結所在道：

> 在帝國主義下的臺灣殖民地，被掠奪著的我們，是何等地苦痛的事情呀，試看，產業的短縮，失業者的增多，工資的激減，農村的貧困，以致大批的貧寒階級，徬徨於饑餓線上。現在爲了謀生的問題，有的不得不走向小販們的途上來，藉以度養著這受剝奪未盡的軀體。

由於發展期臺灣作家運用日文寫作小說的技巧已臻成熟，並可和日本作家並駕齊驅，因此以楊逵的〈送報伕〉爲嚆矢，陸續有臺灣作家之作品刊登於日本一流雜誌而揚名日本文壇，其中較有名的如：

呂赫若的〈牛車〉，《文學評論》二卷一期（一九三五年一月）。

陳垂映的〈黑潮を越えて〉（〈超越黑潮〉），一九三五年《大阪每日新聞》。

郭水潭的〈某個男人的手記〉，一九三五年《大阪每日新聞》小說佳作。

張文環的〈父の顏〉（《父親的臉》），一九三五年一月一日《中央公論》五十卷一號小說徵文第四名。（註一四八）

翁鬧的〈戇爺さん〉（《戇爺爺》），入選一九三五年改造社的《文藝》雜誌，改作後刊登於一九三五年七月《臺灣文藝》二卷七號。

賴和的〈豐作〉，原載於《臺灣新民報》三九六、三九七號，經楊逵日譯並推荐後作為「朝鮮、臺灣、中國新銳作家集」之臺灣作家作品刊登於《文學案內》二卷一號（一九三六年一月）。

龍瑛宗的〈パパイヤのある街〉（《植有木瓜樹的小鎮》），改造社《文藝》雜誌十九卷四期佳作推荐獎（一九三七年四月三十日）。

此外王白淵的日文詩集《荊棘之道》亦於一九三一年六月一日由日本盛岡的久保庄書店出版，頗受日本左翼文壇的佳評，使他在一九三二年成為東京「臺灣人文化圈」重要領導人之一。

另一方面，除了楊逵〈送報伕〉經胡風翻譯後於一九三五年被登在上海的《世界知識》上外，一九三六年四月，由胡風翻譯，上海文化生活出版社刊行的《山靈—朝鮮、臺灣短篇小說選》則收錄楊逵的〈送報伕〉，呂赫若的〈牛車〉，楊華的〈薄命〉及朝鮮小說共七篇。同年五月由上海世界知識社編，生活書店發行的《世界弱小民族小說選》中則收錄〈送報伕〉和〈牛車〉兩篇文章。

這一時期的臺灣新文學質量雖充實，成就也最大，而能在日本和大陸方面均獲得一定的評價，但隨著對大陸隔離政策的推行，以及禁止使用中國話，強迫學習日文的結果，使得使用日文寫作的作家日漸增多，相對地使用白話文的作家即相形減少，故本期實為中文創作由盛轉衰的分水嶺。

採取寫實主義手法，運用臺灣話文的鄉土特色，以描述臺灣各階層民衆之生活困境為主的發展期創作，雖然具有繁富多樣的藝術表現，並能適度凸顯作家個人社會主義的風格，但因整體社會環境的囿限和殖民政治的壓迫，使得成熟期的作品中亦潛存了無可或免的不足之處，葉石濤即曾指出其缺陷稱：

> 多注重農工跟殖民者和封建地主等統治結構搏鬥的現實，被現實狀態所捆縛，未能拓展作品的深度和廣度，也忽略藝術性和美學性的探求，使作品有時墮為粗糙的意識形態的發洩。又過份使用方言，雖有效於表現強烈的本土性性格，但方言的過度使用也無可避免地造成事過境遷後，難以瞭解的困難。（註一四九）

綜觀這一時期的新文學運動特點，除了前述臺灣話文的提倡，民間文學的整理，鄉土色彩的洋溢，以及中日文創作並盛之外，尚有下列六點：

㈠新文學運動的舞台，已由報紙（臺灣新民報）發展到獨力創辦文學雜誌的地步。

㈡新文學運動已經擺脫政治的聯繫，走向文學獨立的境界。

㈢新文學運動的步伐，已由散漫而趨向統一，形成一強力的隊伍。
㈣新文學運動已由「自然的演進狀態」，發展到「有意識的積極行動」。
㈤登場的作家和所發表的作品，比過去任何時期都來得多，而且在質的方面也有很顯著的進步。
㈥新文學運動，已經引起一般社會普遍的注意和關心，並得到熱烈的支持。（註一五〇）

第三節　戰爭期（一九三七——一九四五）

第一目　主要之新文學雜誌

一、《風月報》、《南方》

一九三五年五月九日由風月報俱樂部所發行的白話文言並用中文半月刊雜誌《風月報》（註一五一），是由簡荷生自任編輯兼發行人，後聘林荊南、吳漫沙繼任主編，由臺灣新民報社印刷，而以「研究文藝，涵養德性，高尚品詣」（註一五二）為目的所創辦的文藝雜誌，因此編輯方針概如下述：

風月報揭載詩文及小說講談雜錄，務選思想端正，詞華佳妙，有益於世道人心，可資會員研究者。若批評時事，議論政治，超越文藝範圍者，概不揭載，原稿廢棄。（註一五三）

基於此一「但論文藝，不談政治」的編輯政策，該刊於每期刊頭特別標明「是茶餘飯後的消遣品，是文人墨客的遊戲場。」（註一五四）並於一九三七年十二月一日發行之第五十五期封底迎春詞刊出「

蓬萊島上好風月」一句，說明「風月報期望大家在終日爲生活奔忙中，仍然應當保留一點閒情逸緻，來體認風的柔暖，月的燦爛。要把風兒月姊當作我們的好友，要時時吟風弄月，走入文學境界中，去享受美滿的人生。」由此可見《風月報》雖自辯稱是純文藝的刊物，但其內容仍不免有關「藝旦」、「妓女」的風流韻事之材料，而被人批評爲花街柳巷報。總體而言，《風月報》仍以刊登考據，叢談等學術性和小說、散文、新詩等文學性作品爲主，例如徐坤泉的長篇小說〈新孟母〉和吳漫沙的〈桃花江〉均是，尤以一九四一年六月一日發行的一三一期上所刊元園客（黃文虎）一篇〈臺灣詩人的毛病〉，指摘一般文人具有七大毛病，而與九曲堂的鄭坤五展開一場長達一年半的第三期新舊文學論戰（註一五五），在臺灣新文學運動史上更是別具意義。

爲配合戰時體制的要求，《風月報》自一九四一年七月一日發行的第一三三號起易名爲《南方》，一三二期《風月報》中的改題啓事，對此曾有所說明：

現在，我們趁復刊五週年的紀念日（七月一日），把題目也要刷新，變更做《南方》，這也可以說是我們再出發的更生吧？此後，我們愿做點東亞共榮的宣傳工作，以名符其實，發揮我們南方的眞使命。

次號的〈風月最後的話〉更明白指出配合時局下此一不得不然的舉措稱：

《風月報》痛感時代的變幻，異常的迅速，《風月報》的使命更加重大了，不是再在風月場中，談論那些無關痛癢的話了，應該順應時代，做些和國家社會有了裨益的事。所以《風月報》同人，爲了這一點，就決定把風月俱樂部變更爲南方雜誌社，所發行的半月刊《風月報》，也變更爲半月刊《南方》……《南方》是《風月報》的妹妹，她和姊姊的面容是相同的，祇是名字不同而已。姊姊覺得自己過去所作的事，太過於優逸了，妹妹是受過相當訓練的，不但體格優美，對於時代也很能迎合應接，所以姊姊把這個職務讓給她。今後是《南方》要發揚她的眞使命的時期……。

改題後的《南方》，成爲順應國策文化及臺灣現狀，並以建設南方共榮圈爲目的的宣傳機關，在一九四二年九月一日發行的一六〇期〈編輯會議錄〉中，即指陳《南方》今後的編輯方針如下：

一、宣傳日本文化的精粹，明徵國體的本義。

二、宣行教化，善導思想，期國民精神的醇化。

三、介紹南方事情，鼓舞南方進出，促成臺灣和南方各地域聯繫的緊密化。

四、本刊爲學術研究的公開發表機關，促成學術的大眾化。

五、做大眾文藝的公表機關，促進臺灣文藝界——特別是戰爭文學，皇民文學，興亞文學的振興。

而改題後第一號所刊載吳漫沙的〈黎明了的東亞〉，即是遵循此一方針而發表的，但此後的文學創作稿源，則日顯不足了。

《風月報》、《南方》是日政府禁用中文後，除詩報外的唯一中文文藝雜誌，其所以能夠存留至光復前達十年之久，除了其「不涉政治，但論風月」，提倡「日支親善，日支提攜」的編輯政策有以致之外，另一方面可能是日本政府有意利用該刊作爲對中文讀者傳達政令的宣傳工具之故。吳漫沙曾慨然回溯其維繫該刊之艱難以及創辦理念，或可略窺該刊對戰爭期臺灣新文學運動之貢獻：

當時曾有一小撮自命國學淵博之士，諷刺白話文，這種固步自封的陳舊思想，我們不加理會，不氣餒地繼續埋頭耕耘。只有一個目標，我們的文筆雖然譾陋，但能維護祖國文學於一天，就是一天的責任，不計惡意的批評和心血的犧牲，只是我們不能團結，眞叫人心痛。由於讀者的增加，全島每個角落都有《南方雜誌》，處境益增艱難，檢閱更加嚴格，吹毛求疵的藉故干涉取締，故意挑剔沒收焚燬，派刑警在編輯部監視，精神備受威脅，我們還是堅強意志，竭力掙扎，照常出版。（註一五六）

二、《華麗島》

一九三九年九月九日，由一群日本在臺作家西川滿、北原政吉、中山侑等人所發起的「臺灣詩人協會」在臺北市成立。中、日雙方會員三十三人中，臺灣作家有王育霖、郭水潭、邱淳洸，邱炳南（邱永漢）、黃得時、吳新榮、莊培初、水蔭萍（楊熾昌）、楊雲萍、龍瑛宗、林精鏐、林夢龍等人，其中黃得時與龍瑛宗兩人並膺任委員，負責該會文化部事務。依據會規規定，該協會係以現居臺灣之詩人及文藝家爲對象，以謀臺灣詩文學之發展與會員相互之親善。爲達成此一目的，該會計劃遂行下列三項事業：

㈠開辦與詩文學相關之各種研究。
㈡出版與詩文學相關之雜誌圖書。
㈢目的範圍內之其他必要的事項。

基於上述目的，由西川滿、北原政吉所主編的機關雜誌《華麗島》於同年十二月一日發行。這本僅發行一期後即合流於臺灣文藝家協會的機關雜誌《文藝臺灣》之刊物，共收有六十三人之作品。其所彙集之詩稿量亦頗驚人，由此可以感受到詩人熾烈的創作意慾和臺灣詩壇澎湃的脈動。其中鹽分地帶詩人郭水潭充滿反戰意味的代表作〈世紀の歌〉（〈世紀之歌〉），以及超現實主義現代詩的倡導者楊熾昌的〈月の死面〉（〈月之面型〉），則均發表在該刊上。此外在該刊發表作品的其他臺灣作家還有：楊雲萍、王育霖、龍瑛宗、林夢龍、邱淳洸、邱炳南、黃得時、柯劉蘭、潘永春、楊萬壽等人。

三、《文藝臺灣》

一九三九年十二月四日，以「臺灣詩人協會」爲班底的日本在臺作家們，經由西川滿和黃得時的聯繫洽邀，並獲得臺灣總督府臨時情報委員會（後改爲情報部）的支持協助下，結合了臺籍作家組成「臺灣文藝家協會」，並於一九四〇年一月一日發行《文藝臺灣》日文雙月刊的文藝雜誌。《文藝臺灣》創刊號編後記中敘述其創成記說：

昭和十四年（一九三九年）二月以來成爲懸案的「臺灣文藝家協會」，獲得「在臺官民有志」、《

臺灣日日新報》、《臺灣新民報》兩報社學藝部（副刊），以及各種文化團體的積極支持，以「紀元二千六百年」爲期終告成立，決定創刊《文藝臺灣》。協會不僅是一個謀取會員互相親睦的社交團體，而且更要踏出一步，本身刊行文藝雜誌，這完全是基於臺灣的特殊情況，我們相信這樣做才能謀取臺灣文學的向上。

由於「臺灣文藝家協會」是在西川滿的主導下，由「臺灣詩人協會」擴大改組而來，故除涵蓋之範圍由詩擴大爲文藝外，兩者之會規、會員幾乎沒有什麼不同。

臺灣文藝家協會的會員分爲贊助會員（又分內地之部與臺灣之部）與普通會員兩種，據《文藝臺灣》一卷三號「會員名簿」所載六十二名普通會員中，臺灣作家參加的有王育霖、王碧蕉、郭水潭、邱淳洸、邱永漢、黃得時、吳新榮、周金波、莊培初、張文環、水蔭萍、楊雲萍、藍蔭鼎、龍瑛宗、林精鏐、林夢龍等十六人，其中邱永漢、黃得時、龍瑛宗三人並任爲編輯委員，而楊逵與呂赫若兩位入選《文學評論》揚名日本文壇的作家則未參加。

《文藝臺灣》是一集小說、劇作、詩、民俗以及日本固有的短歌、俳句、川柳於一身的綜合性文藝雜誌，編輯委員幾乎網羅了詩歌、小說、評論、民俗學、政治學等各領域著名的臺、日文人。雖然其內容取材以及作者讀者群偏向以日人爲主，但在一九三七年四月日本政府強制廢止臺灣報刊的漢文欄，而楊逵主編的《臺灣新文學》又於是年六月廢刊之後，臺灣作家已失去發表作品的園地，《文藝臺灣》的出現，正給荒蕪的臺灣文壇帶來一線生機，因此頗受臺灣作家的重視與歡迎。

以臺灣文藝家協會機關雜誌之名義發行的《文藝臺灣》共刊行六期，由於《文藝臺灣》並非全島性的刊物，又其以小說、新詩、評論、民俗、風土爲主的文章，也缺乏符合國策的戰爭色彩，加上「日本文藝協會」在一九四〇年十二月派遣名作家菊池寬、中野實、吉川英治、久米正雄、火野葦平等人以「文藝銃後運動講演會臺灣班」之身分來臺就時局動向與國策文學發表專題演講，在他們的影響刺激下，促使臺灣文藝家協會於一九四一年二月十一日重行改組爲一配合日本帝國主義的侵略行動和響應皇民化運動之機構，由象徵派詩人的臺北帝大教授矢野峰人博士擔任會長，西川滿擔任事務組長，並由總督府情報部副部長、文教局長、文書課長、《臺灣日日新報》社長、臺北帝大、臺北高校教授等「有力的日本官民有志」二十六人擔任顧問或參與，另外由二十名委員組成「臺北準備委員會」，其中之臺籍作家爲黃得時、楊雲萍、張文環和龍瑛宗等四人。

一九四一年五月發行的《文藝臺灣》二卷二號所附〈臺灣文藝家協會準備號〉中，指出改組後的臺灣文藝家協會之行動綱領如下：

(一)本國體精神，傾全力於文藝活動。

(二)期透過文藝活動，協力文化新體制之建設。

(三)於強而有力的團結之下，期努力發展臺灣健全的文藝。

〈結成辭〉中進一步對所謂「協力文化新體制之建設」之意義提出說明：

協力文化新體制的建設，亦即本著國體精神，培育出雄渾、高雅、明朗的科學性新日本文化，內以振起民族精神，外以努力昂揚大東亞文化。

另一方面於一九四一年三月一日發行的第七號《文藝臺灣》，也開始脫離了臺灣文藝家協會，改由西川滿所創立的「文藝臺灣社」發行。編輯委員有赤松孝彥、池田敏雄、川平朝申、北原政吉、邱炳南、黃得時、高橋比呂美、中村哲、中山侑、長崎浩、西川滿、濱田隼雄、龍瑛宗等臺日作家，並以改造《文藝臺灣》成爲「臺灣文化的支柱、臺灣文化的眼目、臺灣文化的大船」爲職志。同年五月發行的第八號起則改爲月刊雜誌，直到一九四四年一月一日停刊止，四年之間共刊行三十八期，成爲日據時期中壽命最長的純文學刊物。

《文藝臺灣》雖名爲同仁雜誌，其實是由西川滿個人出資、編輯、發行，並以日人作家爲主，作爲日本統治階級的宣傳刊物，因此雖然它的刊期最久，發行冊數也達三千冊之多，且頗受日本國內文藝界的好評，但它對一般臺灣讀者的影響當屬有限。儘管如此，它仍爲臺日作家共同耕耘的園地，臺灣作家如張文環、楊雲萍、黃得時、邱永漢、林芳年、黃鳳姿、邱淳洸、王育霖、楊熾昌、龍瑛宗、葉石濤、陳火泉、周金波等均有作品發表，尤其是龍瑛宗的重要小說如〈村姑逝矣！〉、〈白色的山脈〉、〈不被知道的幸福〉，葉石濤的〈林君寄來的信〉、〈春怨〉，陳火泉的〈道〉、〈張先生〉，周金波的〈水癌〉、〈志願兵〉、〈尺子的誕生〉、〈狂慕者的信〉、〈鄉愁〉等都是在該刊上發表的。

爲了鼓勵文學創作，《文藝臺灣》設立了「文藝臺灣賞」，由西川滿、濱田隼雄、龍瑛宗三人擔任預選委員，就發表於《文藝臺灣》上之作品加以推荐，並由矢野峰人、島田謹二任審查委員。在一九四二年六月四卷三號《文藝臺灣》上發表的第一回得獎者是川合三良和周金波二人，得獎理由爲其小說創作「有助於促進在臺灣的日本南方文學之樹立」。一九四三年八月六卷四號《文藝臺灣》再發表了第二回得獎者爲長崎浩的詩和新垣宏一的小說，得獎理由是「盡力於促進皇民文學之樹立」，由此亦可看出這份由在臺日人作家所主導的刊物，其文學理念和臺灣新文學運動的精神是根本相背而不相容的。

就《文藝臺灣》的特色而言，約可分爲下述兩點論之：

第一：倡導異國情趣的外地文學

由於西川滿是個唯美主義的藝術至上論者，因此在他主導經營下的《文藝臺灣》也不免染上濃厚的浪漫耽美色彩，不但特別重視美術與新詩，每期刊出精美插畫及美術評論，並且對於饒富異國情趣的外地文學（殖民地文學），更是積極引介提倡，使得《文藝臺灣》成爲外地文學之大本營。（註一五七）

第二：宣揚文章報國的皇民文學

後期改組後的《文藝臺灣》已由高唱「藝術至上」的刊物，轉型爲皇民化的宣傳喉舌，經常刊登配合時局的戰爭文學作品，以示「文章報國的決心」。在一九四一年九月的二卷六號上即推出「戰爭詩特輯」及周金波的〈志願兵〉和川合三良的〈出生〉等二篇以志願兵制度爲題材的標準皇民文學作品，外地文學理論家島田謹二也發表了〈取材於領臺之役的戰爭文學〉。接著十月的三卷一號編集後記〈陽月消息〉上亦登出「吾等臺灣的月刊文藝雜誌，決定團結一致，在吾等所屬的臺灣文藝家協會的指導下，力行皇民奉公之實。」十一月後記的〈葭月消息〉再次申明「隨著時局的進展，越感到代表臺灣唯一月刊綜合文藝雜誌的本刊所負使命之重大，本社編輯同人當盡一切之力量，決心爲本職工作而奉獻。」

到了太平洋戰爭爆爭後的一九四三年一月三卷四號卷頭上，即刊出了「國民文學」之宣言，誓言爲了臺灣文學的進展，必當無私的努力外，並呼籲徹底打破個人主義、自由主義下與全體國民情感遊離的舊有文學理念，以創建能具體實現國家理想，並可作爲國民生活指標的新的國民文學。由此編輯企畫開始呼應國策，三卷五號即推出以「大東亞戰爭」爲主題的詩歌及「島民劇特輯」等配合時局之作，五卷二號刊出「大東亞戰爭詩專輯」、「國民詩專輯」，五卷三號爲「大東亞文學者大會特輯」，六卷五號有「國民詩特輯」，七卷一號是「大東亞戰爭詩集」，至一九四四年一月七卷二號的終刊號成爲「臺灣決戰文學會議特輯號」。由上述這些內容可以看出《文藝臺灣》積極協助總督府的政策，推動將臺灣人日本人化的「皇民化運動」之態勢。

四、《臺灣文學》

參與創辦《文藝臺灣》的黃得時和張文環，有感於在御用文藝家西川滿主控下的《文藝臺灣》，爲迎合軍國主義的侵略政策，而變質成皇民文學的大本營，已經背離了當初提倡文藝的原始目標。加上對西川滿注重個人趣味而不考慮現實的浪漫唯美作風及外地文學主張有所不滿，因此不顧西川滿的阻止反對，毅然離開《文藝臺灣》，糾合了志同道合的陳逸松，王井泉及同情臺灣人士的中山侑等人組成了「啓文社」，並於一九四一年五月二十七日創刊日文的《臺灣文學》季刊。

據《臺灣文學》九月發行第二號所載，該刊之編輯委員爲：

臺籍人士：張文環、張星建、陳紹馨、徐瓊二、王井泉、巫永福、黃得時等人。

日籍人士：張健次郎、麟萬琚、楊佐三郎、田中保男、中山侑、名和榮一、安武薰、富名腰尚武、藤原泉三郎、紺谷淑藻郎、小林洋、小城國人、澁谷精一等人。

然而實際編務則由張文環負責，主要作者則有張文環、黃得時、巫永福、吳新榮、吳天賞、陳逸松、王井泉、林博秋、王碧蕉、張冬芳以及日人作家中山侑、中村哲、名和榮一、阪口䙥子、澁谷精一。此外亦網羅了常在《臺灣文藝》及《臺灣新文學》上發表作品而未加入臺灣文藝家協會的楊逵、呂赫若，以及深受西川滿看重的《文藝臺灣》陣營大將龍瑛宗、楊雲萍。可以說《臺灣文學》的作者群幾已涵蓋主要的臺灣人作家，而成爲上承臺灣文藝聯盟時期又一次的作家大集結。

承續臺灣新文學反帝、反封建的傳統抵抗精神，而以臺灣文化運動的傳承者及新文學運動的重建者之姿態出現的《臺灣文學》，其充滿寫實主義色彩的作品多在反映在太平洋戰爭下臺灣民衆的苦難歲月，暗含批判日本侵略戰爭的意味。內容則除小說及新詩創作與文學評論之外，也有不少有關臺灣當時美術、音樂、戲劇活動的介紹與評論。此中重要的文學創作諸如張文環的〈藝妲之家〉、〈論語與雞〉、〈夜猿〉、〈頓悟〉、〈閹雞〉、〈迷兒〉，呂赫若的〈財子壽〉、〈風水〉、〈月夜〉、

〈合家平安〉、〈柘榴〉、〈玉蘭花〉，楊逵的〈無醫村〉，巫永福的〈慾〉，疑雨山人的〈姊妹〉，王昶雄的〈奔流〉，龍瑛宗的〈蓮霧的庭院〉，吳新榮的〈亡妻記〉等，皆為一時之選。其中「〈藝妲之家〉和〈夜猿〉等小說更達到臺灣寫實主義的頂峰」（註一五八），〈夜猿〉一作且於一九四三年二月十一日獲得皇民奉公會第一屆小說類臺灣文學獎。〈閹雞〉則經林博秋改編為劇本，由張文環、林博秋、王井泉、呂泉生等所組成的「厚生劇團」於一九四三年九月二日至六日在臺北永樂座戲院公演而轟動一時。〈財子壽〉則獲得「臺灣文學社」昭和十八年度（一九四三年）第一屆臺灣文學賞。〈亡妻記〉之散文筆調哀惋，黃得時稱為可比美《浮生六記》般賺人眼淚（註一五九）。此外該刊創刊號中即推出悼念「東京臺灣藝術研究會」成員——詩人曾石火、陳遜仁的「追悼特輯」，在賴和去世後又在一九四三年四月三卷二號出刊「賴和先生追悼特輯」，刊登楊逵、朱石峰、楊守愚的追念文章及賴和所著的〈我的祖父〉、〈高木友枝先生〉兩篇散文遺稿，具見《臺灣文學》試圖接續一九三七年戰爭前臺灣新文學運動的脈胳。

每期發行數達三千冊而深受臺灣民眾喜愛的純文學雜誌《臺灣文學》，雖然盡量登載民間的風俗習慣及民俗典故的文章，仍被日本殖民當局以對戰爭沒有幫助為由而查禁了三卷四號。下一期的四卷一號，雖然因有王白淵一篇悼念日軍在阿克島戰敗的詩歌〈恨みは深しアッツの島守〉（〈阿克島守軍的深恨〉），以及黃得時闡釋日本文學報國會所撰〈國民座右銘〉首句「大日本は神國なり」（「大日本是天神之國」）的文章而獲准發行，但因在一九四三年十一月十三日，由「臺灣文學奉公會」

於臺北召開的「臺灣決戰文學會議」中，西川滿提出「將文藝雜誌納入戰鬥配置」的建議，作出了《文藝臺灣》和《臺灣文學》同時廢刊的決定，因此《臺灣文學》也就以這一期爲終刊號而結束其歷時二年半，刊行十期的歷史。

與《文藝臺灣》同爲戰爭時期臺灣文藝界的兩大支柱，而形成兩個對立陣營的《臺灣文學》，不僅在民族立場上與配合戰爭形勢，高唱「大東亞共榮圈」的《文藝臺灣》相互對立，即在編輯方針上也是各具特色，黃得時早在〈晚近的臺灣文學運動史〉中即已一針見血的道出了兩者的互異性：

這兩個雜誌雖然均是臺灣的代表性文藝雜誌，但雙方都具有不同的特色。《文藝臺灣》同仁中約有七成是日本人，以促進同人互相之向上發展爲唯一目標，但相反的《臺灣文學》之同仁多數是本島人，爲本島全盤的文化向上及培養新人不惜提供篇幅，有意使它成爲眞正的文學道場。前者因爲在編輯方面過份追求完美，以致變成趣味性，雖然看起來很美，但因爲與現實生活脫節，因而不被一部分人重視。剛好相反，《臺灣文學》因爲從頭到尾極力堅持寫實主義，顯得非常野性，充滿了「霸氣」與「堅強」。（註一六〇）

五、《臺灣文藝》

早在「臺灣決戰文學會議」召開前一年的一九四二年十一月初，張文環、龍瑛宗和西川滿、濱田隼雄四人被選爲臺灣地區代表，同船赴東京參加第一屆「大東亞文學者大會」，當船停泊在唐津的夜晚，西川滿即向張文環提出將《文藝臺灣》和《臺灣文學》予以廢刊，重新創辦文藝雜誌的建議，惟張文環並未答應其要求（註一六二）。其後在決戰文學會議中，爲配合戰時體制，終於決定了兩誌廢刊的命運，並由臺灣文學奉公會於一九四四年五月一日出版代表全臺灣學界的《臺灣文藝》日文月刊雜誌。

《臺灣文藝》的編輯委員爲代表帝大的矢野峰人，臺北高校的小山捨月，臺北商校的竹村猛，《臺灣文學》的張文環和《文藝臺灣》的長崎浩與西川滿，並由長崎浩兼任發行人。這本以日文作家爲主體而宣傳國策意味濃厚的皇民文學刊物，投稿者本就不多，加上臺灣作家配合意願又不高，因此在刊行八期後，終於在一九四五年一月五日後停刊。

這本在總督府情報課的安排下，充滿歌頌戰時精神之創作的文學刊物，在第二號「臺灣文學者總蹶起」的專輯中，即有呂赫若、張文環、楊逵、陳火泉、吳新榮等臺籍作家呼應「全島要塞化」的表態短文。一卷六號中除提出「文學報國」的呼籲外，並以詩、歌、短文對「神風特別攻擊機隊」極力頌揚。至於在這本皇民文學刊物上發表文章的臺灣作家則有楊雲萍的新詩，周金波和龍瑛宗的隨筆，陳火泉的報導文學之作：〈山の修練所を訪ふ〉（〈造訪山中的修練所〉），呂赫若、龍瑛宗、楊逵、葉石濤、陳火泉等人的極短篇小說，以及呂赫若的〈山川草木〉，張文環的〈土の匂ひ〉（〈土地的氣味〉），〈雲の中〉（〈雲之中〉），龍瑛宗的〈歌〉等短篇小說作品。

第二目　「皇民文學」概述

七七事變後的日本近衛文麿內閣爲了籌應戰爭的長期化，而於一九三七年九月實施國民精神總動員運動，宣傳「八紘一宇」、「舉國一致」的精神。翌年三月通過國家總動員法，以期動員國內一切人力、物力資源，作爲戰時體制的支柱，而在文化方面則加強統制，不僅大力彈壓共產主義、社會主義，即對自由主義也不時加以壓迫。一九四〇年的近衛內閣，爲求打破政治上的困境，並建立新體制，於是聯合軍部、官僚、政黨和右翼等不同團體於十月十二日組成「大政翼贊會」，其宗旨即在呼籲「萬民翼贊，實踐臣道」，以消滅反戰之言論、思想，同時並在殖民地區加強推行戰時新體制運動。臺灣則於是年十月二十一日假台北市設立「臺灣大政翼贊協力會籌備委員會」，籌劃推展事宜，而海軍大將出身的臺灣總督小林躋造亦於十月底適時提出其「皇民化、工業化、基地化」的「治臺三策」。其首要任務的「皇民化運動」內容包括：改姓名運動、取消漢文教育、禁用漢字漢語、更改服飾、廢除寺廟神祇、禁止言論、出版、集會、結社自由及與漢民族有關之宗教、民俗、演藝活動，強迫臺灣人民使用日式姓名，以及日本的語言、文字、服飾、寺廟神祇，強制加入皇民組織，以便灌輸「國體明徵」的天皇中心思想與皇民精神。這一種「皇民錬成」的同化政策，其目的即在把臺灣和臺灣人民納入侵略的戰時體制之內，訓練成俯首聽命，供其驅策的工具，以便做爲忠良的日本人而爲天皇效死。在「皇民化運動」的美名下，臺灣於一九四二年四月實施志願兵制度，一九四四年八月進一步推行徵兵制度，使得臺灣人民成爲皇民化下的犧牲品。

在皇民化運動的風潮下，臺灣在一九四一年四月十八日成立由一二四名委員組成的「皇民奉公會籌備委員會」，制定「實踐要綱」及「運動規約」，並於翌日正式成立「皇民奉公會」。「皇民奉公會」之組織係結合行政系統，除設中央本部，由臺灣總督擔任總裁以爲統轄機關外，其下則設總務、地方、訓練、生活、宣傳、經濟六部，分掌各部事務。在各州廳、市、郡、區、街庄均分別設立分支機構，最下層則由奉公班組成（註一六二）。「臺灣文學奉公會」即是在「皇民奉公會」之指導下成立的外圍職域組織，由皇民奉公會事務課長山本眞平任會長，矢野峰人擔任理事長之職。

皇民奉公會除了總督府機關誌月刊《臺灣時報》外，中央本部還發行《新建設》月刊及各部部報，又陸續出版時事解說書、皇民化讀本等書籍，並舉辦時事演講會。廣播方面除有針對臺灣人的特別廣播外，並安排皇民練成的特別節目，以加強對臺灣人的宣傳工作。

另一方面，以宣揚國策爲目的的「日本文學報國會」在一九四二年五月二十六日成立後，曾於六月中特派作家久米正雄、菊池寛、中野實、吉川英治、火野葦平等人來臺，巡歷主要都市舉行「戰時文藝演講會」。該會事業部長戶川貞雄偕同丹羽文雄、庄司總一復於一九四三年二月親自來臺策劃，在獲得臺灣總督府情報部及皇民奉公會關係各部的指導與支援下，於四月在臺北成立「財團法人日本文學報國會臺灣支部」，支部長爲矢野峰人，下設役員十一人，龍瑛宗與張文環俱獲選任爲役員。此後「臺灣文學奉公會」即和「日本文學報國會臺灣支部」互爲表裏的相互提攜，從事宣揚日本皇國文化，樹立臺灣皇民文學的工作。

日本文學報國會爲確立日本主義的世界觀，以幫助日本帝國主義者完成侵略戰爭，連續召開三次的「大東亞文學者大會」。第一次於一九四二年十一月三日至十日在東京舉行，根據當時刊行的《文藝臺灣》五卷三號暨《臺灣文學》三卷一號中「大東亞文學者大會特輯」之記載，可見這一以「大東亞精神之樹立與強化」和「共榮圈文學者如何協力完成大東亞戰爭」爲議題之大會，其眞正目的是要統合在日本帝國主義控制下的亞洲各地知識份子，去認同日本帝國主義的侵略，爲建立大東亞共榮圈而賣命。由「大東亞文學者大會議員表」可見全部七十七名代表中，在臺作家參加者有：西川滿、龍瑛宗、濱田隼雄、張文環等四人，張我軍則以「華北」代表的身份參加大會。會中龍瑛宗除被迫照本宣科的做了〈感謝皇軍〉的發言外，並分別在前述的《文藝臺灣》和《臺灣文學》二誌中，發表〈樹立新文化〉及〈道義文化的優位〉等兩篇歌頌日本「八紘一宇」的日本精神之短文。接著張文環也做了〈感謝從軍作家〉的表態發言，並且同樣在上述二誌分別發表〈土浦海軍航空隊〉和〈從內地（日本）歸來〉兩篇頌揚日本軍力和文化的隨筆。

參加大會歸來後的四位出席代表即在臺灣文藝家協會的主辦以及皇民奉公會中央本部的後援下，展開了巡迴全島的「大東亞文藝講演會」，藉以開展全島性的文藝運動。其行程係自十二月二日起首先在臺北市公會堂舉行，十二日在高雄，十三日臺南，十四日嘉義，十五日臺中，十六日彰化，十七日新竹。另爲提高民衆的戰爭意識，並在全島主要都市舉行國民詩朗讀講習會（註一六三）。接著皇民奉公會新設的第一屆文化獎中之文學部門小說類即於一九四三年二月十一日頒給了參加大東亞文學者大會的三位代表，分別是西川滿的〈赤嵌記〉，濱田隼雄的〈南方移民村〉和張文環的〈夜猿〉。

第二次的大東亞文學者大會於一九四三年八月廿五日起在東京舉行三天，參加的在臺作家爲長崎浩、齋藤勇、楊雲萍、周金波，另外張我軍也從大陸自行前往參加。第三次的大會則於一九四四年十一月十二日起在南京舉行三天，並未聞有臺灣作家參加該次大會。這兩次大會的目的和第一次一樣，都是假借聯誼之名，以遂其協力完成大東亞戰爭之實。

就在太平洋戰爭接近決定性階段的一九四三年，臺灣文學奉公會在總督府情報課、皇民奉公會中央本部、日本文學報國會的後援下，於十一月十三日在臺北市公會堂（今之中山堂）舉行「臺灣決戰文學會議」，以「確立本島文學決戰態勢」和「文學者的戰爭協力（其理念及實踐方策）」爲中心議題，目的在動員全臺灣的文學工作者，展開思想戰，建立決戰文學體制，以配合武力戰爭。出席會議的全島文學者六十餘人中，臺籍作家有：郭水潭、黃得時、吳新榮、周金波、張文環、張星建、陳火泉、楊逵、楊雲萍、龍瑛宗、呂赫若等人。大會由臺灣文學奉公會會長兼皇民奉公會事務總長的山本眞平主持，到會來賓有總督府情報課長森田民夫，皇民奉公會宣傳部長大澤貞吉，皇民奉公會常務理事矢野峰人，日本文學報國會會長德富蘇峰等人。大會在頒發該年度臺灣文學賞第一回受賞者呂赫若賞金五百圓後即進入議案討論，此時西川滿三度發言表示爲了「文藝雜誌的戰鬥配置」，願意滅私奉公的獻出自己經營多年的《文藝臺灣》。（註一六四）

到了日本敗色日濃的一九四四年六月，文學奉公會在總督府情報課要求創作「如實的描寫要塞臺灣戰鬥之姿，以資啓發島民，培養明朗豐潤之情操，振起對明日之活力，並作爲對產業戰士鼓舞激勵之糧」（註一六五）的文學作品下，選派了中、日作家十三人到各生產工廠或工作場所，去寫作實地採訪所得的報導文學，他們的派遣地及作品名稱如下：

濱田隼雄　日本鋁工廠：〈爐番〉。
陳火泉　金瓜石礦山：〈御安全に〉。
龍瑛宗　高雄海兵團：〈若い海〉。
西川滿　鐵道部各機關：〈石炭、船渠、道場〉、〈幾山河〉。
吉村敏　公用地：〈築城の抄〉。
張文環　太平山：〈雲の中〉。
河野慶彥　油田地帶：〈鑿井工〉。
周金波　臺南卅下斗六國民道場：〈助教〉。
長崎浩　太平山及公用地：〈山林詩集〉。
楊　逵　石底岩礦：〈增產の蔭に〉。
新垣宏一　臺灣船渠工場：〈船渠〉。
楊雲萍　臺灣纖維工場及鐵道：〈鐵道詩抄〉。
呂赫若　臺中卅下謝慶農場：〈風頭水尾〉。（註一六六）

以上這些就地取材，報導呻吟在戰爭壓迫下臺灣民眾之現況的作品，除先發表於雜誌外，由總督府情報課輯成《決戰臺灣小說集》乾坤兩卷，做爲「提振明日活力的讀物，激勵島民精神的食糧」，於一九四五年一月十六日由臺灣出版文化株式會社發行。

日據末期所謂的「皇民文學」，是作家在強大的法西斯力量摧殘下，在精神上迫於現實環境，不得已而屈從、傾斜，表面上認同日本殖民統治及其侵略戰爭的妥協性「時局文學」。它既然是時代的產物，是在日帝的高壓統治下所必然產生的結果，因此「即令是『皇民文學』，也是被虐待被迫害的臺灣同胞椎心泣血之作。」（註一六七）

在相同的認知基調下，葉石濤也指出：

「皇民化」的強調，越發使得臺灣民衆的「臺灣意識」凝結起來。日據時代，特別是決戰時代的臺灣民衆，受到殖民者的組織化和壓迫，他們的民族意識有增漲而秩序化的趨勢。（註一六八）

在這一臺灣意識的觀點下，葉石濤認爲「張文環在抗戰時期發表的小說〈閹雞〉、〈夜猿〉、〈藝旦之家〉、〈論語與雞〉，都是民族意識強烈的作品，同時有豐富的人道主義思想。今天有人誣蔑抗戰時期的臺灣日文作品都是『皇民文學』，是淺薄可笑的見解。」（註一六九）即連曾獲第一屆皇民奉公會文化獎的小說〈夜猿〉，都認定是描寫在「沒有做人條件」的殖民地上辛苦幹活的臺灣農民的形象，而非奴顏卑膝的皇民作品。

在《臺灣文學》雜誌上發表了〈財子壽〉、〈風水〉、〈合家平安〉、〈月夜〉、〈玉蘭花〉、

〈石榴〉等大量日文小說的臺灣第一才子呂赫若，葉石濤對他的作品也持同樣的看法：

在那皇民化濁流滔滔不絕地摧毀一切的險惡時代裏，呂赫若的小說沒有一篇，沒有一句話說到「皇民化」，他孜孜不倦地描寫臺灣大家族制度的弊害，抨擊封建制度。他的寫實主義風格登峰造極，描寫臺灣民眾的民族傳統生活，無異是諷刺「皇民化」的不切實際和虛僞。（註一七〇）

對於懷有世紀末知識份子的蒼白症和沮喪感的另一個主要日文作家龍瑛宗，即使他是《文藝臺灣》的重要作家，又因參加大東亞文學者大會而頗受批評，葉石濤依然肯定他的漢族意識：

他的處女作〈植有木瓜樹的小鎮〉，是描寫臺灣知識份子面對皇民化時，他們的精神結構的「傾斜和扭曲」爲主題的。他在臺灣總督府的言論箝制下，不敢公然起而明目張膽地反抗，只好逃避而躲進傳統的民眾生活裡，暗自悲傷，消極地批判。〈白色的山脈〉（民國三十年）等一系列的小說就是描寫對皇民化覺得絕望，有深刻無力感的臺灣知識份子的痛苦呻吟。他所依戀的仍然是臺灣意識，也就是「中國」意識。（註一七一）

至於深富戰鬥精神而充滿抗爭思想的楊逵，他在戰爭期中所發表的一系列作品更是充滿漢族意識的反皇民化之作，葉石濤對此也有所說明：

在「決戰下」的臺灣文學裏，楊逵發表了他一生中較重要的短篇小說，如〈無醫村〉、〈泥娃娃〉、〈鵝媽媽出嫁〉。在這些小說裏，楊逵並沒有向「皇民化」交心，仍然保持他一貫的風格，描寫臺灣農村的苦難歲月。另外他所編的戲劇〈怒吼吧！中國〉，明顯地是對日本侵華的諷刺。另外一篇戲劇〈天狗熱〉是皇民劇運動的提倡下的作品。藉撲滅〈天狗熱〉，而要撲滅高利貸的「李天狗」的反殖民意識濃厚的作品。（註一七二）

葉石濤的上述說法，有助吾人釐清對日據末期主要日文作家張文環、呂赫若、龍瑛宗、楊逵諸人有關皇民文學的疑慮。一般較具爭議性而常被文家論列批評為皇民文學作品的有王昶雄的〈奔流〉，陳火泉的〈道〉，和周金波的〈水癌〉、〈志願兵〉等四篇小說。

發表於三卷三號《臺灣文學》（一九四三年七月三十一日發行）上的〈奔流〉，是一篇深受文評家肯定的作品。這篇小說曾入選日據時期唯一的臺灣代表作家選集：《臺灣小說集》（註一七三）中。故事敘述一個留日歸來，在中學教授國文（日文），並娶日本女子為妻，改名為伊東春生的朱春生，為了追求個人前途而接受皇民化，數典忘祖的一心想做日本人，過日本化的生活。他的所作所為，和其深富正義感而性格剛毅倔強的學生兼表弟林柏年大相逕庭，兩人由理念的不同進而引發火爆的衝突對立，最後林柏年在畢業後毅然前往日本進修武道，希望能做個「堂堂的臺灣人」。另一個作為第三者冷眼旁觀的內科醫生「我」，在眼見朱春生因受到皇民化之迫害以致白髮逆立，形容憔悴的形象後，也禁不住要對這一摧殘知識份子的謬舉破口大罵一番。

雖然有人懷疑這篇文章不無媚日之嫌，但由其主題所呈現臺灣人的反抗意識來看，正如張恆豪所言：

〈奔流〉的底蘊，一言以蔽之，即是日據末期臺灣智識份子思想內層中，以大和文化爲中心的世界觀和以漢族文化爲中心的世界觀的激盪、糾葛及衝突。王昶雄的立場，則是站在臺灣主體的本位，對於日本殖民主義的皇民政策，提出批判性的觀點，因此自與「媚日作品」有天壤之別。（註一七四）

戰後作者曾爲〈奔流〉一作親自提出辯駁說明：

〈奔流〉是描寫日據末期在皇民化運動下的本土知識分子的苦悶與掙扎。（中略）當時在日帝淫威下，作者能讓林柏年那種威武不能屈的硬漢粉墨登場，已經堪稱「勇冠三軍」了。（註一七五）

因此它應是一篇站在臺灣人的立場，傾訴皇民化苦悶心聲的寫實小說。

與〈奔流〉幾乎同一時間發表於《文藝臺灣》六卷三號（一九四三年七月一日發行）的〈道〉，是一篇藝術成就十分突出而備受日本小說家濱田隼雄與西川滿讚賞的中篇小說，並曾被列爲當年日本著名的純文學獎「芥川賞」進入最後決選的五篇候選作品之一。但這篇剖析臺灣人在皇民化過程中的苦悶和掙扎的文章，由於它詼諧的反諷筆調與軟弱的批判性，加上當時皇民奉公會的有意推捧宣傳爲皇民文學的代表作，因此時至今日，有人認爲它是不折不扣的皇民文學之作，也有人認爲它是爲臺灣人請命的抗議文學而聚訟紛紜。

陳火泉這篇自傳性色彩十分鮮明的處女作，是在他自臺北工業學校畢業，從事樟腦製造生產的研究工作十餘年後，由於受到日本人的歧視差別待遇，升遷始終無望。在現實環境的打擊之下，不僅個人備受挫折摧殘，一般臺灣人更要被迫膜拜日本神祇，爲日本天皇去充當炮灰，效死盡忠，因此激發他將其所見、所聞、所經歷的一些瑣事，虛虛實實的用日文寫了出來。陳火泉即曾自述其寫作的動機稱：「爲挽救我和衆多被壓迫靈魂的痛苦，爲我和那些人性尊嚴始終遭受淩辱的朋友著想，我要把我所經歷一段艱澀的心路歷程寫下來。」（註一七六）這篇作品即是敘述一個服務於專賣局製樟腦機構的臺灣青年「青楠」（作者之化身），在十年不斷埋頭研究樟腦蒸餾的改造技術後，終於發明出一種能提高「單位」材積百分之十六的生產方法。這種新式的改良方法因其火能迴旋而取明爲「火旋式」，而「火旋」日語發音即與「火泉」相同。雖然「青楠」因其發明而深獲上司賞識，但在升遷時卻因係本島人之故而無望，在精神上不斷受到日人同事的欺侮與不平等待遇而陷入長期的痛苦之中，物質生活上也因待遇菲薄，食指浩繁而境況淒慘。太平洋戰爭爆發後的「皇民化運動」時期，由於「志願兵制度」的實施，連已近中年，頹唐瘦弱的青楠，也要爲著「天業翼贊」而申請去當志願兵，並且賦詩一首以明其志稱：「此身雖謂日本民，自嘆連繫血緣貧，願作大君御前盾，奮勇赴死報皇恩。」（註一七七）

年輕一輩的文評家張恆豪曾就〈道〉之內在與外緣深入探討，並就陳火泉在日據時期以「高山凡石」的日文名字發表於《文藝臺灣》七卷二號的〈皇民文學について〉（〈關於皇民文學〉），《臺灣文藝》一卷二號的〈臺灣開眼〉，一卷六號的〈峰太郎的戰果〉等三篇歌頌附和皇民運動的文章，及其戰後所發表的〈被壓迫靈魂的昇華〉（刊於文訊月刊雜誌出版之文訊叢刊三《抗戰時期文學回憶錄》），〈從日文到國文——寫到天荒地老〉，〈關於〈道〉這篇小說〉（二文分別刊於民衆日報副刊，一九七九年七月一日暨七日）等三篇自辯性文章，認爲陳火泉是有所隱諱，不敢啓開心靈之窗，坦然交代前塵往事，並且斷言：

就筆者綜合這些戰前及戰後的文獻判斷，無論從作品內在的觀點或文學外圍的觀察，都可肯定的說，這乃是一篇呼應皇民思想，由思想層面進而發展到行動層面的皇民小說，但同時它也是極出色的、有深度的皇民小說。（註一七八）

對於張氏的質疑和批判，陳火泉個人固已一再表白，處身於日帝高壓統治下的作品中那些言論和作爲，完全是時代和環境逼出來的結果。相形之下，屬於同一世代的葉石濤的批判，就顯得溫和而寬容多了，他在〈日據時期文壇瑣憶〉一文中曾經對這篇備受爭議的小說有所解釋：

陳先生的〈道〉由於採用富於諷刺、詼諧的喜劇手法去剖析皇民化運動下臺灣人的苦悶，主題不那麼明顯，因此捕捉陳先生寫作時的心境就眞叫人煞費苦心了。我始終相信陳先生的〈道〉至少畫出了皇民化運動展開下臺灣知識分子自我徬徨的一個深刻斷面，值得研討。但年輕一代的作家卻有所懷疑和有所批判；這就是生活在日據時代，呼吸那時代氣息的老一輩作家與生活在思想複雜的戰後社會的年輕作家之間的代溝吧？（註一七九）

周金波發表於《文藝臺灣》二卷一號（一九四一年三月一日出版）的處女作〈水癌〉，是他二十一歲在日本習醫中，根據歸鄉省親所親眼目睹的各種情景而創作的小說。這篇使他鯉躍臺灣文壇的作品，連同半年後完成的成名作〈志願兵〉，奠定了他「皇民作家」的地位和名聲。

〈水癌〉是作者的現身說法，描寫一位自東京留學返臺的牙醫生，一心嚮往且十分認同日本式的生活。在治病之餘，仍不忘宣傳皇民煉成運動的必要性，以期消除迷信，打破陋習，並深信島民是可以更容易迅速地被教化成功的。

有一天，一個充滿銅臭而沒教養的婦女，帶著罹患水癌（口腔壞疽病）的八歲女孩來看病，由於病情嚴重，醫生轉介她們要趕快到臺北大醫院住院診治，才能得救，並且相信母親在舐犢情深的情況下，應會帶著孩子去大學醫院求診，但深黯臺灣底層庶民重視金錢賭博的助手卻認爲，這種想法是太高估了臺灣。

果然少女的母親不但吝於花錢求醫的坐視女孩病死，並且在女孩死後不久，即因嗜賭而被捕送警局。在引來旁人一陣議論後，不久這位母親反而面無愧色的前來診所請求在牙齒上套金牙以炫耀財富，牙醫生的作者對這種不仁不義之徒氣悶之餘，更堅定他要改造臺灣人心靈的決心。

這篇以皇民化爲題材的小說，附和皇民運動的地方尚不明顯，其後發表於《文藝臺灣》二卷六號（一九四一年九月二十日出版）的〈志願兵〉，和同期刊登的川合三良之〈出生〉，都是附和「志願兵制度」的皇民文學力作，並且因此於一九四二年六月同獲第一屆的文藝臺灣獎，其後〈志願兵〉一作復被西川滿收錄在一九四二年八月由東京大阪屋號書店刊行的《臺灣文學集》中。

本篇故事敘述留學日本利用暑假回鄉考察皇民化下臺灣社會狀況的張明貴（作者之化身），在和小學同班同學的高進六見面後，互相探討皇民運動的種種。已改名爲高峰進六的高進六，能說一口道地的日本話，並且參加了報國青年隊，接受著神人合一的崇高訓練，但明貴卻對報國青年隊員藉著「拍掌膜拜」以接觸並體驗大和心的祈禱方式深不以爲然，認爲是和皇民鍊成運動不相干，而加以質疑道：

你說的神人合一好是好，然而太過偏狹的思考卻對臺灣的將來不利，對那種事情加以濫用也不是辦法。對於臺灣的中堅青年接受這種訓練成長，我覺得很憂慮。如你所深知的，我們現在的地位已經很低微，是文化程度很低的人種，但這是無可奈何的事，是因爲沒有教養和訓練的緣故。如果皇民鍊成是目前的急務，就該趕快給他們施行所缺乏的教養及訓練，這樣一來便夠了。重要的是把臺灣的程度提高到內地同樣的程度，因此拍手膜拜似乎是不必要之舉了。（註一八〇）

然而重視在生活中注入日本精神，以求成爲眞正日本人的高進六，卻不理會張明貴的批評，執意爲其信念而活，最後寫血書志願去當「志願兵」。高進六這種堅持理想而勇往直前的奮鬥精神，使得留學回來的知識份子張明貴既感動又覺得慚愧，在稱讚高進六才是「爲臺灣而轉動臺灣的人」之餘，也表現出今後將奮勵於皇民化的工作之勇氣與決心。

這篇文章無論從內容或思想上看來，都是一篇呼應皇民化運動，皇民色彩濃烈的皇民文學之作，因此不僅葉石濤要認爲「是在決戰下的臺灣文學裡唯一的一篇不折不扣的皇民文學。」（註一八一）

即使時至今日，周金波本人也決不否認，並且毫不諱言他至今仍以「皇民文學家」之頭銜爲榮。（註一八二）

總之日據末期的皇民文學，是在戰爭中皇民化運動浪潮洶湧的時候，少數立場不堅的作家，屈服在日本殖民當局的威迫利誘，而寫出歌頌鼓吹侵略戰爭的文字。但是這些屈從被迫的口號文學，其文學價值畢竟有限，吳濁流下述一段話，正可說明這一觀點：

然而日本當局費了九牛二虎之力，所推行鼓勵的皇民文學，響應的都是些烏合之眾，所以只有皇民作家一類的走狗發動，全以日本軍部授意發表的東西爲主，結果不曾產生被人注目的作品，不用說，這也是不值一論的。（註一八三）

第三目　成就與特點

在一九三七年四月中文被禁刊後，臺灣的新文學運動在日語當道的情況下即趨於沉寂，等到「七七事變」發生後，日本統治當局更在戰時體制下的臺灣成立「總督府臨時情報部」來加緊箝制言論，控制臺灣人民的思想意識。皇民化運動中的種種措施，諸如獎勵「國語家庭」，拆掉寺廟，消滅本地人祭祀祖先的習慣，改爲「太麻奉齋」，供奉日本神祇，穿日本式衣服，改日本姓氏，使風俗習慣和日常生活日本化，最後則是從軍當「志願兵」，爲日本帝國效死盡忠，其目的即是想把本地人同化成天皇治下的忠良國民。

在這戰鼓笳聲的戰爭時期，日本殖民政權利用「臺灣文藝家協會」、「臺灣文學奉公會」和「日本文學報國會臺灣支部」等組織，一手操控了所有的文學活動，除了揄揚日本文學，壓抑漢人文化，更極力鼓吹謳歌皇民化文學。雖然有極少數作家被迫屈從，而有奴顏卑膝的行爲，進而發表諸如〈志願兵〉等配合日本當局侵略政策的皇民化作品，但就整個臺灣文壇而言，這僅是在戰爭時期殖民高壓統治下所出現的一股小小逆流，既反映不了日據下臺灣新文學的本質，更代表不了它的發展方向。大多數的文藝工作者仍然倔強地在漫漫長夜中掙扎奮鬥，代表同胞吐露著苦悶和悲哀。

他們之中有些稟承臺灣文學反帝反封建的傳統，以尖銳或反諷的筆法，批判殖民主義，表現對祖國，對民族的執著與信心，例如楊逵的〈無醫村〉、〈泥娃娃〉、〈鵝媽媽出嫁〉、〈萌芽〉等重要的短篇小說，以及〈撲滅天狗熱〉、〈怒吼吧！中國〉等劇本，巫永福血淚凝成的詩作〈祖國〉，甚至如吳濁流冒著生命危險，躲著日警耳目，歷時兩年所撰成的長篇小說〈亞細亞的孤兒〉，更是描寫臺灣同胞在日帝的迫害下，意圖擺脫「孤兒意識」的臺灣文學代表作，全篇反日的中心思想，在尾聲中藉著主角胡太明瘋狂後在胡家大廳牆上所題的「反詩」中，赤裸裸地表露無疑，該詩全文如下：

志爲天下士，
豈甘作賤民？
擊暴椎何在？
英雄入夢頻。

漢魂終不滅，
斷然捨此身！
狸兮狸兮！
意如何？
奴隸生涯抱恨多，
橫暴蠻威奈若何？
同心來復舊山河，
六百萬民齊蹶起，
誓將熱血爲義死！

其他除部份作家如臺南風車詩社的楊熾昌（水蔭萍）、李張瑞（利野蒼）、林永修（林修二）、張良典（丘英二）等追求現代主義詩風，提倡超現實主義的心理刻劃之詩作，以及日治末期銀鈴會的張彥勳、林亨泰、詹冰、錦連、蕭金堆、陳千武等「跨越語言的一代」詩人之詩作，取材於自然與內心深處的蒼涼愁緒，多少帶有現代主義的浪漫色彩，以記錄那個令人窒息的時代在個人心中的投影之外，大多數作家都是以隱忍迂迴的方式，去描述臺灣社會的諸樣相，間接地宣洩反抗的情緒，並反映被殖民統治下的苦悶和困境。

由於作家表現手法的巧妙運用，使得這一時期的作品題材越發顯得繁富多樣，例如呂赫若的〈合家平安〉，使用美麗的文筆，描寫臺灣的風俗習慣，筆伐了不務正業，專抽鴉片的敗家子之浪蕩，〈風水〉批判封建主義下的迷信風氣，〈財子壽〉描寫農村中大地主家庭的瓦解墮落。吳濁流的〈陳大人〉，刻劃走狗的悲慘下場。龍瑛宗的〈邂逅〉、〈白色的山脈〉、〈未被知道的幸福〉、〈有蓮霧的院子〉等豐富的創作，將內心深切的感觸，化爲傷感和憂鬱，在小說中充分展現其高超的美學和藝術性。年輕一輩作家的葉石濤，在其〈林君寄來的信〉、〈春怨〉等作中也是傾向於藝術美境界的追求和探索。至於善以濃厚的寫實風格，描寫「沒有做人的條件」的殖民地臺灣之風土民情，而有「風俗畫作家」之譽的張文環，則更是小說作家中的翹楚。他在「決戰文學」階段中所發表的系列小說如〈辣薤罐〉、〈論語與雞〉、〈夜猿〉、〈閹雞〉等等，都是紮根於臺灣大地，重現臺灣傳統文化的眞正小說，而其小說藝術的成功，正緣於作品內容的深刻思想性，他曾自述爲文之道稱：

只會看小說，只會做些文藝作品，雖然他的文章做得很好，亦不能夠配稱得文學家。因爲文學是以政治經濟爲根底的，我們臺灣文學家之中，很多的只會舞文弄墨迎合時流，作品的內容空空洞洞，並沒有甚麼思想，那裡配得稱文學家哩？有的連新刊的書名都不知道，更不曉得現代的思想傾向是什麼樣的。這麼，那裡能夠做得有價值的作品出來呢？（註一八四）

綜合上述說明可見，雖然是在「非常時」戰時體制的威壓下，臺灣新文學運動的發展遭受到前所未有的阻撓和迫害，導致作品的思想性有所不足，然而由於藝術技巧的提升，因此依然有燦然可觀的成果。葉石濤對這八年間的文學成就，仍是備加肯定和推許，他認爲：

「決戰下」的臺灣文學和臺灣作家表現了紛歧的意識形態和創作途徑，但大體而言，他們都以反日、反殖民地統制爲其共同目標，保存了濃厚的民族自決思想，孜孜不倦地寫作不輟。而在日據時代「新文學運動」的這個最後階段裡，達到了一個高峰，出現了最傑出的作品，建立了臺灣文學是反映臺灣人心聲，與民眾現實生活息息相關的文學。它證明禁得起任何異族暴虐的壓榨和摧殘。（註一八五）

【註釋】

註一　關於臺灣新文學運動之分期，學者間看法不一：

王白淵就語文上之不同採二分法，即一九三七年六月報刊「漢文欄」廢止前之「白話文時期」及其後之「日文時期」。（見《臺灣年鑑》第十七章第一節）

吳瀛濤分爲啓發期（一九二〇～一九三〇），全盛期（一九三〇～一九三七）與戰爭期（一九三七～一九四五）。（見〈臺灣新文學的第一階段〉，《臺北文物》三卷二期）

王詩琅分爲萌芽期（一九二三～一九三〇），正式發展期（一九三一～一九三六）及戰爭期（一九三七～一九四五）。（見〈半世紀來臺灣文學運動〉，《王詩琅全集》卷九）

葉石濤分爲搖籃期（一九二〇～一九二五），成熟期（一九二六～一九三七）及戰爭期（一九三七～一九四五）。（見《臺灣文學史綱》）

黃得時則以一九二七年八月民報遷臺發行爲斷，分其前爲發軔期（一九二〇～一九二七），其後爲演進期（一九二七～一九三二）及展開期（一九三二～一九三七）。（見〈臺灣新文學運動概觀〉，《臺北文物》三卷二期、三期、四卷二期暨〈「日據時代的臺灣文學與抗日運動」座談會〉，《大學雜誌》七十九期。）另陳少廷、黃武忠及日人島田謹二、河原功暨大陸學者間各有不同意見。各家除對前一階段之分法繁簡有別外，對於戰爭期之看法則頗一致，今茲綜合諸家之說，分爲民報遷臺前之開拓期，及其後之發展期與戰爭期而具論之。

註　二　遞嬗自《臺灣青年》之《臺灣民報》，以其對臺灣新文學之影響與貢獻至爲重要，且其歷史橫跨整個新文學運動時期，故另予專章論述。（參見附錄五：日據時期臺灣主要新文學刊物表）

註　三　〈林呈祿氏談蔡惠如〉，《臺灣民報》第二六二號（一九二九年五月二十六日），頁三。

註　四　《臺灣青年》簡章第一條。

註　五　據楊肇嘉：〈臺灣新民報小史〉所載，被禁刊四期是一卷四期、二卷三期、三卷六期及四卷二期，文見《楊肇嘉回憶錄》下冊（臺北：三民書局，一九八八年六月），頁四〇九。

註　六　創刊號卷頭辭原載《臺灣青年》創刊號頁一，中譯文載於《臺灣民報》六十七號（一九二五年八月二十六日），頁三六。

註　七　《臺灣青年》改名《臺灣》之原因，參見楊肇嘉著：《楊肇嘉回憶錄》（三民書局），頁四一〇～四一一，葉榮鐘著：《臺灣民族運動史》（自立晚報社），頁五四八，及李明水著：《臺灣雜誌事業發展史》

（臺灣省政府），頁三三～三四等書。

註　八　王敏川：〈《臺灣青年》發刊之趣旨〉，《臺灣青年》創刊號（一九二〇年七月），頁四一。

註　九　〈臺灣の新使命〉，《臺灣》第三年第一號（一九二二年四月），頁一。

註一〇　〈株式會社臺灣雜誌社設立趣意書〉，《臺灣》第三年第九號，頁六八。

註一一　在此之前，林進發在一九二四年五月廿一日於臺北發行《文藝》雜誌一期，該刊爲二十四開連封面十六頁，由赤陽社以日文刊行，內容包含詩、創作、小品、童謠、短歌等中、日作家作品，惟既少人知道，也未曾發生過影響。參見榮峰（王詩琅）：〈臺灣最初的文藝雜誌〉，《臺北文物》第三卷第三號，頁二五。

註一二　楊雲萍：〈《人人》雜誌創刊前後〉，《臺北文物》第三卷第二號，頁五一。

註一三　王詩琅：〈臺灣新文學運動史料〉，發表於一九四七年七月二日《新生報·文藝》九期，引自張良澤編：《王詩琅全集卷九》（高雄：德馨室出版社，一九七九年十一月），頁一〇三。

註一四　同註一二，頁五二。

註一五　見《人人》第二號，頁三「介紹欄」。

註一六　追風（謝春木）：《彼女は何處へ》（〈她要往何處去——給苦惱的姊妹們〉），《臺灣》第三年第四號～第七號（一九二二年七月至十月）。

註一七　無知：〈神秘的自制島〉，《臺灣》第四年第三號（一九二三年三月）。

註一八　黃得時：〈臺灣新文學運動概觀〉，《臺北文物》第三卷第二期，頁二四。

註一九　柳裳君（謝星樓）：〈犬羊禍〉，《臺灣》第四年第七、八號。（全文未續完）按一九二三年，正值臺灣議會設置運動展開之際，殖民當局向領導人林獻堂施加壓力，通過其妹夫楊吉臣進行拉攏，並惡意挑撥，林獻堂被迫與楊吉臣一起宣布退出議會設置請願運動，時人稱此事爲「犬羊禍」。這篇小說即以章回小說形式，諷刺林獻堂，揭發內幕，但與史實有較大出入。

註二〇　鷺江TS（謝星樓）：〈家庭怨〉，《臺灣民報》第二卷第十五號（一九二四年八月十一日）。

註二一　施文杞：〈臺娘悲史〉，《臺灣民報》第二卷第二號（一九二四年二月十一日）。

註二二　追風（謝春木）：〈詩の眞似する〉（〈詩的模仿〉），《臺灣》第五年第一號（一九二四年四月）。

註二三　陳千武：〈挖根的導火線〉，《蓬萊文章臺灣詩》（臺北：遠景出版公司，一九八三年九月），序文頁七。

註二四　施文杞：〈送林耕餘君隨江校長渡南洋〉，《臺灣民報》第一卷第十二號（一九二三年十二月一日）。

註二五　施文杞：〈假面具〉，《臺灣民報》第二卷第四號（一九二四年三月十一日）。

註二六　張我軍：〈弱者的悲鳴〉，《臺灣民報》第六十一號（一九二五年七月十九日）。

註二七　張光正：〈從白話新詩的崛起看臺灣新文學運動〉，《臺灣研究集刊》總第廿一期（廈門大學臺灣研究所一九八八年），頁九三。

註二八　古繼堂：《臺灣新詩發展史》（臺北：文史哲出版社，一九八九年七月），頁三一。

註二九　蔣渭水〈入獄日記〉連載於《臺灣民報》第二卷第六號～十一號（一九二四年四月十一日至六月二十一日），〈入獄感想〉刊於《臺灣民報》第二卷第七、八號（一九二四年四月廿一日及五月十一日）。

註三〇　張梗：〈屈原〉，《臺灣民報》第二卷第十四號（一九二四年八月一日）。

註三一　逃堯：〈絕裾〉，《臺灣民報》第二卷第十八號（一九二四年九月廿一日）。

註三二　〈「日據時代的臺灣文學與抗日運動」座談會〉，《大學雜誌》第七十九期（一九七四年十一月），頁二八。

註三三　〈光復前臺灣文學座談〉，原載於《民衆日報副刊》一九七九年九月二日，引自羊子喬：《蓬萊文章臺灣詩》（臺北：遠景出版公司，一九八三年九月），頁一七四。

註三四　王詩琅：〈日據下臺灣新文學的生成及發展〉，《文獻資料選集》（臺北：明潭出版社，一九七九年三月），序文頁九～一〇。

註三五　彭瑞金：《臺灣新文學運動四十年》（臺北：自立晚報社，一九九一年三月），頁一七。

註三六　發展期指一九二七年八月民報遷臺發行起至一九三七年七月對日抗戰發生止，此期新文學創作質量俱精，大放異彩，有「黃金的十年」之譽。

註三七　呂興昌曾說：「令文學史家深覺遍蒐不得而有開天窗之憾的六種左翼雜誌，也是研究日據新文學極爲重要的資料，可惜它們至今仍不知埋沒何處，未能出土。這六種雜誌是：《伍人報》、《臺灣戰線》、《明日》、《現代生活》、《赤道》與《洪水報》。」見呂興昌：〈臺灣文學資料的蒐集整理與翻譯〉，

《文學臺灣》第八期（一九九三年十月），頁二九。故此處所論各種普羅文學雜誌，概係引用第二手資料。

註三八　「全日本無產者藝術聯盟」（ＮＡＰＦ），略稱「納普」（ナップ），一九二八年三月廿五日成立於東京，爲主唱普羅藝術文藝家之團體，一九三一年合流於「哥普」。刊行有《戰旗》和《ナップ》等機關雜誌。

註三九　「日本普羅列塔利亞文化聯盟」（ＫＯＰＦ），略稱「哥普」（コップ），一九三一年十一月廿七日由藏原惟人發起成立的普羅列塔利亞文化團體，並發行有機關雜誌，一九三四年被迫解散。

註四〇　王詩琅譯：《臺灣社會運動史——文化運動》（臺北：稻鄉出版社，一九八八年五月），頁五〇五。

註四一　王一剛（詩琅）：〈思想鼎立時期的雜誌〉，《臺北文物》第三卷第三期，頁一三一。

註四二　同註四〇，頁五〇八。

註四三　同前註，頁五〇八～五〇九。

註四四　數據引據王詩琅之文，見註四一，頁一三一。

註四五　河原功：〈臺灣新文學運動的展開——日本統治下在臺灣的文學運動〉（葉石濤譯），《文學臺灣》第二期（一九九二年三月），頁二五三。

註四六　《戰旗》爲「全日本無產者藝術聯盟」（納普）所刊行的機關雜誌，爲昭和初期普羅文學運動之主流，亦爲日本左派文藝最大之雜誌，銷行頗廣，臺灣也多有流入，自一九二八年創刊後至一九三一年停刊。

註四七　朱鋒（莊松林）：〈不堪回首話當年〉，《臺北文物》第三卷第三期，頁六六。
註四八　同註四〇，頁五一五。
註四九　同前註，頁五二〇。
註五〇　黃春成：〈本誌之沿起〉，《南音》第一卷第二號（一九三二年一月），頁二六。
註五一　奇（葉榮鐘）：〈發刊詞〉，《南音》創刊號（一九三二年一月），頁二。
註五二　同前註，頁一。
註五三　同註五一。
註五四　黃石輝：〈祝《南音》發刊〉，《南音》創刊號，頁八。
註五五　慕：〈南國之音〉，《南音》創刊號，頁一八。
註五六　黃邨城（春成）：〈談談《南音》〉，《臺北文物》第三卷第二期，頁五七。
註五七　《南音》之刊期，黃得時誤以爲第九、十、十二期因爲刊登反日作品而被查禁（見〈臺灣新文學運動概觀〉，《臺北文物》四卷二期，頁一〇七），實則因第九期檢閱遷延而予併同第十期倍加頁數合刊（見葉榮鐘署名「奇」之該期〈編輯後言〉說明），據知僅第十二期被禁止發行。
註五八　芥舟（郭秋生）：〈南音〉，《南音》第一卷第十一號（一九三二年九月），頁二五。
註五九　同註五六。
註六〇　奇（葉榮鐘）：〈智識分配〉，《南音》第一卷第七號（一九三二年五月），卷頭言。

註六一　奇：〈大衆文藝待望〉，《南音》第一卷第二號（一九三二年一月），卷頭言。

註六二　徵文結果計得小說四篇，戲曲一篇，新詩二十首，舊詩四十四首，歌（文言）四〇，時聯七十五對，見《南音》一卷八號，頁二四。

註六三　奇：〈再論「第三文學」〉，《南音》第一卷第九、十號合刊（一九三二年七月），卷頭言。

註六四　同前註。

註六五　奇：〈第三文學提倡〉，《南音》第一卷第八號（一九三二年五月），卷頭言。

註六六　郭秋生：〈南音〉，《南音》第一卷第九、十號合刊，頁一四。

註六七　同註五六，頁五九。

註六八　同前註。

註六九　楊行東：〈臺灣文藝界への待望〉，《フォルモサ》創刊號（一九三三年七月），頁一九。

註七〇　同註五六，頁六一。

註七一　施學習：〈臺灣藝術研究會成立與福爾摩沙創刊〉，《臺北文物》第三卷第二期，頁六七。

註七二　以上敘述係根據《警察沿革誌》第九卷第一章文化運動所撰，譯文見王詩琅：《臺灣社會運動史》，頁九四～一〇一。

註七三　施學習：〈臺灣藝術研究會成立與福爾摩沙創刊〉，《臺北文物》第三卷第二期，頁六九～七〇。

註七四　同前註，頁六八。

註七五　〈創刊辭〉是由編輯部長蘇維熊所寫，主要內容和〈宣言書〉大同小異。

註七六　〈創刊の辭〉，《福爾摩沙》創刊號（一九三三年七月），頁一。

註七七　葉石濤：《臺灣文學史綱》（高雄：文學界雜誌社，一九九一年九月），頁五一。

註七八　黃得時：〈臺灣新文學運動概觀〉，《臺北文物》第四卷第二期（一九五五年八月），頁一〇九。

註七九　廖毓文：〈臺灣文藝協會的回憶〉，《臺北文物》第三卷第二期，頁七二。

註八〇　楚女（張深切）：〈評先發部隊〉，《臺灣文藝》創刊號（一九三四年十一月），頁九～十。

註八一　芥舟（郭秋生）：《先發部隊·序詩》。按此詩雖有濃厚的日語語氣而減少了內容上的迫力，但林瑞明認爲，全詩洋溢著開朗的、陽剛的戰鬥性，爲臺灣白話詩難得的傑作，是《先發部隊》精神的象徵。見林瑞明：〈日本統治下的臺灣新文學運動——文學結社及其精神〉，《文訊》第廿九卷（一九八七年四月），頁四三。

註八二　〈編輯之後〉，《先發部隊》，頁九〇。

註八三　葉榮鐘：〈話匣子〉，《第一線》，頁九四。

註八四　同註七八，頁一一〇。

註八五　同註七九，頁七五。

註八六　同註七八，頁一一二。

註八七　賴明弘：〈臺灣文藝聯盟創立的斷片回憶〉，《臺北文物》第三卷第三期，頁六三。

註八八　河原功推測臺灣文藝聯盟不在人文薈萃的首府臺北或古都臺南，而卻在臺中成立，是因爲臺北在本質上跟臺灣人自主的文化活動有不相容的地方，而臺南則爲較執著於傳統的舊文學地盤，相較之下，新興的臺中則既年輕富朝氣而民族意識又特別強烈之故。然主要原因應是此一組織之倡導者如賴明弘、賴和、林越峰、何集璧、張星建、張深切、楊守愚等人都是中部人，中部作家既多，又以臺中地位適中，聯繫方便之故。見河原功作，葉石濤譯：〈臺灣新文學運動的展開〉，《文學臺灣》第三期（一九九二年六月），頁二三七。

註八九　據賴明弘記錄之〈第一回臺灣全島文藝大會紀錄〉（《臺灣文藝》二卷一號，一九三四年十二月，頁二。）當日出席人士爲八十二名。另據賴明弘：〈臺灣文藝聯盟創立的斷片回憶〉（《臺北文物》三卷三期，頁六四。）所列被邀請出席名單爲北部卅九名，南部廿一名，中部卅四名，計共九十四名，惟漏列者仍甚多。又該次大會臺北的文藝協會成員如王詩琅、郭秋生等人幾乎都拒絕參加，據王詩琅稱：「這是因爲既然是文藝，必須有自由的立場，這樣統一性的會毫無道理」，持此主張之故。見下村作次郎作，葉石濤譯：〈王詩琅的回顧錄〉，《文學臺灣》第十一期（一九九四年七月），頁二九〇。

註九〇　同註七八，頁一一三。

註九一　由黃純青擔任議長一事，雖有人以其爲封建時代的老古董，舊文學陣營的漢詩人而加以反對，惟因可用以對付日本當局而卒告通過，事見張深切：《里程碑（四）》（臺中：聖工出版社，一九六一年十二月），頁四七九。

註　九二「臺灣文藝聯盟章程」全文載於《臺灣文藝》第二卷第一號（一九三四年十二月），頁七〇。

註　九三　據賴明弘：〈臺灣文藝聯盟創立的斷片回憶〉一文稱：

大會完畢後，是夜決定常務委員如下：賴和、賴慶、賴明弘、何集壁、張深切。嗣後復於彰化溫泉開第一次常委會時，大家擬公推賴和先生為常務委員長，惟以賴和先生固辭，即推選張深切先生為常委長。

見《臺北文物》第三卷第三期，頁六一。

註　九四　原文見註七八，頁一一四～一一五，又見註八七，頁六〇～六一。

註　九五　張深切：《里程碑（四）》，（臺中：聖工出版社，一九六一年十二月），頁四七八。

註　九六　同註八七。

註　九七　張深切：〈《臺灣文藝》的使命〉，《臺灣文藝》第二卷第五號（一九三五年五月），頁一九。

註　九八　同前註，頁二〇。

註　九九　賴明弘：〈我們目前的任務〉，《臺灣文藝》第二卷第五號，頁六六。

註一〇〇　同註七八，頁一一八。

註一〇一　〈文聯啓事〉，《臺灣文藝》第二卷第二號（一九三五年二月），頁一二八。

註一〇二　同註一〇〇。

註一〇三　〈創刊詞〉，《臺灣新文學》創刊號（一九三五年十二月），頁五。

註一〇四　譯文引自王詩琅：〈臺灣新文學雜誌始末〉，《臺北文物》，第三卷第三期，頁七〇。

註一〇五　例如〈傳下這把香火——「光復前臺灣文學」座談會〉，《聯合報副刊》（一九七八年十月廿三日）及楊逵：〈坎坷與燦爛的回顧〉，《中國現代文學的回顧》（臺北：文鏡文化公司，一九八六年十一月），頁一一九中均有相同表白。另參見楊逵：〈臺灣文學運動の現狀〉，《文學案內》第一卷第五號（一九三五年十一月），頁九七暨〈臺灣文壇の近情〉，《文學評論》第二卷第十二號（一九三五年十一月），頁一三六～一三七。

註一〇六　同註九五，頁四九〇～四九一。

註一〇七　葉石濤：《臺灣文學的悲情》（高雄：派色文化出版社，一九九〇年一月），頁七八及《走向臺灣文學》（臺北：自立晚報社，一九九〇年三月），頁八七。

註一〇八　藍紅綠：〈紳士への道〉（〈邁向紳士之道〉）刊於《臺灣新文學》第一卷第五號（一九三六年六月），頁二三～三〇，係描寫一個不滿現實的大學畢業生，在高不成低不就的情況下，卻又對未來滿懷幻想。在與其日常生活不能調和時，夫妻間的衝突於焉發生，作者從對家庭瑣事的描述中，極盡挖苦嘲諷之能事。

註一〇九　吳濁流：〈〈紳士への道〉と〈田園小景〉〉，《臺灣新文學》第一卷第六號（一九三六年七月），頁六〇。茉莉：〈臺灣新文學六月號の作品について〉，見同號頁六三。

註一一〇　吳兆行（新榮）、郭水潭：〈臺灣新文學社に對する希望〉，《臺灣新文學》創刊號，頁六五～六六。

註一一一　巫永福：〈日據時代臺灣新文學運動和楊逵〉，原載《中華雜誌》一九八五年五月號，引自王曉波編：《被顛倒的臺灣歷史》（臺北：帕米爾書店，一九八六年十一月），頁三四七。

註一一二　楊熾昌：〈回溯〉，《筆墨長青》（臺北：文訊雜誌社，一九八九年四月），頁一四九。

註一一三　〈編輯後記〉，《臺灣文藝》第三卷第四、五號（一九三六年四月），頁六八。

註一一四　〈公告〉，《臺灣文藝》第二卷第七號（一九三五年七月），頁一九六。

註一一五　「原稿寄送地址」，《臺灣新文學》創刊號，頁一〇〇。

註一一六　王錦江：〈《臺灣新文學》雜誌始末〉，《臺北文物》第三卷第三期，頁七一。按該特輯中小說的題材大多以殖民統治下臺灣民衆的苦難歲月爲主，反日民族意識相當濃厚之故。

註一一七　同註七八，頁一二〇。

註一一八　葉榮鐘：《臺灣民族運動史》，頁三〇二。

註一一九　蔡培火的「羅馬字運動」與連溫卿的「世界人工語（Esperanto）運動」僅屬文字改革之一部，且其所使用之記號既非漢字，也引不起一般知識階級之廣大迴響，故不具論。

註一二〇　閩南語與客家語，原住民語等同爲臺灣語之一種，惟新文學所關涉者僅只閩南語而已。

註一二一　引自吳守禮：〈近五十年來台語研究之總成績〉（臺北：大立出版社，一九八三年），頁五三。

註一二二　日據時代鄉土文學論戰的主題，是關於該以中國白話文或臺灣話文來寫作較能易入人心，因此「鄉土文學」和「臺灣話文建設運動」這兩個課題，正如葉石濤所稱：「是一個盾牌的兩面，互相有密切的關係。」（見葉著《臺灣文學史綱》，頁二六。）

註一二三　黃石輝刊於《伍人報》的這篇文章連同其後刊登於《臺灣新聞》、《昭和新報》等上之各家論戰文字均未出土，故僅能間接引用自廖毓文〈臺灣文字改革運動史略（下）〉一文，下引均同。

註一二四　廖毓文：〈臺灣文字改革運動史略（下）〉，《臺北文物》第四卷第一期（一九五五年五月），頁九九。案廖文其後略作刪修為〈臺灣文字改革運動史〉，連載於《政治建設》創刊號至第四期（一九六〇年十月廿五日至十二月廿五日）。

註一二五　同註一二一，頁五五～五六。

註一二六　同前註，頁五七～五八。

註一二七　松永正義：〈關於鄉土文學論爭〉，《臺灣學術研究會誌》第四期（一九八九年十二月），頁七九。

註一二八　同註一二一，頁五五。

註一二九　同註一二四，頁一〇二～一〇三。

註一三〇　同註一二一，頁六〇。

註一三一　郭秋生：〈再聽阮一回呼聲〉，《南音》第一卷第九、十號合刊，頁三六。

註一三二　同註一二四　，頁一〇四。

註一三三　同註七七，頁二七～二八。

註一三四　連雅堂：〈雅言〉，《三六九小報》新年增刊號，一九三二年一月三日，頁一。

註一三五　同註七八，頁一一九。

註一三六　王詩琅：〈臺灣光復前的文藝概況〉，原載尹雪曼《中華民國文藝史》附錄（一）（正中書局，一九七五年六月），引自陳少廷《臺灣新文學運動簡史》（臺北：聯經出版社，一九七八年三月），頁一八二。

註一三七　古繼堂：《臺灣小說發展史》（臺北：文史哲出版社，一九九二年三月），頁四一。

註一三八　見〈永不熄滅的熘火——聯副座談會〉，《聯合報》副刊，一九八〇年七月七日。

註一三九　〈傳下這把香火——光復前臺灣文學座談會〉，見《聯合報》副刊，一九七八年十月廿二日～廿四日，引自黃武忠：《日據時代臺灣新文學作家小傳》（臺北：時報出版公司，一九八〇年八月），頁一六〇。

註一四〇　葉石濤：〈日據時代的抗議文學〉，《走向臺灣文學》（臺北：自立晚報社，一九九〇年三月），頁五二～六三。

註一四一　例如選出〈送報伕〉為得獎作品的日本名作家德永直即評論：「這篇小說並不高明，寧可說還不算是小說；儘管如此，它具有非常吸引人的力量，讓我們清楚地知道美國的資本主義征服印第安人那時的血腥味道。然而這篇小說要成為屬於大眾的東西，還需要更高層次的藝術化與形象化。」引自葉石濤：《走向臺灣文學》（自立報系，一九九〇年三月），頁五六。

註一四二　同註七七，頁五二。

註一四三　同註一三九，頁一六一。

註一四四　原載於《臺灣新民報》第三四五號（一九三一年一月一日），本詩刊載時沒有題目，收入《虛谷詩集》（中華詩苑，一九六〇年六月）時加上了題目「敵人」。

註一四五　菊仙（陳旺成）：〈後藤新平氏的「治臺三策」〉，《臺灣民報》第一四五號（一九二七年二月二十日），頁一四。

註一四六　〈辜君演說的大要〉，《臺灣民報》第五號（一九二三年八月一日），頁一〇。

註一四七　同註一一八，頁三一五。

註一四八　據《臺灣文藝》二卷二號〈編輯後記〉，二卷五號〈感想、書信〉欄張文環之說明及黃得時：〈張文環的〈父之顏〉〉（一九八六年十二月二十二日自立副刊，又收於鴻儒堂出版社一九九一年十一月再版之《滾地郎》一書中。）知該篇小說獲一千二百十八篇應募作品中之第四名，惟原文不曾刊登，後經作者改寫並改題爲〈父の要求〉，刊登於一九三五年九月《臺灣文藝》二卷十號中。

註一四九　同註七七，頁五八。

註一五〇　黃得時：〈臺灣新文學運動概觀〉，《臺北文物》第四卷第二期（一九五五年八月），頁一二〇。

註一五一　《風月報》創刊日期有二說，一爲一九三五年五月九日，另一則據刊尾所載日期認係一九三七年九月廿九日，惟若據該刊最後一期（一九四一年六月十五日第一三三期）〈風月最後的話〉一文稱：「《

風月報》這三個字和讀者見面，已經五個年了。」暨刊行期間與期數推斷，應是創刊於一九三五年漢文未被禁止前，而一九三七年九月廿九日應為復刊日期。

註一五二　〈風月報俱樂部新章程〉第三條，《風月報》第六十期（一九三八年三月十五日）。

註一五三　同前註章程第十條。

註一五四　該二句是一九三七年十月十六日《風月報》第五十期發行之刊頭辭，由徐坤泉所撰，自第九十期起則由吳漫沙所擬之「開拓純粹的藝術園地，提倡現代的文學創作」二句標語取代。

註一五五　詳見廖漢臣：〈新舊文學之爭——臺灣文壇一筆流水帳〉之四：「第三期的論爭」，《臺北文物》第三卷第三期，頁四一～五一。

註一五六　吳漫沙：〈沈痛的回憶〉《臺灣文藝》第七十七期。

註一五七　外地文學指在殖民地之作者或以殖民地為題材之文學作品，故亦稱「殖民地文學」。係以日本為本位，由日本人之觀點，描述殖民地中與日本不同之風土、人物、社會之特色，提供與殖民母國文化不同的異國趣味，為殖民母國添加新風格，使成為從屬於殖民母國的文學，亦即「在臺灣的日本文學」。外地文學之首倡者為臺北帝大講師島田謹二，其曾於《文藝臺灣》創刊號發表〈外地文學研究の現狀〉，二卷二號發表〈臺灣の文學的過現未〉以為提倡。西川滿師承其說，並將《文藝臺灣》定位為日本南方文學的建設者，藉以爭取日本之讀者，惟外地文學之主張亦遭致臺灣作家如張文環、龍瑛宗等人之不滿與批評。

註一五八　葉石濤：〈光復前臺灣的文學雜誌〉，《文訊》第廿七期（一九八六年十二月），頁七六。

註一五九　黃得時：〈輓近の臺灣文學運動史〉，《臺灣文學》第二卷第四號（一九四二年十月），頁一三。

註一六〇　同前註，頁八。

註一六一　有關「唐津會談」的經過，見龍瑛宗〈《文藝臺灣》與《臺灣文學》〉，原載《臺灣近現代史研究》三（東京：綠蔭書房，一九八一年），譯載於葉石濤：《臺灣文學的悲情》（高雄：派色文化出版社，一九九〇年一月），頁一九四。

註一六二　皇民化運動及皇民奉公會之組織系統與任務等詳見陳世慶：〈日據臺時之「皇民奉公」運動〉，《臺北文物》第八卷第二期（一九五五年六月），頁七五～七九。

註一六三　有關「大東亞文藝講演會」內容及舉行情形詳見《文藝臺灣》第五卷第三號（一九四二年十二月），頁三八～三九或《臺灣文學》第三卷第一號（一九四三年一月），頁六三。

註一六四　有關「臺灣決戰文學會議」舉行情形及各氏發言內容詳見《文藝臺灣》第七卷第二號（一九四四年一月終刊號），頁三二～三八暨《臺灣文學》第四卷第一號（一九四三年十二月），頁三〇～三一。

註一六五　原文見矢野峰人：《決戰臺灣小說集》序文（臺北：臺灣出版文化株式會社，一九四四年十二月），引自羅成純：〈龍瑛宗研究〉，《臺灣作家全集——龍瑛宗全集》（臺北：前衛出版社，一九九二年七月），頁二八三。

註一六六　同前註，頁三二三～三二四。

註一六七　鍾肇政：〈問題小說〈道〉及其作者陳火泉〉，《民衆日報》副刊，一九七九年七月七日。
註一六八　葉石濤：〈接續祖國臍帶之後〉，《走向臺灣文學》，頁六。
註一六九　葉石濤：〈抗戰時期的臺灣新文學〉，《臺灣文學的悲情》，頁三三。
註一七〇　同前註，頁三三～三四。
註一七一　同註一六八，頁七～八。
註一七二　同註一六九，頁三四。
註一七三　《臺灣小說集》係於一九四三年十一月由臺北大木書房刊行的唯一日文小說選集，收有呂赫若〈風水〉，王昶雄〈奔流〉，龍瑛宗〈不知道的幸福〉，楊逵〈泥娃娃〉，張文環〈迷兒〉、〈媳婦〉等作。
註一七四　張恆豪：〈〈奔流〉與〈道〉的比較〉，《文學臺灣》第四期（一九九二年九月），頁二四九。
註一七五　王昶雄：〈北臺文學綠映紅〉，《自立晚報》副刊，一九九五年六月七日。
註一七六　陳火泉：〈被壓迫靈魂的昇華〉，《抗戰時期文學回憶錄》（臺北：文訊月刊雜誌社，一九八七年七月），頁一〇一。
註一七七　陳火泉：〈道〉，《文藝臺灣》第六卷第三號（一九四三年七月），頁一四一。詩句中譯文引自尾崎秀樹著，蕭拱譯：〈戰時的臺灣文學〉，收於王曉波編：《臺灣的殖民地傷痕》（臺北：帕米爾書店，一九八五年八月），頁二一八。
註一七八　同註一七四，頁二五四。

註一七九　葉石濤：〈日據時期文壇瑣憶〉，原載於一九八〇年十月廿六日《聯合報副刊》，引自《文學回憶錄》（臺北：遠景出版社，一九八三年四月），頁四〇～四一。

註一八〇　周金波：〈志願兵〉，《文藝臺灣》第二卷第六號（一九四一年九月），頁一七～一八。

註一八一　葉石濤：〈臺灣作家與大東亞文學者大會〉，《走向臺灣文學》，頁一〇二。

註一八二　應大偉：〈永遠的「皇民文學家」〉，《中央日報》副刊，一九九四年八月十三日。

註一八三　吳濁流：〈臺灣文學的現狀〉，《黎明前的臺灣》（臺北：遠行出版社，一九八〇年二月），頁一三六。

註一八四　張文環：〈名士感談集〉，《南方》第一六〇期（一九四二年九月）。

註一八五　葉石濤：〈四〇年代的臺灣日文文學〉，《臺灣文學的悲情》，頁五七。

第七章　臺灣新文學運動的搖籃——《臺灣民報》（註一）

第一節　《臺灣民報》的創刊緣起

臺灣自一八九五年割讓給日本後，不甘忍受異族統治的臺灣同胞即展開屢仆屢起的武力抗日民族運動，此後二十年間抗暴事件此起彼落，層出不窮。至一九一五年余清芳領導的「噍吧哖事件」（西來庵事件）後，由於日本的統治勢力已趨穩固，臺灣同胞從以往的抗爭經驗中，瞭解到武裝抗日犧牲既大，也不易成功，於是轉而採行較溫和的文化抗日活動。留學東京的臺灣知識份子，乘著第一次世界大戰之後澎湃的民族自決思潮，與祖國洶湧的五四學生愛國運動之時代潮流，遂由蔡惠如糾合於一九一八年成立的「聲應會」、「啓發會」成員，於一九二〇年一月十一日擴大成立以「圖謀臺灣文化之向上」爲目的的「新民會」，並爲求啓蒙民衆，聯絡聲氣，擴大宣傳起見，於一九二〇年七月十六日發刊機關雜誌《臺灣青年》。其後爲應時勢之推移與臺灣本島文化之要求，遂於一九二二年四月十日將雜誌易名爲《臺灣》，並擴大執筆者與閱讀者的範圍。

由於《臺灣》的訴求對象爲知識份子，其內容之理念層次稍屬高級，且大部份是日文，發行部數不過三千，影響力究竟有限，而且自民族運動家蔣渭水於一九二一年十月十七日在臺北發起成立「臺灣文化協會」之後，臺灣民衆要求自治之呼聲愈形高漲。臺灣人的文化運動，政治運動和經濟運動的熱度一日高過一日，但卻因此招致御用報紙的島內三大報：《臺灣日日新報》（臺北）、《臺南新報》（臺南）、《臺灣新聞》（臺中）和其他雜誌的種種誹謗攻擊，這種依呵權勢的臺灣言論界現象，誠如民報所指控的：

臺灣言論界的狀況，簡直說一句，就是臺灣沒有眞正的輿論，這是人人都知道的。像島內三新聞的態度可謂至死不變的，他們對於當局的施設不論如何，只曉得迎合著、謳歌著，他們對待民衆的要求不論如何，一定是曲解著、無視著。近來臺灣的民衆漸漸曉得臺灣的報紙完全不是他們的忠友，倒反是他們的敵國，故對這些報紙的不平的聲浪，就一日高似一日起來，不消說都是他們親身去經驗的結果。（註二）

就在內在的自覺和五四新文化運動的啓發下，文化協會的有識之士咸認有創辦一種白話文報紙，以便能更有效地加強宣傳，普及民智的必要，《臺灣》雜誌在發行預告中，即很明白的說明了發刊《臺灣民報》的動機稱：

一個大大的臺灣，有三百六十萬的同胞，實在沒有一個代表我們的言論機關。使世間的人，幾乎不知天下有個臺灣，你道可愧不可愧呢？時勢的變遷，雖然極愚劣的民族，亦曉得言論是人類共同生活的指南針！因此即有《臺灣》雜誌的發刊。本誌自從成立以來，雖受種種的艱難，幸有眾兄弟的熱誠，極力聲援，百折不屈，奮發到今日，已經過了有三四年了！發行的部數，日多一日，我們當事的人，雖然犧牲了一點兒時間，精神上的快樂，實在受益不淺。可不是對諸君應該要表個感謝嗎？噫！同是一家人，客氣的話，卻也不必多說了。且說本誌，雖是積極進行，欲副讀者諸君的盛意！因爲紙數有限，漢和兼寫，人人的趣味，各不相同，像本誌現時的內容，恐怕難得各方面的滿足？所以自四月十五日起，欲發行一種半月刊，名叫《臺灣民報》（THE TAIWAN MINPAO），目的是要普遍，使男婦老少知道。所以用平易的漢文，或是通俗白話，介紹世界的事情，批評時事，報導各界的動靜，內外的經濟，株式糖米的行情，提倡文藝，指導社會，連絡家庭與學校等……與本誌並行，啓發臺灣的文化，實在於我們將來，大大可爲祝福哩！（註三）

《臺灣民報》的名稱，據當時創辦人林呈祿（慈舟）所稱，是在一九二二年十二月底，在東京神田寶亭開幹事會議席上，「由劉明朝君想出來，經大家一致贊成的。」（註四）於是《臺灣民報》創刊號便在一九二三年四月十五日在東京誕生了。林呈祿在〈創刊詞〉中，進一步闡明發刊的目的，是「專用平易的漢文，滿載民眾的智識，宗旨不外欲啓發我島的文化，振起同胞的元氣，以謀臺灣的幸福，求東洋的和平而已。」由此可見，《臺灣民報》的創刊，便是要「專用白話文，以普及我們臺灣同胞的智識。」（註五）

第二節　沿革與發展

創刊號的《臺灣民報》是雜誌型，篇幅三十頁全爲白話文，由林呈祿（慈舟）擔任編輯兼負責人，黃呈聰（劍如）擔任發行人，其他幹事則有鄭松筠（雪嶺）、王敏川（錫舟）、王江漢（逸文）、黃朝琴（超今）、吳三連（東湖）、林攀龍（南陽）、謝星樓（醒如）、黃周（醒民）、蔡炳耀（一舟）、蔡培火（峰山）、石煥長（如恆）等人。根據黃周的回憶，黃朝琴和黃呈聰兩人對於催生民報的貢獻最大，他說：

> 朝琴君非常奔走徵求原稿和印刷所的交涉，呈聰君爲編輯，他們兩人的努力最多。又且那時候株式會社還未成立，所以對這條的經費的出處，也有相當的苦心，幸得朝琴君和呈聰君熱心，常說倘要虧本他們也可以負擔此責任，可見兩君對本報的發刊實在是最有功勞的。（註六）

因此推尊他們兩人是「民報生產的產婆役」。

創刊號的民報才發行一千部，主要的銷售對象是旅居東京的臺灣和大陸留學生。自創刊號到第七號爲純白話文半月刊，但一九二三年九月一日發行的第七號因適逢東京大地震，報紙泰半燒燬。震災後於十月十五日復刊的第八號民報則改爲旬刊，並附入因受《臺灣》暫時休刊影響的日文文章。至一九二五年七月五日發行的第五十九號起則又改爲每逢星期日發行的週刊，到八月廿六日發行第六十七號時發行份數即已突破一萬份，成爲臺灣島內第三大報紙（註七）。由此可見該刊已受到臺胞的普遍重視與支持，而該期也推出厚達五十六頁，較平常頁數加倍的「第六十七號臨時增刊號」以爲記念。

以全體臺灣同胞爲對象而在東京發行的《臺灣民報》，是一份站在臺灣人的立場，來批評和反對臺灣總督府苛政的報紙，因此發刊以後即深受日警與同業的嫉妒與壓迫，黃朝琴指稱：

在臺灣的銷路，因需突破總督府的檢查或禁止輸入的關口，凡是內容涉及濃厚的民族色彩，或言論較爲激烈的，均無法獲得通過，所以實際上並不能每期都能順利到達臺灣，因此數量極爲有限。（註八）

在運銷臺灣方面既受到重重關卡的阻撓，而在實際取材編輯時則又有時間上的制限與困擾，蔡培火即指出：

民報的記事，是對島內取材，所以不能像臺灣青年及臺灣兩誌在東京編輯。每號都要在島內編成原稿，然後送到東京印刷，受過內務省檢閱，方可送歸臺灣，到臺灣又要受督府檢閱，得其通告才能發交讀者。統算來往運送印刷及兩重檢閱的時日，最繁捷也須三週間以上讀者才看得著報。可知民報雖是週報，其實與月報無差，甚至有比月報更緩的，老實是不成個言論機關的樣子。（註九）

因此早在民報創刊之初，黃朝琴、黃呈聰、林呈祿等人即連袂拜訪田健次郎總督，表達希望將《臺灣民報》遷移到臺灣發行的問題（註一〇）。其後經過蔡培火的不斷奔走爭取下，民報終於獲准自一九二七年八月一日的第一六七號起遷臺發行。對於這份得來不易的成果，該報的常務董事兼主筆林呈祿氏即在該號開頭社論〈民報的轉機〉一文中，指出該報今後的努力方向稱：

當局已經順應時勢，而容認民報在島內自由議論了。我們已得在島內發揮獨特的言論，當然是要嚴守公正的態度，務期表現四百萬臺灣住民的眞意，論評社會上百般事物的是非，報導內外時事的狀況，向臺灣自治統治的正路去奮發一番，勇往直進，只求達到唯一最高的目的而後已。

遷移臺灣發行的民報於同年八月廿八日召開股東大會，資金二萬五千元，同時選出董事長林幼春、常務董事林呈祿、董事林階堂、蔡惠如、蔡培火、蔣渭水、蔡年亨、楊肇嘉，監察人陳逢源、洪元煌、鄭松筠、林資彬、邱德金。另爲向全島擴大營運起見，除在臺北本社有林呈祿、謝春木、黃周、林煥清、郭發、尤清山、戴旺枝、簡進發、林福桂、劉爾盤、陳明山、蔡闊嘴、呂漳來、施成松，及外務員謝賴登、林燦玉、林皆得、王滿、周德輝、黃炳輝、張阿茂、何泉諸人外，臺中支局則有陳旺成、吳家煜，臺南支局有何景寮、林培嶽，新竹通信部由陳旺成兼任，北京通信部爲張我軍。另在各地普設通信員如臺北張晴川，桃園林阿鐘，竹南蔡國查，苗栗黃運元，豐原廖進平，清水陳東海，彰化吳清圳，北斗黃扁，北港洪清雲，嘉義林燦玉（兼），旗山許德源，並在彰化、竹山、埔里、北斗、北港、旗山、花蓮、臺東設有販賣店。（註一二一）

島內發行的民報，除了滿載同胞們的祝詞廣告外，尚有四分之一的日文記載，同時紙面也改爲八開大型。此後不但報份日益增加，內容益形充實，執筆者的陣容也更加壯大堅強。除了原有的老將林呈祿、黃呈聰、黃朝琴、王敏川、羅萬俥、陳逢源、蔡培火、陳旺成、黃周之外，更有許多新人參加。其中文藝方面即有張我軍、張梗、賴和、陳滿盈、楊松茂、楊雲萍、郭秋生、葉榮鐘。政治經濟有謝春木、何景寮、呂阿墉、陳逢源、黃及時、林木土、王金海。學術評論有蘇薌雨、許乃昌、黃師樵、王白淵、林履信、陳秋逢、杜聰明、黃石輝等人，眞是人才輩出，濟濟多士。由於他們的鼓吹和提倡，不但「時常吐出當局感爲不快的警語，代全臺灣人主張權利要求解放。」（註一二）而成爲「臺灣人唯一之言論機關」（註一三），也從而帶動了臺灣文化的全面提昇。

業務日益興旺而普受臺灣同胞喜愛的《臺灣民報》，以其週刊的發行型態已無法滿足同胞的期望，因此進一步發展成日刊報紙，遂成爲民報上下一致努力的目標。爲達到此一目標，民報首先於一九二九年一月十三日在臺中創立資本金三十萬元的「株式會社臺灣新民報社」，並推舉林獻堂爲董事長，羅萬俥任常務董事，林柏壽、林呈祿、李瑞雲、林資彬、蔡培火五人爲董事，林履信、楊肇嘉、劉明哲爲監察人（註一四）。翌年三月二日將臺灣民報社合併於臺灣新民報社，並自三月廿九日發行的第三〇六號改名爲《臺灣新民報》。此後即積極向歷任總督川村竹治、石塚英藏、太田政弘等人交涉，終於在一九三二年一月九日獲得許可，並自四月十五日起正式發行日刊報紙。每天出版對開兩大張即八頁，內容以中文爲主體，日文佔三分之一。日刊新民報之發刊宗旨，是要「繼承舊來的精神，作確實敏捷的報導，主持公正的輿論，爲全島同胞共同的喉舌，以貢獻新臺灣的建設。」（註一五）

日刊新民報之組織分成編輯局，營業局和印刷局三局，編輯局負責新聞記事之搜羅與編輯，由林呈祿任局長，下分整理、政治、經濟、社會、通信、學藝、調查等七部，並於新竹、臺中、臺南、高雄、東京、大阪均設立支局。營業局司掌報紙之販賣、廣告、會計及庶務等，印刷局則從事報紙之印製事宜，兩局統由總綰社務的羅萬俥負責。日刊的新民報在林獻堂、羅萬俥、林呈祿、蔡培火、楊肇嘉等人的領導和努力下，不但採取最現代化的組織經營，更精挑第一流的編輯人才，誠如楊肇嘉所指稱的：

有一個值得特書的事實，那時候的新民報記者，個個經過嚴格的考選，薈集臺灣的知識分子的精銳，百分之九十是大學畢業生，他們不僅是做一個記者游刃有餘，極能發揮筆桿的威力，就是做一個社會人士的品德學識的修養也都是高尚的。（註一六）

當時新民報刊同仁忍辱負重團結一致，淬勵奮發的辦報精神，由蔡培火在日刊新民報創刊時所作的〈日刊新民報發刊歌〉即可窺見：

㈠

黑潮澎湃，惡氣漫天，
強暴橫行，莫敢言；
賴有志，奮起當先，
開筆戰，解倒懸；
光榮哉，言論先鞭，

臺灣青年！
光榮哉，言論先鞭，
臺灣青年！
民報，民報，新民報，
作你前驅，臺灣青年！

(二)

高聳玉峰，屹立亞東，
仙鄉美島，太平洋；
望大家，放開眼眶，
共勇往，策大同；
崇高哉，我報理想，
民權振張！
崇高哉，我報理想，
民權振張！
民報，民報，新民報，
筆戰陣中，道遠任重！

(三)

我報社友，筆陣貔貅，

公義掃地，年已久；

願吾儕，同心攜手，

盡天職，勿遲留；

和樂哉，我報社友，

筆陣貔貅！

和樂哉，我報社友，

筆陣貔貅！

民報，民報，新民報，

全社一心，力爭自由！(註一七)

新民報發行到一九三四年時，爲了與其他日人經營的報紙競爭以推廣訂戶，遂又發行晚報一大張，此時銷數也激增到五、六萬份之多，不久又擴大海外通信網，調派吳三連爲東京分社主任，黃周爲上海分社主任，以擔任海外通信工作。至一九三七年新民報的發行量雖已突破五萬，而和日系最大報的《臺灣日日新報》處在伯仲之間，但因日本當局對臺灣推行皇民化政策，爲了進一步消滅漢民族的固有文化，於是限令所有全島報紙由四月一日起廢除中文欄，《臺灣新民報》也被迫於同年六月一日起取消中文版。到了一九四一年中日戰事激烈化後，《臺灣新民報》也被迫於二月十一日改名為《興南新聞》，此時一切都在軍事控制下，談不到什麼新聞自由或民族思想。一九四四年三月廿六日，臺灣總督府為實施報紙合併統一政策，更強迫《興南新聞》和《臺灣日日新報》（臺北），《臺灣日報》（前身為《臺南新報》），《臺灣新聞》（臺中）、《東臺灣新報》（花蓮港），及大戰中臨時發行的《高雄新報》等六家報紙合併為《臺灣新報》（光復後改名為《臺灣新生報》）。《興南新聞》就在三月廿七日刊登出林呈祿的〈停刊之辭〉後，結束其自《臺灣青年》起，歷時二十五年為民喉舌，啓發民智的光榮使命。

茲將有關民報之遞嬗演變情形整理如附錄六：《臺灣民報》系統沿革一覽表。

第三節 《臺灣民報》與臺灣新文學運動（註一八）

《臺灣民報》的創刊，目的是為了要利用淺白易曉的白話文，以興亡繼絕，散播漢文的種子，普及民衆的智識，因此創刊伊始，蔡惠如即提出了呼籲：

我們最親愛的臺灣兄弟，快快醒來！漢文的種子既然要斷絕了，我們數千年來的固有文化，自然亦就無從研究了。連我們自己的民族觀念都消滅了，將來世界上的人類若比較起來，我們就可以排在最劣等的裏面了。（註一九）

而民報提倡白話文的初衷，完全是受到祖國五四新文學革命的影響，這由創刊號刊載的陳逢源（芳園）〈祝臺灣民報發刊〉詩中即可證明：

其一：

心畫心聲總不公，思潮膨湃耳多聾；欲知廿紀民權重，文化由來要啓蒙。

其二：

詰屈聱牙事可傷，革新旗鼓到文章；適之獨秀馳名盛，報紙傳來貴洛陽。

《臺灣民報》的白話文編輯政策，和其前身的《臺灣青年》、《臺灣》也是一脈相承的。早在一九二〇年七月《臺灣青年》創刊時，在其創刊號〈卷頭辭〉中，即已充分表明該刊企望從事於臺灣新文化的全面建設稱：

是空前而且或許是絕後的世界大戰亂，已成了過去的歷史。幾千萬的生靈，爲此流了鮮血，而化爲枯骨了。呵！慘絕！悽絕！人類的不幸，難道有甚於此的麼？

由著這個絕對的大不幸，死不完的全人類，已從既往的惰眠醒了。厭惡黑暗而仰慕光明—這樣的醒了。反抗橫暴而從正義—這樣的醒來了。排斥利已的，排他的，獨尊的之野獸生活，而謀共存的，犧牲的，互讓的之文化運動—是這樣的醒來的了。

黃得時即曾指出，「這種討厭黑暗，追慕光明，反抗橫暴，尊重自決的覺醒，對於未來的新文學運動，已經舖好了一條應走的路徑，準備了一片應開的園地，期待著後人的播種和收穫。」（註二〇）

而在《臺灣青年》雜誌上，也先後出現了三篇呼應文學改革的文章：即陳炘的〈文學與職務〉（一九二〇年七月創刊號），甘文芳的〈實社會與文學〉（一九二一年九月第三卷第三號）和陳端明的〈日用文鼓吹論〉（一九二一年十二月第三卷第六號），尤其是陳端明的文章，特別強調「日用文（按即白話文）之目的在乎互相交換思想，以明白簡易爲要。」這篇文章也是臺灣提倡白話文的嚆矢。

到了《臺灣》雜誌時代，則不僅有黃呈聰〈論普及白話文的新使命〉（一九二三年一月第四年第一號）和黃朝琴〈漢文改革論〉（一九二三年一月、二月第四年第一、二號）這兩篇新文學運動先聲的長文，更有小說、詩歌和翻譯作品出現，其中追風（謝春木）的〈彼女は何處へ〉（〈她要往何處去〉）（一九二二年七月～十月，第三年第四～七號）被認爲是臺灣第一篇新文學小說（註二一），〈詩の眞似する〉（〈詩的模仿〉）（一九二四年四月第五年第一號）爲第一首新詩。

創刊後的《臺灣民報》，爲了要求臺灣文化之普及，特別於臺南市設立「臺灣白話文研究會」，進行會員之召訓。該刊並對創立宗旨提出說明：

> 本報怎樣要提倡這個白話文研究會？臺灣雖然割給日本有二十七八年了，但是社會上所用的書信，仍然是古式的文言。不但使現在讀日本書的青年難看，就是那老人家亦未必盡會的。若長此以往，恐怕一個區區的小島，你寫我不懂，我寫的你亦不懂。豈不是下情不能上達，上情不能下傳。好像一家的人意氣既不能疏通，那裏可以共同生活呢？本報因感著這個苦痛，所以提倡白話文要做社會教育的中心。目的是要使現在缺讀漢學的人，快發表他的意思，漢學深奧的

人，快將他的文言改做白話，上下相就，普及三百六十萬同胞的智識，使他們平平享受人生本來的生活。（註二二）

簡章中同時擬定會務推廣方法：

㈠凡有會員二十人以上之地方者，得由本會派專員到該處開講習會。

㈡本會得隨時指導會員或應答會員之通信諸事。

㈢本會得隨時懸賞課題，以獎勵會員之研究，佳作者並爲發表在《臺灣民報》。（註二三）

有關這「白話文研究會」的組織及其活動經過，雖因調查未週，不知其詳，但從民報創設「應接室」專欄，由黃朝琴負責解答有關研讀白話文問題等活動看來，其對於白話文的推行，當有相當的影響與貢獻。

精神上接續祖國五四以後思想文化的民報，在創立之初即闢設文藝專欄，開始大量發表文藝論文和作品，從而帶動了臺灣新文學的蓬勃發展。直到一九三二年《南音》等許多新文藝雜誌創刊爲止的九年之間，它是新文學運動唯一的園地，所有的新文學作品都在該報發表，因此黃得時稱其爲「新文學作品的搖籃，或溫床。」（註二四）以下再就民報對祖國新文學的介紹，舊文學的反對和新文學的提倡三方面，進一步探討《臺灣民報》對臺灣新文學運動的貢獻。

一、介紹祖國新文學

許乃昌（秀湖）一九二三年七月發表於民報一卷四號上的〈中國新文學運動的過去現在和將來〉，是

第一篇將祖國新文學運動引介到臺灣的論文。他在文中批評漢民族的「守舊性」是阻礙進步的原因，但是二十世紀的新天地，已經不准永久在迷夢之中了，因此胡適等人起而提倡新文化運動，中國的文化才因此有一日千里之勢。接著介紹胡適的〈文學改良芻議〉（註二五）和陳獨秀的〈文學革命論〉（註二六），並詳細介紹當時祖國最活躍的作家及其作品。

一九二四年六月北京留學生蘇維霖（薌雨）也發表了〈二十年來的中國古文學及文學革命的略述〉，係取材於胡適〈中國五十年來之文學〉，介紹中國文學革命之梗概。一九二五年蔡孝乾的長篇論述〈中國新文學概觀〉，自三卷十二號起至十七號止分六次介紹中國文學革命的發展情形和走向。一九二六年四月刊出劉夢葦的〈中國詩底昨今明〉，介紹中國新詩發展的情況。

除了對祖國文學現況和文藝理論的介紹外，民報對於作家作品的介紹更是不遺餘力，徐志摩的散文〈自剖〉即於一九二六年五月九日起連載三期，郭沫若、徐蔚南、梁宗岱、滕固、西諦、焦菊隱等人的新詩都在介紹之列。創刊號的民報率先刊出白話文的先驅者胡適一篇反對迷信的戲劇〈終身大事〉，更加顯示民報對於傳播新文學的熱心，而民報所轉載之作品中也以胡適及魯迅爲最多，茲表列如下：

(一)《臺灣民報》轉載胡適之作品及譯作

篇名	刊載期別	刊登日期	備註
終身大事	一、二號	一九二三年四月十五日，五月一日	
最後一課	三號	一九二三年五月十五日	譯作，法國都德撰

李超傳	四號	一九二三年七月十五日	
百愁門	十五號	一九二四年一月一日	譯作，英國吉百齡撰
二漁夫	十七號	一九二四年二月廿一日	譯作，法國莫泊三撰
說不出	五四號	一九二五年五月十一日	
黃梨洲論學生運動	六一號	一九二五年七月十九日	論述
鏡花緣是一部討論婦女問題的書	六六號	一九二五年八月廿三日	論述
譯詩二首	九三號	一九二六年二月廿一日	

(二)《臺灣民報》轉載魯迅之作品及譯作

篇名	刊載期別	刊登日期	備註
鴨的喜劇	四一號	一九二五年一月一日	轉載自《吶喊》
故鄉	五〇、五一號	一九二五年四月一、十一日	
犧牲謨	五三號	一九二五年五月一日	原刊《語絲》十八期
狂人日記	五五、五六號	一九二五年五月廿一日，六月一日	
魚的悲哀	五七號	一九二五年六月十一日	譯作，係愛羅先珂作品
狹的籠	六九－七三號	一九二五年九月六、十三、廿、廿七日，十月四日	轉載自《愛羅先珂童話集》
阿Q正傳	八一－八五，八七八八、九一號	一九二五年十一月廿九日，十二月六、十三、廿、廿七日，一九二六年一月十、十七日，二月七日	轉載自《吶喊》刊至第六章〈從中興至末路〉。

雜感	二九二號	一九二九年十二月廿二日	轉載自《華蓋集》
高老夫子	三〇七—三〇九號	一九三〇年四月五、十二、十九日	原刊《語絲》二十六期

(三)《臺灣民報》轉載其他中國作家之小說作品及譯作(依刊登先後序)

1. 一九二五年：

淦女士〈隔絕〉、Pierre Louys著、周建人譯〈比勃里斯〉、冰心〈超人〉、央庵〈一個貞烈的女孩子〉、加藤武雄著、周作人譯〈鄉愁〉、花華生〈慕〉、郭沫若〈牧羊哀話〉。

2. 一九二六年：

楊振聲〈李松的罪〉

3. 一九二七年：

張資平〈雪的除夕〉、學琛〈嫁期〉、田連渠〈異國〉、覺厂〈別後〉、惜恭〈心影〉、世荃〈為甚麼〉、陳學昭〈她的婚後〉、霍爽著、朱賓文譯〈約翰孫的懺悔〉、黃仁昌〈弟弟〉。

4. 一九二八年：

愛聾〈晚宴〉、苑約〈溪邊〉、姜希節〈離散以後〉、春信〈誘惑〉、可夫譯〈死人〉、王異香〈折白黨〉、貢三〈慈母的心〉、蔚南〈一九二七年的李四〉、宛約〈生命〉、胡也頻〈毀滅〉、雪江〈時代的落伍者〉。

5.一九二九年：

潘漢年〈法律與麵包〉、許欽文〈口約三章〉、滕固〈離家〉、達仁〈壓〉、楊浩然譯〈標緻的尼姑〉、松田解子著、張資平譯〈礦坑姑娘〉、張資平譯〈難堪的苦悶〉、陳雪江〈賣人〉、王魯彥〈一個危險的人物〉、陳明哲〈父親〉、劉大杰〈妻〉、〈夜〉、鄭慕農〈深愁〉。

6.一九三〇年：

劉大杰〈支那女兒〉、鄭慕農〈白衣女郎〉、衣萍〈第一個戀人〉、劉大杰〈妹妹，你瞎了〉、左幹臣〈創痕〉、〈刺的玫瑰〉、光赤（慈）〈尋愛〉、〈逃兵〉、〈橄欖〉、丙生〈泥濘〉、叔華〈女人〉、沫若〈歧路〉、柳風〈洋婦〉。

7.一九三一年：

劉大杰〈櫻花海岸〉。

二、反對舊文學

就提升臺灣全盤文化之向上爲職志的民報而言，對於那些無病呻吟，有礙進步的舊式詩文，自然是在排斥擯棄之列，而對於舊文學攻擊最烈的便是張我軍，他也是點燃新舊文學論戰的第一人。早在一九二四年四月，留學北京的張我軍，即在《臺灣民報》上發表了〈致臺灣青年的一封信〉，信中對終日只會在舊詩堆中滾來滾去的詩翁詩伯大加抨擊，認爲致力於擊鉢吟是極無意義的事。接著發表的

〈糟糕的臺灣文學界〉，〈為臺灣的文學界一哭〉、〈請合力拆下這座敗草欉中的破舊殿堂〉，和〈絕無僅有的擊鉢吟的意義〉等系列文章，則更一步緊似一步的把舊文人們攻擊得體無完膚，招架乏力。

這其中即有舊文學陣營中化名「悶葫蘆生」的〈新文學之商榷〉（《臺灣日日新報》一九二五年一月五日號），鄭軍我（坤五）的〈致張我軍一郎書〉（《臺南新報》一九二五年一月二十九日號），和黃衫客（黃文虎）的〈駁張一郎隨感錄〉（《臺南新報》一九二五年三月廿八日號）等的反駁謾罵文章。對於這些強詞奪理的人身攻擊文字，張我軍再於一九二五年中發表〈揭破悶葫蘆〉、〈復鄭軍我書〉，以及一系列的〈隨感錄〉短文一一加以回應反擊。

除了張我軍之外，張梗自一九二四年九月十一日起至同年十一月十一日止連載於民報上的〈討論舊小說的改革問題〉一文，則是檢討舊式章回小說的缺失，主張使用科學的態度從事小說創作的鴻文。一九二五年二月中刊出的「半新舊」之〈〈新文學之商榷〉的商榷〉和蔡孝乾的〈為臺灣的文學界續哭〉，是兩篇聲援張我軍的文章。賴和在一九二六年中發表的〈讀臺日紙的〈新舊文學之比較〉〉和〈謹復某老先生〉二作，都是反對舊文學的作品。其後陳虛谷在一九二六年十一月發表的〈駁北報無腔笛〉，和葉榮鐘一九二九年一月發表的〈墮落的詩人〉兩文，也都在攻擊舊詩人附庸風雅，沽名釣譽的可恥行徑。

發生於一九二四年底的這一場新舊文學之爭，舊文學陣營是以日系三大報的《臺灣日日新報》，《臺南新報》和《臺灣新聞》為堡壘，而新文學陣營則以《臺灣民報》為陣地，由此可見《臺灣民報》反對舊文學的立場至爲顯然。

三、提倡新文學

早在一九二四年三月，就讀於上海南方大學的施文杞和林耕餘（逸民）即在民報上分別發表了〈對於臺灣人做的白話文的我見〉和〈對在臺灣研究白話文的我見〉，指出臺灣人所寫的白話文，不但虛字語助詞用法不對，並且夾雜日語名詞及臺灣方言等毛病，因此建議臺灣同胞，要多讀些白話文，並且買些白話文的書做參考，才會很快得著門徑。接著前非的〈臺灣民報怎麼樣不用文言文呢？〉，闡明採用白話文的優點，在於簡淺明確，易讀好寫，這就是民報不採用文言文的原因所在，然而另外的一個重要原因是在求保存漢文的種子。民報的主事者深知「臺灣的文教當局卻只急於政策的實現，一味要廢止漢文教育以期撲滅臺灣固有的文化。」（註二七）在日本政府有意消滅漢文教育之際，爲了救亡圖存，必須「要以簡易的文字，編成教材，有根據於實際生活，爲人生所當學的事，皆有網羅，才沒有艱深的難學，沒有偏枯的弊害。」（註二八）較之於文言文，白話文顯然更切合所需，而易於學習。

爲了推廣白話文，《臺灣民報》在一九二四年十二月一日號轉載胡適的〈新式標點符號的種類和用法〉，以供寫作白話文者參考。一九二五年中張我軍先後發表了〈研究新文學應讀什麼書〉，介紹初學者應讀的新文學入門書刊；〈中國國語文作法〉，說明白話文寫作的門徑與要領；而〈文藝上的諸主義〉一文，則係介紹歐洲各時期文藝思潮的特色與演變，以供取法之參考。〈文學革命運動以來〉係介紹胡適〈五十年來中國之文學〉第十節〈文學革命運動〉，俾臺灣人用最簡捷的方法來明白文學革命運動的經過。〈詩體的解放〉則在抨擊舊詩的缺點之餘，鼓勵創作有生命的新詩。張我軍最重要的壓卷之作〈新文學運動的意義〉，則是總結他的理論建設觀點，揭櫫「白話文學的建設，臺灣語言的改造」兩項主張，做爲臺灣新文學運動的標的。

《臺灣民報》在創刊之初，即闢有學藝欄（副刊），每期提供篇幅，作爲文藝探討與作品發表的園地，尤其自賴和於一九二七年起主持該欄後，由於他的努力和投入，「臺灣新文學運動，就由於這一學藝欄的創設而展開。從此，各地同好者，都崛然而起了。」（註二九）同時葉石濤也明白指出：

> 對臺灣新文學運動最有貢獻的首推《臺灣民報》和《臺灣新民報》的學藝欄。所有臺灣新文學運動中的新舊文學論爭、臺灣話文、鄉土文學的各重大論爭，它提供了發表園地，領導臺灣新文學走向反日、反帝、反封建的正確路線。所有臺灣作家都跟它發生密切的關係，臺灣作家最著名的作品，如張我軍的評論，賴和的小說，以至於楊逵的〈送報伕〉前半都發表在這家報紙上。（註三〇）

下面再就一九三二年四月，日刊《臺灣新民報》發行前的臺灣新文學創作，分類作一探討：

㈠小說

《臺灣民報》創刊號即刊登趙經世的〈賢內助〉，二卷二號也刊登施文杞的〈臺娘悲史〉，但誠如黃得時所言，前者「寫的雖是白話文，內容似乎翻譯日人的作品，沒有什麼價值可言。」後者則是

「表現在舊式家庭下的婦人之痛苦，作品過於虛構，缺乏眞實感。」（註三一）接著楊雲萍的〈月下〉，〈那一天的老冉〉，和鷺江TS的〈家庭怨〉，文學價值都不高。直到一九二六年新年號賴和的〈鬥鬧熱〉和楊雲萍的〈光臨〉，以及張我軍在是年九月發表的〈買彩票〉出現以後，眞正有價值的新小說才陸續湧現，而他們三人，也就成了臺灣小說界的奠基者。

賴和身兼民報的編輯工作，他的作品也就大多發表在民報上，除了〈鬥鬧熱〉外，其他如〈一桿「稱仔」〉、〈不如意的過年〉、〈蛇先生〉、〈彫古董〉、〈辱〉、〈浪漫外紀〉、〈可憐她死了〉、〈豐作〉等都是披露在民報上。楊雲萍發表在民報上的則有〈月下〉、〈光臨〉、〈到異鄉〉、〈弟兄〉、〈黃昏的蔗園〉、〈加里飯〉、〈秋菊的半生〉、〈青年〉等。張我軍僅有的三篇小說〈買彩票〉、〈白太太的哀史〉、〈誘惑〉，也全都發表在民報上。此外發表在民報上的小說不下百篇，就中較重要的作品有涵虛的〈鄭秀才的客廳〉，鄭登山的〈恭喜？〉，陳虛谷的〈他發財了〉、〈無處申冤〉、〈榮歸〉、〈放炮〉，太平洋的〈夜聲〉，楊守愚的〈獵兔〉、〈生命的價值〉、〈凶年不免於死亡〉、〈捧了你的香爐〉、〈瘋女〉、〈醉〉、〈誰害了她〉、〈十字街頭〉、〈冬夜〉、〈顚倒死〉、〈小學時代的回憶〉、〈出走的前一夜〉、〈過年〉、〈女丐〉、〈比特先生〉、〈一個晚上〉、〈元宵〉、〈一群失業的人〉、〈嫌疑〉、〈沒有兒子的爸爸〉、〈升租〉、〈開學的頭一天〉、〈就試試文學家生活的味道吧〉、〈夢〉、〈啊！稿費〉、〈爸爸！她在使你老人家生氣嗎？〉、〈決裂〉、〈罰〉、〈瑞生〉、〈斷水之後〉，蔡秋桐的〈保正伯〉、〈放屎百姓〉、〈奪錦標〉、

〈新興的悲哀〉，夢華的〈鬥〉、〈她〉、〈荊棘的路上〉、〈美人像活了〉，慕的〈開學〉，孤峰的〈流氓〉，林努進的〈牛車夫〉，林克夫的〈阿枝的故事〉，朱點人的〈島都〉，陳賜文的〈其山哥〉，郭秋生的〈農村的回顧〉、〈死麼〉、〈鬼〉、〈跳加冠〉。另外楊逵一九三四年入選東京《文學評論》十月號徵文比賽第二獎得獎名作，也是臺灣人作家首次進軍日本文壇的〈送報伕〉一文，則曾經賴和之手，於一九三二年五月十九日至廿七日刊載於《臺灣新民報》上，但只刊出前半部，後半部則被查禁而遭腰斬。

通觀上述這些作品，黃得時認爲其內容和主題不外乎描寫下列幾項：

1. 日本警察的凶暴和壓迫民衆的情形。
2. 地主和資本家剝削佃人和工人的情形。
3. 農民、工人和小市民生活困窮的情形。
4. 舊禮教束縛下的家庭痛苦的情形。
5. 大都市黑暗面的情形。（註三二）

㈡新詩

初期的新詩創作，即有施文杞、張我軍、楊雲萍、前非等人從事試作，但是成果並不豐富，技巧也嫌硬拙。爲了鼓勵新詩創作起見，新竹青年會即藉《臺灣民報》向島內的詩人徵求白話詩，至一九二六年十一月底截止，共得詩五十餘首，由六名委員愼重選取結果，崇五以〈誤認〉獲第一名，〈旅愁〉獲第三名，器人（楊華）以〈小詩〉獲第二名，〈燈光〉獲第七名，黃石輝以〈寄生草〉獲第四名，〈早晨的月〉獲第六名，黃得時以〈噴水泉〉獲第五名，〈雲〉獲第八名，沈玉光以〈鷓鴣〉獲第九名，謝萬安以〈懷舊〉獲第十名。《臺灣民報》只發表了前三名的詩作，並稱：「崇五君所作二題和器人君的小詩，最爲新竹白話詩社的會員所讚許。」（註三三）茲錄第一名詩作於次，以窺一斑。

〈誤認〉

公園裏的躑躅花，
　不論看了誰都是笑。
　狂蝶兒誤認了，
──誤認做對他有深長的意思。
　每日裏只在她的頭上飛繞，
　躑躅花更是笑，
　狂蝶兒呵！我説給你吧──
　她的笑是冷笑──嘲笑。

《臺灣新民報》從一九三〇年八月二日第三二四號起增闢「曙光欄」，專門刊登新詩，一時白話新詩蜂湧而出，產量激增，爲後代留下了不少傳誦不衰的篇章。賴和的所有詩作，除了〈祝曉鐘的發刊〉、〈呆囝仔〉兩篇外，其餘〈覺悟下的犧牲〉、〈流離曲〉、〈生與死〉、〈新樂府〉、〈農民謠〉、〈滅亡〉、〈南國哀歌〉、〈思兒〉、〈低氣壓的山頂〉、〈相思歌〉等社會寫實詩作，全部都發表在《臺灣民報》、《臺灣新民報》上。陳虛谷也有〈秋曉〉、〈落葉〉、〈賣花〉、〈病中有感〉、〈入院中〉、〈佛桑花〉、〈草山四首〉、〈詩〉、〈敵人〉（註三四）、〈小汽車中〉、〈美人〉等創作發表。其中〈詩〉中的「啊啊！／他的母親死了，／是！一定是死了，／我不禁長嘆了一聲，／哦！人生原來就是這麼一個結局嗎？」是對無常人生的嘆息。〈敵人〉一詩，則是爲哀悼在一九三〇年十月廿七日霧社事件中犧牲的志士，宣示了堅強奮鬥的決心和勇氣。其他如楊守愚、楊華等作家也都發表了大量詩作，他們或用冷徹纖細的眼光去透視現實人生，或用豪氣萬丈的熱情去展現民族意識，而林克夫的〈失業的時代〉（註三五），則是凋蔽農村的眞實寫照，也是苦難生命的一首哀歌，茲錄全詩如下：

1.

一群群的勞動者，
洪水般地
從工場裏，洶湧出去！
是不是回家休息？
是，是讓他們永遠地……
因廠主已把他們開除！

2\.

一群群的失業者，

襤褸地

悴憔地

日於街上徘徊，

他得不到一點慰藉，

他贏不到些微同情，

「小偷，跑！跑開！」

只在店門口站住些時，

又免不了老板們底輕侮疑猜！

3\.

別再提兒女的饑啼，

更顧不到妻子的害病，

要不亡滅，

已夠算是萬分欣幸！

當，借，變賣！

還敢再埋怨這四壁的冷清清！

4.

這失業的時代喲！

兇狼！

猙獰！

時時刻刻地，

總想虐弄勞動者的運命。

㈢戲劇散文

戲劇創作的作品向來顯得單薄，數量極少，水準也差。自創刊號引介胡適的〈終身大事〉後，一九二四年有張梗的〈屈原〉和逃堯的〈絕裾〉，前者爲取材於《史記》的歷史劇，後者則爲結構簡單的獨幕劇。此後直至一九二七年才又出現桃心轉載自《民鐘報》的短劇〈我不自由〉，和連載汪靜之的〈新時代的男女〉。一九二八年有青釗的〈巾幗英雄〉，吳江冷的〈平民的天使〉，炎華轉載自《婦女雜誌》的〈蜜月旅行〉和逢秋的〈反動〉。一九二九年連載了青釗的獨幕悲劇〈蕙蘭殘了〉後，便未再見有戲劇作品出現。

散文方面，當以民族鬥士蔣渭水一九二四年四月發表的長篇連載〈入獄日記〉爲最早，這和其後的〈入獄感想〉、〈獄中隨筆〉、〈北署遊記〉（註三六）等作品，全部都是描述或回憶獄中生活點滴的寫實文學。透過對於身邊瑣事的描寫，展現了這位革命志士不屈不撓的抗日民族意識，而成爲監獄文學的先驅。黃朝琴自一九二六年七月十一日起至八月廿九日止（第一一三號至一二〇號）連載八次的〈遊美日記〉，以及林獻堂自一九二七年八月廿八日（第一七一號）起，以淺白的文言文連載至一九三一年十月三日（第三八四號），前後長達一百五十二回的長篇〈環球遊記〉，都是介紹歐美見聞的絕好散文，對於啓發民智深有幫助，也是遊記文學的代表作。

張我軍爲反對舊文學而自一九二四年二月一日起在民報不定期發表的〈隨感錄〉，體裁雖然短小，卻是文辭犀利，言簡義賅，每每給予舊文人致命的一擊，是諷刺文學的典範。此外自一九三一年二月七日（第三五〇號）起，有周定山的「一吼居譚屑」，同年六月二十日（第三六九號）起，又有郭秋生、張我軍等多人的「社會寫眞」。這兩個都是不定期斷續刊載的隨筆專欄，所刊登的雜文也都輕鬆雋永，頗有可觀。

至於臺灣新文學之父賴和發表在民報、新民報的散文作品，則有〈無題〉、〈答覆臺灣民報特設五問〉、〈答覆臺灣民報設問〉、〈讀臺日紙的〈新舊文學之比較〉〉、〈謹復某老先生〉、〈忘不了的過年〉、〈對臺中一中罷學問題的批判〉、〈無聊的回憶〉、〈希望我們的喇叭手吹奏激勵民衆的進行曲〉、〈隨筆〉、〈紀念一個値得紀念的朋友〉等篇。其中發表於一九二五年八月廿六日《臺灣民報》創立五週年，發行一萬部「紀念號」上的〈無題〉，是賴和初試啼聲的新文學作品。他以半文半詩的特殊體裁和洗鍊流暢的白話文，勾勒出一個回頭浪子，在面對即將出嫁的昔日女友時的複雜心境說：

一樣去年的園子，一樣深綠的夏天，纔經過一番的風雨，遂這麼闇沒啊！依舊這亭子，依舊這池塘，荷葉依舊的青，荷花依舊的白，可是嗅不到往年的芬香！找不出往年的心境！唉！我的心落到什麼地方去啊！

文壇前輩楊雲萍對這篇文章極表推崇，他認爲：

在同號紙上，同樣有篇很值特記的一文，就是賴懶雲氏的〈無題〉。這篇散文，是新文學運動以來頭一篇可紀念的散文，其形式清新，其文字優婉。（註三七）

一九三二年四月起改爲日刊的新民報，爲擴大文藝園地，特設學藝部，由編輯總務黃周兼任部長，部員有林攀龍、賴和、陳滿盈、謝星樓等人（註三八），分工負責學藝欄和文藝專頁的編務。由於文藝篇幅的大量擴張，「因此，一向苦於英雄無揚武之地的作家們，好像百花怒放一樣，爭向該報發表作品，加上該報的極力鼓勵，如連載長篇小說，徵募懸賞小說等，使臺灣文學界呈現未曾有的盛況。」（註三九）其中林輝焜的唯一小說創作〈爭へぬ運命〉（〈不可抗拒的命運〉），是第一篇日文長篇小說，自一九三三年四月一日起連載約七個月之久。其次是賴慶同樣以女性問題爲題材的〈女性の悲曲〉，也連載了一年以上。此外如陳鏡波的軟派文學代表作〈灣製デカメロン〉（〈灣製十日談〉）（註四〇）和〈落城哀艷錄〉也深受讀者歡迎。黃得時以日文改寫的〈水滸傳〉，每天一篇，自一九三七年十二月五日起至一九四三年十二月七日止，在新民報上連載了五年。中文連載小說則有陳君玉的〈工場行進曲〉，山竹的〈突出水平線上的戀愛〉，林於水的〈王子新〉。其中最出色的要數徐坤泉以「阿Q之弟」筆名連續發表的白話文長篇：〈暗礁〉（即〈可愛的仇人〉前篇）、〈可愛的仇人〉和〈靈肉之道〉。他運用簡潔的文筆，細密地描寫臺灣社會的各種現象和臺灣人男女的性格，連載中即普獲好評，因此分別由臺灣新民報社刊行單行本。（註四一）

總而言之，作爲臺灣人唯一喉舌的《臺灣民報》，也是三十年代之前臺灣新文學的唯一發表園地，它在艱難的環境中不只維護了民族的傳統精神，也培植了賴和以次一批有才幹的作家，爲篳路藍縷中的臺灣新文學運動，做出了最偉大的貢獻，眞正是孕育臺灣新文學的母腹和搖籃。

【註　釋】

註　一　有關《臺灣民報》的歷史，詳見楊肇嘉：《楊肇嘉回憶錄附錄：臺灣新民報小史》（臺北：三民書局，一九八八年六月）。葉榮鐘：《臺灣民族運動史第十章：臺灣人的唯一喉舌—臺灣民報》（臺北：自立晚報社，一九九〇年六月）。

註　二　論評：〈臺灣人機關報紙的必要〉，《臺灣民報》第七十號，一九二五年九月十三日，頁一。另同年一月十一日民報三卷二號上的〈毫無言論自由的臺灣新聞界〉一文亦有相同的指控。

註　三　〈增刊《臺灣民報》廣告〉，《臺灣》第四年第三號暨第四號（一九二三年三月、十月），封面裏頁。

註　四　林慈舟（呈祿）：〈懷舊譚〉、《臺灣民報》第六十七號（一九二五年八月廿六日），頁四九。

註　五　蔡鐵生（惠如）：〈祝臺灣民報創刊〉，《臺灣民報》創刊號（一九二三年四月十五日），頁二。

註　六　黃醒民（周）：〈民報創刊號發刊當時的回顧〉，《臺灣民報》第六十七號，頁四八。

註　七　據蔣渭水：〈五個年中的我〉一文稱：「據大正十三年四月警務局的調查，島內之日刊新聞每日發行部數如下：」

臺灣日日新聞　一八九七〇部

臺南新報　一五〇二六部

臺灣新聞　九九六一部

見《臺灣民報》第六十七號，頁四五。

註　八　黃朝琴：《我的回憶》（臺北：龍文出版社，一九八九年六月），頁一九。

註　九　蔡培火：〈民報島內發刊所感〉，《臺灣民報》第一百六十七號（一九二七年八月一日），頁七。

註一〇　超今（黃朝琴）：〈田總督訪問記〉，《臺灣民報》第一號，頁一一～一二。

註一一　名單見《臺灣民報》第二四一號（一九二九年一月一日），頁一六。

註一二　評論：〈本報的地位與使命〉，《臺灣民報》第一五〇號（一九二七年三月廿七日），頁二。

註一三　《臺灣民報》刊頭語。

註一四　葉榮鐘：《臺灣民族運動史》（臺北：自立晚報社，一九九〇年六月），頁五五五。

註一五　社說：〈週刊新民報最後的一號，次號以日刊再見〉，《臺灣民報》第四一〇號（一九三二年四月九日），頁二。

註一六 楊肇嘉：《楊肇嘉回憶錄》，頁四三六。

註一七 同註一四，頁五六二～五六三。

註一八 《臺灣民報》，《臺灣新民報》自創刊號迄週刊之最後一期四一〇號（一九二三年四月十五日至一九三二年四月九日），除東方文化書局有影印流傳外，日刊《臺灣新民報》暨《興南新聞》部份，目前僅見臺灣大學研究圖書館藏有日刊《臺灣新民報》一九四〇年一月至一九四一年二月，及《興南新聞》一九四一年三月至一九四四年二月，形成研究的「空白部份」，故本節亦偏就日刊發行前之民報立論探討。

註一九 同註五。

註二〇 黃得時：〈臺灣新文學運動概觀〉，《臺北文物》第三卷第二期（一九五四年八月），頁一四。

註二一 莊淑芝在其清華大學八十年度碩士論文：〈臺灣新文學觀念的萌芽與實踐〉（臺北：麥田出版公司，一九九四年七月）一書「附記」中指出：由臺灣文化協會於一九二三年四月六日發行的《臺灣文化叢書》第一號（按即《臺灣文化協會會報第三號》）中，有署名「鷗」的作者以中文撰寫了一篇名爲〈可怕的沉默〉的小說，顯然早於追風的〈她要往何處去〉。

註二二 〈設立白話文研究會宣言〉，《臺灣民報》創刊號，頁二九。

註二三 同前註。

註二四 同註二〇，頁一八。

註二五 胡適的〈文學改良芻議〉發表於一九一七年一月號的《新青年》，文中提出八項改良中國文學的主張：

一曰須言之有物，二曰不摹仿古人，三曰須講求文法，四曰不作無病之呻吟，五曰務去爛調套語，六曰不用典，七曰不講對仗，八曰不避俗字俗語。

註二六　陳獨秀的〈文學革命論〉發表於一九一七年二月號的《新青年》，係爲聲援胡適之主張而做，文中提出三大主義：

一曰推倒雕琢的阿諛的貴族文學，建設平易的抒情的國民文學。

二曰推倒陳腐的舖張的古典文學，建設新鮮的立誠的寫實文學。

三曰推倒迂晦的艱澀的山林文學，建設明瞭的通俗的社會文學。

註二七　社說：〈漢文復興運動—實生活的必要使然的〉，《臺灣民報》第二三三號（一九二八年十一月四日），頁二。

註二八　社說：〈獎勵漢文的普及〉，《臺灣民報》第二卷第廿五號（一九二四年十二月一日），頁一。

註二九　守愚：〈赧顏閒話十年前〉，《臺北文物》第三卷第二期（一九五四年八月），頁六三。

註三〇　葉石濤：〈光復前臺灣的文學雜誌〉，《文訊》第廿七期（一九八六年十二月），頁七六。

註三一　同註二〇，頁二四。

註三二　黃得時：〈臺灣新文學運動概觀〉，《臺北文物》第三卷第三期（一九五四年十二月），頁二八。

註三三　〈白話詩的成績發表〉，《臺灣民報》第一四一號（一九二七年一月廿三日），頁一五。

註三四　〈敵人〉一詩刊登於《臺灣新民報》第三四五號（一九三一年一月一日），頁二一。刊載時沒有題目，收入《虛谷詩集》（莊幼岳編，一九六〇年六月中華詩苑出版）時才加了題目〈敵人〉，唯兩者內容字句略有出入。

註三五　克夫：〈失業的時代〉，《臺灣新民報》第三七二號（一九三一年七月十一日），頁一一。又當時社會不景氣，民生困苦的情況，對照《臺灣新民報》一九三一年三月廿八日同時期的一則新聞記事：〈不景氣生出的悲劇，丈夫被拘妻子挨餓，警部君竟流同情淚！〉一文可獲印證。

註三六　蔣渭水：〈入獄日記〉（一九二四年四月十一日至七月十一日，《臺灣民報》二卷六號至十三號）。〈入獄感想〉（一九二四年四月廿一日至五月十一日，《臺灣民報》三卷七號、八號）。〈獄中隨筆〉（一九二五年七月五日至廿六日，《臺灣民報》五九號至六二號）。〈北署遊記〉（一九二七年十二月十一日至廿五日，《臺灣民報》一八六號至一八八號，唯第一八八號被刪除）。

註三七　楊雲萍：〈臺灣新文學運動的回顧〉，《臺灣文化》第一卷第一期（一九四六年九月十五日），頁一二。

註三八　〈請看將發行日刊的本社之新陣容〉，《臺灣民報》第四一〇號（一九三二年四月九日），頁五。

註三九　黃得時：〈臺灣新文學運動概觀〉，《臺北文物》第四卷第二期（一九五五年八月二十日），頁一〇五。

註四〇　陳鏡波曾自稱：〈灣製デカメロン〉本預定以一天一話方式在新民報上連載百話，卻因赤裸裸描寫當時的風俗和男女情愛，常遭當局刪除，不到二十話便被迫停筆。見陳鏡波：〈軟派文學與拙作〉，《臺北文物》第三卷第三期，頁六九。

註四一　日據時期出版之單行本臺灣新文學書刊參見附錄七。

第八章　結　論

由於受到時代歷史背景及自身條件之影響，在日本殖民統治的艱困環境下，作爲新文化運動啓蒙下一支分支隊伍而誕生的臺灣新文學運動，在賴和、楊雲萍、張我軍等人的播種耕耘下，承續了五四新文學運動的精神和遺緒，由提倡白話文的語言改革開始，接著抨擊舊文學，而繼之以新文學的創作。到了一九三二年臺灣文化協會和臺灣民衆黨相繼受到取締，臺灣抗日民族運動遭受重大打擊時，迫使從事抗日政治社會運動的知識份子轉而以文學運動作爲抗日民族運動的一種手段。這一新文學運動以一九三四年五月六日在臺中召開第一回臺灣全島文藝大會時期爲其高峰，由全臺灣文學青年結社「臺灣文藝聯盟」所發行的《臺灣文藝》，可以說是當時臺灣新文學的總匯。然而備受殖民政策壓制剝削的臺灣新文學，由於客觀條件的不足和生存發展時間的短暫，其成就之有限自屬必然之結果。王詩琅即曾歸納指出日據下臺灣新文學的成果之所以不盡理想的原因爲下述五點：

一、臺灣自乙未割讓後，初是要學習中日兩種文字，後來中文漸被淘汰，新興的白話文又只限於少數人能懂，寫作不普遍。況又以異民族來學習日文不易，縱令統治者大力推行，也要經過一段時間方能產生效果。

二、日人深知被統治者的知識水準越高，對他們的統治越不利，因此，在臺灣祇普遍推行普通教育，以供其驅使。這形成臺灣新文學的先天不足，日文作家也不易產生。

三、世界知識滔滔，日人緊閉的知識洞門雖明知已被撞開，可是他們仍用盡方法明阻暗撓。以致臺人接觸世界新文化的機會少，文化進度自然緩慢。

四、在這種客觀條件下生成開展的臺灣新文學，本來就如上述先天不足，基礎脆弱，何況表現工具的文字幾度更易，兼以難以寫作爲職業。

五、來自閩粵的居民，身雖負背著五千年的傳統文化，但他們都是以農耕爲生，對自己的文化都不關心，沒有文化基礎。（註一）

追溯日據時期這段革故鼎新，並與民族解放運動和新文化運動密切結合，從而培養出一支文學新軍的臺灣新文學運動，可以明顯地看出它具有下列三項基本特質：

第一：它是中國文學的一支流。

在政治上隸屬於日本，但在民族文化上卻是承續中華文化香火的臺灣，由於受到現實客觀環境的制約，以致湧現不少用日文寫成的新文學作品。然而這些作品正如同白話文作品，其所表現的都是不屈的民族精神和文化傳統，在這一基調下，歷來的臺灣作家和學者都承認臺灣文學是中國文學的亞裔。早在一九二五年一月，臺灣新文學運動的先鋒張我軍，在〈請合力拆下這座敗草欉中的破舊殿堂〉一文中，開宗明義即指出：「臺灣的文學乃中國文學的一支流。本流發生了甚麼影響、變遷，則支流也自然而然的隨之而影響、變遷。」黃得時稱：

臺灣人是漢民族的一部份，所以由臺灣人產生的臺灣文學，受五四運動的影響，也用漢字寫作，所以該算是中國文學史上的一支流。一方面是在日據時代，臺灣人透過日本文字吸收世界的文學潮流，此點臺灣文學在中國文學史上具有特殊的地位和特色。（註二）

楊雲萍也說：

臺灣文學雖不是很大，應該也是中國文學上的一部份。臺灣人被日本人統治，受日本語教育，用日本文字吸收全世界的文學，當時的作品，有些是用日文寫出來的，這是中國文學史上所沒有的，也是臺灣文學的特殊價值。（註三）

至於文學評論家葉石濤在爲臺灣文學定位時也強調說：

它乃是屬於漢民族文化的一個支流，縱令在體制、藝術上表現出來濃厚、強烈的鄉土風格，但它仍是跟漢民族文化割裂不開的。（註四）

第二：它是反帝反封建的文學。

臺灣新文學運動自始即跟隨著臺灣民族抗日運動的發展而成長，在它歷時四分之一世紀的奮鬥過程中，其對外的目標自然集中在反映全體臺灣民衆企求推翻異族統治，獲得解放和自由，以重歸祖國懷抱的共同願望，而對內的目標即在啓蒙臺灣民衆，破除迷信與封建思想，以期改善同胞的生活環境和文化水準。臺灣新文學之父賴和的作品固毋庸論，其他作家的作品，不管是中文或日文，也無不或多或少隱含著反帝、反封建的思想傾向。這種弱小民族反抗心聲的流露，是極自然的現象，更何況日據時期的作家群，幾乎都是參與社會運動、文化運動的要角或熱心人士，其藉文學來抒發其苦悶孤憤的心靈自屬必然之理。縱使日據末期迫於形勢，而有所謂反動性的皇民文學之產生，也無傷於臺灣文學「反帝、反封建」的本質。在一九七八年十月由《聯合報》所主辦的一場「光復前臺灣文學座談會」中，出席的日據時期作家如楊逵、楊雲萍、郭水潭、郭秋生、劉榮宗、劉捷、王詩琅、王昶雄、廖漢臣、巫永福、葉石濤、黃得時等人都一致認爲，光復前臺灣作家作品的主題與傾向，可分二項：

一、對日本人的抗議，無論在政治上、經濟上或治安上皆表不滿。

二、對自己封建社會的破除，並打破迷信，提高自己的生活品質和水準。（註五）

第三：它是鄉土寫實性的文學。

在殖民統治者對臺灣人民進行全面性的政治壓迫和經濟榨取下，生息其間而飽含著強烈民族意識的作家們，無不採用寫實主義的手法，具實描述日據下小市民、農人、工人的悲慘生活，從而凸顯出臺灣特殊的歷史命運所帶來的鄉土地方色彩。當時作家所寫的作品，不論是描述農家生活，或是打破迷信，反抗強權的題材，可以說都是言之有物，隱含血淚的鄉土文學。這一種社會寫實主義的寫作方式，也帶動了臺語文學和民間文學的興起，使得臺灣文學的內涵更具多樣性，也更易深入人心，普及於社會，因此葉石濤指稱：

臺灣新文學是屬於全民性的文學，它代表及反映了臺灣一般民眾的心聲，有強烈的平民性，並非專屬於某一階層的遊戲文章，它具體地描寫臺灣民眾的生活各個層面，充分表達出臺灣民眾被殖民、被剝削、被欺凌的現實生活狀況。（註六）

本質上傳承了中國悠久豐富的歷史文化而孕育成長於臺灣這塊殖民土地上的日據時期臺灣新文學，由於其特殊的時代背景及歷史環境的影響，因而在其發展過程中，自然形成了與眾不同的特殊形態，也展現了多樣化的特異風貌。就精神上言，它既是表現漢族意識的民族文學，又是反殖民、反封建的抗議文學；就題材來看，它可說是描寫斯土斯民的鄉土文學，更是反映農村苦難的農民文學；就文學表現上說，它是現實主義文學，而就政治層面以觀，則是殖民地文學。臺灣新文學可以說是融合上述諸說的綜合體，它的歷史發展既迂迴曲折，迴異常態，而其所蘊蓄的思想內容則更是繁富多樣，飽含辛酸。

總之，在一九二〇年代初期，臺灣在外受世界民主思潮及大陸五四運動之交互衝擊影響下，思想前進的知識份子們爲求掙脫日本帝國主義的殖民桎梏，啓蒙無知的廣大民眾，因而興起一股反對擊鉢聯吟腐舊文學的「新文學運動」。這一運動自一九二〇年七月《臺灣青年》創刊起，迄一九四五年八月日本投降止，歷時凡二十五年（註七），其間歷經開拓期、發展期、戰爭期三個階段的更迭。臺灣作家們夾在中文（文言、白話、臺灣話文）與日文興替啓承的時空下，仍不忘秉持其知識份子的良知勁節，藉文學以抒發其對時代環境的反抗、控訴、苦悶與憧憬；就中如楊逵的〈送報伕〉、呂赫若的

〈牛車〉、張文環的〈父親的臉〉、龍瑛宗的〈植有木瓜樹的小鎮〉等小說，則均入選於日本的大雜誌而備受讚譽。他如譏評時局、揭發苛政的名篇佳構，亦所在多有，比之同時期的中國白話文學實亦不遑多讓。此一時期素樸初創的新文學，不惟闡揚了臺灣文學反帝反封建的文學精神，也成為臺灣文學的總源頭，為今後臺灣文學的發展，奠下了可大可久、萬世不移的永固根基。

【註釋】

註一　王詩琅：〈日據下臺灣新文學的生成及發展—代序〉，《日據下臺灣新文學明集》（臺北：明潭出版社，一九七九年三月），頁一〇～一一。

註二　〈傳下這把香火—「光復前臺灣文學」座談會〉，原載《聯合報副刊》，一九七八年十月廿二～廿四日，引自黃武忠：《日據時代臺灣新文學作家小傳》（臺北：時報出版公司，一九八〇年八月），頁一六四。

註三　同前註，頁一六三。

註四　葉石濤：〈臺灣鄉土文學史導論〉，《鄉土文學討論集》（臺北：遠景出版公司，一九七八年四月），頁七一。

註五　同註二，頁一六二。

註六　葉石濤：〈為什麼賴和先生是臺灣新文學之父？〉，《沒有土地，哪有文學》（臺北：遠景出版公司，一九八五年六月），頁一一三。

註七　二十五年間之重要文學活動參見附錄八：臺灣現代文學大事記。

附錄一　日據時期年曆對照表

中曆	甲子	日曆	公曆	中曆	甲子	日曆	公曆
光緒 21	乙未	明治 28	1895	10	辛酉	10	1921
22	丙申	29	1896	11	壬戌	11	1922
23	丁酉	30	1897	12	癸亥	12	1923
24	戊戌	31	1898	13	甲子	13	1924
25	己亥	32	1899	14	乙丑	14	1925
26	庚子	33	1900	15	丙寅	大正 15	1926
27	辛丑	34	1901			昭和元年	
28	壬寅	35	1902	16	丁卯	2	1927
29	癸卯	36	1903	17	戊辰	3	1928
30	甲辰	37	1904	18	己巳	4	1929
31	乙巳	38	1905	19	庚午	5	1930
32	丙午	39	1906	20	辛未	6	1931
33	丁未	40	1907	21	壬申	7	1932
34	戊申	41	1908	22	癸酉	8	1933
宣統元年	己酉	42	1909	23	甲戌	9	1934
2	庚戌	43	1910	24	乙亥	10	1935
3	辛亥	44	1911	25	丙子	11	1936
民國		45		26	丁丑	12	1937
	壬子		1912	27	戊寅	13	1938
元年		大正元年		28	己卯	14	1939
2	癸丑	2	1913	29	庚辰	15	1940
3	甲寅	3	1914	30	辛巳	16	1941
4	乙卯	4	1915	31	壬午	17	1942
5	丙辰	5	1916	32	癸未	18	1943
6	丁巳	6	1917	33	甲申	19	1944
7	戊午	7	1918	34	乙酉	20	1945
8	己未	8	1919				
9	庚申	9	1920				

附錄二：日據時期主要新文學作家簡表（按生年次序排列）

姓名	筆名、字號	籍貫	生卒年	參加社團	日據時期主要作品
賴和	懶雲、甫三、走街先、安都生、灰	彰化市	一八九四－一九四三	臺灣文化協會、臺灣文藝聯盟、彰化應社	小說：〈鬪鬧熱〉、〈一桿稱仔〉、〈不如意的過年〉、〈蛇先生〉、〈彫古董〉、〈棋盤邊〉、〈辱〉、〈浪漫外記〉、〈可憐她死了〉、〈歸家〉、〈惹事〉、〈豐作〉、〈善訟的人的故事〉、〈赴了春宴回來〉等。
陳滿盈	虛谷、一村	彰化縣和美鎮	一八九六－一九六五	臺灣文化協會、彰化應社	小說：〈他發財了〉、〈無處申冤〉、〈榮歸〉、〈放炮〉等。
周定山	字克亞、別號一吼	彰化縣鹿港鎮	一八九八－一九七六	臺灣文化協會、南音、先發部隊、第一線	小說：〈摧毀了的嫩芽〉、〈老成黨〉、〈旋風〉、〈乳母〉等。
蔡秋桐	愁洞、匡人也、秋闊、蔡落葉	雲林縣元長鄉	一九〇〇－	臺灣文化協會、臺灣文藝聯盟、曉鐘雜誌社	小說：〈保正伯〉、〈奪錦標〉、〈新興的悲哀〉、〈興兄〉、〈理想鄉〉、〈四兩仔土〉、〈王爺豬〉等。

吳濁流	又名建田、號饒畊	新竹縣新埔鎮	一九〇〇—一九七六	臺灣新聞報、臺灣日日新報記者、臺灣文藝創辦人	見：《吳濁流作品集》，含《亞細亞的孤兒》等六冊。
葉榮鐘	字少奇、號凡夫	彰化縣鹿港鎮	一九〇〇—一九七八	南音社同仁	著有：《中國新文學概觀》及評論文章多篇。
王白淵		彰化縣二水鎮	一九〇一—一九六五	臺灣藝術研究會	日文詩集《荊棘之道》、小說：〈唐璜與加彭尼〉。
張我軍	一郎、**SM**生	臺北縣板橋鎮	一九〇二—一九五五		詩集：《亂都之戀》、小說：〈買彩票〉、〈白太太的哀史〉、〈誘惑〉等。
朱石峰	朱點人、描文、文苗、點人	臺北市萬華	一九〇三—一九四九	臺灣文藝協會、臺灣文藝聯盟	小說：〈一個失戀者的日記〉、〈島都〉、〈紀念樹〉、〈無花果〉、〈蟬〉、〈安息之日〉、〈秋信〉、〈長壽會〉、〈脫穎〉、〈血櫻〉等。
郭秋生	秋生、芥舟、街頭寫眞	臺北縣新莊鎮	一九〇四—一九八〇	臺灣文藝協會、臺灣文藝聯盟、	小說：〈農村的回顧〉、〈死麼〉、〈跳加冠〉、〈貓兒〉、〈鬼〉、〈王

師				南音社	都鄉〉等。
張深切	字南翔，筆名者也、楚女	南投縣草屯號	一九〇四—一九六五	臺灣演劇研究會、臺灣文藝聯盟	劇本：〈落陰〉、小說：〈鴨母〉及文學評論多篇。
楊松茂	守愚、村老、洋、翔、丫生、靜香軒主人、瘦鶴	彰化市	一九〇五—一九五九	臺灣文藝聯盟、彰化應社	小說：〈十字街頭〉、〈顛倒死〉、〈過年〉、〈一群失業的人〉、〈嫌疑〉、〈升租〉、〈罰〉、〈斷水之後〉、〈赤土與鮮血〉、〈移溪〉、〈鴛鴦〉、〈凶年不免於死亡〉、〈醉〉、〈瑞生〉、〈一個晚上〉、〈誰害了她〉、〈元宵〉、〈決裂〉、〈啊！稿費〉、〈女丐〉等。另有新詩甚多。
楊　貴	楊逵、楊建文	臺南縣新化鎮	一九〇五—一九八五	臺灣文藝聯盟、臺灣新文學社	小說：〈送報伕〉、〈靈籤〉、〈難產〉、〈水牛〉、〈田園小景〉、〈模範村〉、〈頑童伐鬼記〉、〈蕃仔雞〉、〈無醫村〉、〈泥娃娃〉、〈鵝媽媽出嫁〉、〈萌芽〉、〈增產的背後—老丑角的故事〉等。

楊雲萍	雲萍、雲萍生	臺北市士林	一九〇六—	臺灣文藝聯盟、人人雜誌社	日文新詩集：《山河》，小說：〈罪與罰〉、〈月下〉、〈光臨〉、〈弟兄〉、〈黃昏的蔗園〉、〈咖哩飯〉、〈秋菊的半生〉、〈青年〉等。
楊顯達	一名楊建，筆名楊華、楊花、楊器人	屏東縣	一九〇六？—一九三六		詩集：《黑潮集》、《心絃集》、《晨光集》等，小說：〈一個勞動者的死〉、〈薄命〉等。
吳新榮	震瀛、史民、兆行	臺南縣佳里鎮	一九〇七—一九六七	臺灣文藝聯盟、臺灣新文學社、臺灣文學社、臺灣文藝家協會	新詩：〈道路〉、〈故鄉的輓歌〉、〈思想〉、〈旅愁〉等。隨筆〈亡妻記〉。
郭水潭	郭千尺	臺南縣佳里鎮	一九〇八—一九九五	南溟藝園、華麗島、臺灣文藝聯盟、臺灣新文學社、臺灣文藝家協會	新詩：〈世紀之歌〉、〈三等病室〉、〈向棺木慟哭〉、〈斑鳩與廟祝〉、〈故鄉之歌〉、〈宋江陣〉等。小說：〈某個男人的手記〉等。
翁鬧		彰化縣	一九〇八—	臺灣藝術研究會	小說：〈音樂鐘〉、〈戇爺〉、〈殘雪

		社頭鄉	一九四〇？		〉、〈羅漢腳〉、〈可憐的阿蕊婆〉、〈天亮前的戀愛故事〉等。
陳火泉	耿沛、安岵林	彰化縣鹿港鎮	一九〇八—		〈道〉（中篇小說）
楊熾昌	水蔭萍、南潤	臺南市	一九〇八—一九九四	風車詩社	詩集：《熱帶魚》、《樹蘭》。小說：《薔薇色的皮膚》、《貿易風》等。
王詩琅	一剛、榮峰、王錦江	臺北市萬華	一九〇八—一九八四	臺灣文藝協會、臺灣黑色青年聯盟	小說：〈夜雨〉、〈青春〉、〈沒落〉、〈老婊頭〉、〈十字路〉等。
張文環		嘉義縣梅山鄉	一九〇九—一九七八	臺灣藝術研究會、臺灣文學社	小說：〈落蕾〉、〈哭泣的女人〉、〈父親的要求〉、〈過重〉、〈部落的元老〉、〈父親的顏面〉、〈豬的生產〉、〈兩個新娘〉、〈辣韮罐〉、〈憂鬱的詩人〉、〈藝妲之家〉、〈部落的慘劇〉、〈論語與雞〉、〈夜猿〉、〈頓悟〉、〈閹雞〉、〈地方生活〉、〈迷兒〉、〈媳婦〉、〈泥土的芳香〉、〈

					雲之中〉等篇。
吳天賞	吳鬱三	臺中市	一九〇九—一九四七	臺灣藝術研究會、臺灣文藝聯盟東京支部會員	小說：〈龍〉、〈蕾〉、〈野雲雀〉等。另新詩、隨筆多篇。
賴明弘		臺中縣豐原市	一九〇九—一九七一	臺灣文藝聯盟	小說：〈夏〉、〈魔力〉、〈結婚男人的悲哀〉。
吳希聖		臺北縣淡水鎮	一九〇九—		小說：〈豚〉、〈乞食夫妻〉、〈人間楊兆佳〉、〈麗娜的日記〉等。
吳坤煌	梧葉	南　投	一九〇九—	臺灣藝術研究會	詩：〈旅路雜詠之一部〉、〈南蠻套房〉、〈貧乏賦〉、〈冬之詩集〉、〈曉之夢〉、〈母親〉、〈歸鄉雜詠〉、〈詩三篇〉、〈悼陳在葵君〉等。
林海成	林越峰	臺中縣豐原市	一九〇九—	臺灣文化協會、臺灣文藝聯盟	小說：〈最後的喊聲〉、〈油瓶的媽媽〉、〈月下情話〉、〈到城市去〉、〈好年光〉、〈紅蘿蔔〉等。
黃得時		臺北縣	一九〇九—	臺灣文藝協會、	〈達夫片片〉（隨筆），小說：〈橄欖

		樹林鎮		臺灣文藝聯盟、臺灣文藝家協會、臺灣文學社	〉、《水滸傳》日譯，以文學評論見稱。
莊松林	朱鋒、康道樂、尚未央、KK、CH	臺南市	一九一〇—一九七四	臺灣民衆黨、赤道報社	小說：〈老雞母〉、〈失業〉，童話：〈戇虎〉、〈鹿角還狗舅〉及民間故事：〈鴨母王〉、〈林道乾〉等多篇。
賴滄淆	賴賢穎、賴堂郎、玄影	彰化市	一九〇一—一九八一	臺灣文藝聯盟	小說：〈女鬼〉、〈姊妹〉、〈稻熱病〉等。
劉榮宗	龍瑛宗	新竹縣北埔	一九一一—	臺灣文藝家協會	小說：〈植有木瓜樹的小鎮〉、〈黃家〉、〈黃昏月〉、〈白色的山脈〉、〈獏〉、〈一個女人的記錄〉、〈不知道的幸福〉、〈黑少女〉、〈龍舌蘭與月〉、〈歌〉、〈趙夫人的戲畫〉、〈村姑逝矣〉、〈蓮霧的庭園〉、〈南海之涯〉、〈邂逅〉、〈午前的懸崖〉、〈死在南方〉、〈夕影〉、〈白鬼〉等。評論集：《孤獨的蠹魚》。

劉　捷	郭天留、張猛三	屏東縣萬丹鄉	一九一一—	臺灣藝術研究會、臺灣文藝聯盟	評論：〈臺灣文學鳥瞰〉、〈民間文學的整理及其方法論〉等。
趙啓明	馬木櫪、櫪馬	臺南市	一九一二—一九三八	臺南市藝術俱樂部	小說：〈黑暗的人生〉、〈私奔〉、〈西北雨〉。
廖漢臣	毓文、文瀾、H·C生	臺北市萬華	一九一二—一九八〇	臺灣文藝協會、臺灣文藝聯盟、臺灣新文學社	小說：〈母親死掉了〉、〈玉兒的悲哀〉、〈創痕〉等。劇本：〈逃亡〉，新詩及民間故事。
巫永福		南投縣埔里鎮	一九一三—	臺灣藝術研究會、臺灣文藝聯盟、臺灣文學社	小說：〈首與體〉、〈黑龍〉、〈山茶花〉、〈河邊的太太們〉、〈慾〉等。劇本：〈紅綠賊〉及新詩多篇。
呂石堆	呂赫若	臺中縣豐原市	一九一四—一九五〇？	厚生演劇研究社、臺灣文學社	小說：〈牛車〉、〈財子壽〉、〈風水〉、〈鄰居〉、〈柘榴〉、〈合家平安〉、〈廟庭〉、〈月夜〉、〈清秋〉等。
林精鏐	林芳年	臺南縣佳里鎮	一九一四—一九八九	臺灣文藝聯盟佳里支部會員	新詩、小說、評論等。

陳瑞榮	陳垂映、陳雪峰、陳琅石、陳榮	臺中市	一九一六—	臺灣文藝聯盟東京支部會員	長篇小說：〈暖流寒流〉，小說：〈モンココの女〉、〈月末の溜息〉、〈黒潮越えへ〉、〈鳳凰花〉、〈麗秋の結婚〉、〈敗北〉、〈失蹤〉等。
王榮生	王昶雄	臺北縣淡水鎮	一九一六—	臺灣文學社	中篇小說：〈淡水河的漣漪〉、〈奔流〉等。
葉石濤		臺南市	一九二五—	文藝臺灣社	小說：〈林君寄來的信〉、〈春怨〉等。

附錄三：日據時期臺灣總督人物表

姓名	任職年月	卸任年月	備註
樺山資紀	光緒二十一年五月十日（日明治二十八年）一八九五年	光緒二十二年六月二日（日明治二十九年）一八九六年	伯爵 陸軍大臣
桂太郎	光緒二十二年六月二日（日明治二十九年）一八九六年	光緒二十二年十月十四日（日明治二十九年）一八九六年	公爵 陸軍大將 內閣總理大臣
乃木希典	光緒二十二年十月十四日（日明治二十九年）一八九六年	光緒二十四年二月廿六日（日明治三十一年）一八九八年	伯爵 陸軍大將
兒玉源太郎	光緒二十四年二月廿六日（日明治三十一年）一八九八年	光緒三十二年四月十一日（日明治三十九年）一九〇六年	伯爵 陸軍大將
佐久間左馬太	光緒三十二年四月十一日（日明治三十九年）一九〇六年	民國四年五月一日（日大正四年）一九一五年	伯爵 陸軍大將
安東貞美	民國四年五月一日（日大正四年）一九一五年	民國七年六月六日（日大正七年）一九一八年	男爵 陸軍大將

明石元二郎	民國七年六月六日（日大正七年）一九一八年	民國八年十月廿六日（日大正八年）一九一九年	男爵　陸軍大將
田健次郎	民國八年十月廿九日（日大正八年）一九一九年	民國十二年九月二日（日大正十二年）一九二三年	男爵
內田嘉吉	民國十二年九月六日（日大正十二年）一九二三年	民國十三年九月一日（日大正十三年）一九二四年	
伊澤多喜男	民國十三年九月一日（日大正十三年）一九二四年	民國十五年七月十六日（日大正十五年）一九二六年	貴族院議員
上山滿之進	民國十五年七月十六日（日大正十五年）一九二六年	民國十七年六月十六日（日昭和三年）一九二八年	
川村竹治	民國十七年六月十六日（日昭和三年）一九二八年	民國十八年七月三十日（日昭和四年）一九二九年	貴族院議員
石塚英藏	民國十八年七月三十日（日昭和四年）一九二九年	民國二十年一月十六日（日昭和六年）一九三一年	樞密院顧問官
太田政弘	民國二十年一月十六日（日昭	民國二十一年三月二日（日昭	貴族院議員

	和六年）一九三一年	和七年）一九三二年	
南　弘	民國二十一年三月二日（日昭和七年）一九三二年	民國二十一年五月廿六日（日昭和七年）一九三二年	貴族院議員
中川健藏	民國二十一年五月廿六日（日昭和七年）一九三二年	民國二十五年九月二日（日昭和十一年）一九三六年	貴族院議員 大日本航空會社總裁
小林躋造	民國二十五年九月二日（日昭和十一年）一九三六年	民國二十九年十一月（日昭和十五年）一九四〇年	海軍大將
長谷川清	民國二十九年十一月（日昭和十五年）一九四〇年	民國三十三年十二月（日昭和十九年）一九四四年	海軍大將
安藤利吉	民國三十三年十二月（日昭和十九年）一九四四年	民國三十四年十月（日昭和二十年）一九四五年	陸軍大將

附錄四：日據時期臺灣文藝雜誌一覽表（△標記者爲臺人所創辦）

竹塹新誌：創刊於光緒二十五年（明治三十二年一月），新竹北門街環翠山房發行，至第三期停刊，內谷以文學爲主。

臺灣文藝：光緒二十八年（明治三十五年四月）臺北的臺灣文藝社創刊，由日人村上玉吉主編，這是以俳句爲主的月刊，至同年九月第五期停刊。

相思樹：光緒三十年（明治三十七年五月）創刊，主編爲服部烏亭，以俳句爲主的文藝雜誌。三卷十一期後改由岩田鳴球主編，發行至宣統二年（明治四十三年二月）六卷四期停刊。

新泉：光緒三十一年（明治三十八年），由臺灣日日新報文藝記者宇野覺太郎創辦，內容以和歌爲主，發行六期停刊。

新星：光緒三十一年（明治三十八年）創刊，由白男川敬藏、柴田廉太郎、太田轉山等編輯，發行三號停刊。

綠珊瑚：

光緒三十三年（明治四十年五月），由渡邊常三郎在台北創刊，至宣統三年（明治四十四年三月）五卷二期停刊，該刊傾向於所謂的自由律俳句。

新學雜誌：

宣統二年（明治四十三年八月二十日）由臺北新學研究會創刊，這是日人爲普及新知識而設的，主唱者是當時的法院法官伊藤政重，網羅臺日人士，本部設在臺北，並規定有會員二十名的地方可設支部。該誌的主編是當時臺灣日日新報記者李漢如，內容以文藝作品爲主，並有法律、政治、歷史、經濟方面的文章，並不是一種純文藝雜誌。

蛇木：

民國四年（大正四年二月）臺北蛇木藝術同攻會創刊，蜂谷彬爲主編，係刊載詩、短歌、小說、版畫等的雜誌。至民國七年（大正七年七月）停刊，共發行四卷七號。

經鹿：

創刊於民國四年（大正四年六月），由臺北臺灣文藝同志會發行，中村弘治主編，至同年十一月第五期停刊。

新生：

民國四年（大正四年六月），由新生社發行。

紅塵：民國四年（大正四年六月），臺灣文藝同志會發行。

臺灣パック：民國五年（大正五年一月）創刊於臺北的月刊雜誌，松尾德壽發行，旋因事停刊，遷日本神戶市發行。

熱：民國六年（大正六年一月），臺北熱吟社創刊，諏訪忠藏主編，至民國八年（大正八年八月）第三十一期停刊。

若草：民國六年（大正六年九月）臺北若草會創刊，由小林忠文編輯，係專刊民謠、山歌、童謠等之雜誌。

紅檜：民國六年（大正六年十二月），福地載五郎創辦於嘉義，至民國九年（大正九年五月）第三十六期停刊。

月桃：

民國六年（大正六年）創刊於桃園，岡山藤二郎主編。

南方（原名ミナミ）：

民國七年（大正七年一月）臺北南方社刊行，村上金六編輯，係文藝及社會時評之綜合性雜誌。

人形：

創刊於民國七年（大正七年六月），係臺北人形詩社發行，西口進卿編輯，以創作詩歌爲主，並容納小說、戲曲、腳本、樂譜、插圖等之文藝，很受當時的民政長官下村宏之支持，至民國八年（大正八年六月）第十三期終刊。

木瓜：

民國七年（大正七年十二月）臺北木瓜社創刊，下永葉二主編的文藝雜誌。

△臺灣文藝叢誌：

民國八年（大正八年一月一日）由臺灣文社創刊，編輯兼發行人爲鄭汝南。該刊以「探求經史之精奧，發爲文學之光華，不特維持漢學於不墜，抑且發揚而光大之」爲旨趣。臺灣文社是由臺中櫟社之漢詩人林幼春、蔡惠如、陳滄玉、林獻堂、陳基玉、傅錫祺、陳懷澄、鄭汝南、陳聯玉、莊伊若、林載釗、林子瑾等於民國七年（大正七年十月）所發起創立的。其宗旨爲「鼓吹文運，研究文章詩詞，互通學者聲氣。」

該雜誌爲日據時期臺灣最早的漢文學雜誌，前後繼續發行達七年之久，對臺灣舊文學貢獻頗多。

曙：民國八年（大正八年五月），曙社創刊。

南方藝術：民國九年（大正九年），於臺北創刊，僅發行兩期。

荊棘之座：民國九年（大正九年）荊棘之座社發行。

潮：民國九年（大正九年九月）花蓮港大樹吟社創刊，主編為齊藤東柯，至民國十二年（大正十二年八月）第三十期停刊。

油加利（ゆうかり）：民國十年（大正十年十月三日），臺北油加利社創刊，主編為山本昇，係專登俳句之月刊。

南瀛：民國十一年（大正十一年一月）臺北南瀛文藝社創刊，中島紅浪主編，至第五期停刊。

あらたま：民國十一年（大正十一年十一月廿二日）臺北あらたま社創刊。編輯人先為濱口正雄，後為樋詰正治，係研究短歌之月刊。

熱帶詩人：

民國十二年（大正十二年）バベル詩社發行。

△臺灣詩報：

民國十三年（大正十三年二月九日）創刊，由臺北星社同人創辦，黃水沛編輯，陳蘅（即歐劍窗）發行，至翌年四月停刊，共發行十四期。

△臺灣詩薈：

創刊於民國十三年（大正十三年二月十五日），由連雅堂（連横）主編並兼任發行人，前後出版廿二冊，至民國十四年（大正十四年十月）停刊。該月刊宗旨以保存漢詩文及整理古人遺著爲主。該刊先後分闢「詩鈔」、「詩存」、「詞鈔」、「詞存」、「文鈔」、「文存」、「學術」、「論衡」、「傳記」、「雜錄」、「遺著」、「詩話」、「詞話」、「曲話」、「詩鐘」、「小說」、「尺牘」、「紀事」諸門，既名「詩薈」，主要自以刊載詩篇爲多，其中所謂「鈔」以當時人所作屬之，「存」即錄存前人之遺作。該刊對於臺灣保存祖國文化及鼓舞民族精神頗有貢獻。

櫻草：

民國十三年（大正十三年五月）臺北櫻草社創刊，西川滿編輯。

△文藝：

民國十三年（大正十三年六月）創刊於臺北，編輯兼發行人林進發，僅發行一期即休刊，爲日文之詩歌雜誌。

南溟：

民國十三年（大正十三年八月）臺北州士林街南溟俱樂部創刊。

亞熱帶：

民國十三年（大正十三年十一月）亞熱帶詩社創刊。

麗島：

民國十三年（大正十三年十一月）臺北麗島詩社創刊。編輯爲諏訪忠藏，至民國十七年（昭和三年十二月）第四十四期停刊，內容以俳句爲主。

戰鬪艦：

民國十三年（大正十三年十二月）新竹州桃園街戰鬪艦詩社創刊，謝倉編輯。

△黎華新報：

民國十四年（大正十四年一月）臺北東瀛黎華新報社創刊，編輯張清和。

△人人：

民國十四年（大正十四年三月）臺北人人雜誌社創刊，楊雲萍主編，僅發行兩期即停刊，這是臺灣最早的白話文文學雜誌。

大望：

民國十四年（大正十四年三月）臺北大望詩社創刊。

パパヤ：

民國十四年（大正十四年九月）臺北臺灣童謠協會創刊，編輯人宮尾進。

△七音聯彈：

民國十四年（大正十四年十月十五日）張紹賢等創刊。

翔風：

民國十五年（大正十五年五月）臺灣總督府臺北高等學校文藝部創辦之文藝雜誌。

洎芙藍：

民國十五年（大正十五年五月）臺北洎芙藍社創刊，西川滿編輯之歌誌。

扒龍船：

民國十五年（大正十五年八月）臺北扒龍船詩社創刊，係臺北臺灣詩人聯盟之機關雜誌，西川滿主編，至同年九月第二期停刊。

足跡：

民國十六年（昭和二年二月）臺北足跡社創刊，濱田隼雄主編，這是以臺北高校生爲中心之文藝雜誌。

詩火線：

民國十六年（昭和二年三月）臺北創作社創刊，保坂瀧雄編輯，爲純詩刊，僅發行一期即停刊。

創生：

民國十六年（昭和二年三月）爲臺北創作社創刊之詩誌，僅發行創刊號即停刊。

あぢさゐ：

民國十六年（昭和二年四月一日）花蓮あぢさゐ社創辦，渡邊美考發行，爲登載有關短歌之月刊。

文藝批判：

民國十六年（昭和二年九月）臺北文藝批判社創刊，秋永肇編輯，以臺北高校生爲中心之雜誌。

日時圭：

民國十七年（昭和三年三月）臺北日時圭館創辦之詩刊。草葉竹比古編輯，僅發行創刊號即停刊。

水田與自動車：

民國十七年（昭和三年六月）創刊，爲臺北帝大文政學部主編之歌誌，編輯人爲中山侑，發行三號停刊。

南方文學：

民國十七年（昭和三年六月）臺北新高堂書店創刊，平田藤吉郎編輯，至第二期停刊。

ポタビン：

民國十七年（昭和三年七月）臺北ポタビン社創刊，馬場野彥編輯，至民國十八年（昭和四年十

月）第四期停刊。民國十九年（昭和五年六月）更名爲《藝術作業》而復刊。

△詩集：

民國十七年（昭和三年八月廿一日）苗栗栗社創刊。發行人爲黃運寶，這是刊登漢詩的月刊。

福爾摩沙（フォルモサ）：

民國十七年（昭和三年十二月）臺北仲下書店創刊，以臺北帝大文政學部爲中心之文藝誌，僅發行一號即停刊。

△風與壺：

民國十八年（昭和四年二月）臺北碧埅館詩房創刊，林炳耀編輯，發行二期停刊。

醜草：

民國十八年（昭和四年二月）在臺北創刊，中村幸一編輯之文藝雜誌。

無軌道時代：

民國十八年（昭和四年九月）臺北無軌道詩社創辦之純詩刊。至民國十九年（昭和五年一月）第三期停刊。

仁灯：

民國十八年（昭和四年九月五日）臺北仁濟團創刊，山村光尊發行，爲文藝及社會常識之月刊。

南溟樂園：

民國十八年（昭和四年十月）臺北南溟樂園社創刊，多田利郎編輯，以詩為主體，至民國十九年（昭和五年二月）第五期改名為《南溟藝園》。

寫生：

民國十八年（昭和四年十月）臺北碧榕社創刊，山本岬人編輯，至民國廿二年（昭和八年九月）第六卷十一期終刊。這是以臺灣銀行員為中心之俳句誌。

街：

民國十八年（昭和四年十月）街灯館創刊，德重嘉和編輯。

赤い支那服：

民國十八年（昭和四年十一月）臺北赤い支那服社創刊，編輯為中山侑，這是以臺北帝大文政學部為中心之文藝誌。

言語と文學：

民國十八年（昭和四年十二月）臺北國語國文學會創刊，至民國二十年（昭和六年七月）發行第六輯停刊，為臺北帝大文學科對於系統的語言、文學之研究雜誌。

風景：

民國十九年（昭和五年一月）臺北風景詩社創刊，保坂瀧雄編輯之詩刊。

底下：

民國十九年（昭和五年）在臺南創刊，爲瀧澤鐵也主編之純文藝刊物，至同年八月第三輯時更名爲《ランタナ》，同時改由篠原政浩主編。

水晶宮：

民國十九年（昭和五年一月）由臺北赤い支那服社創刊，中山侑編輯之詩誌。

△伍人報：

民國十九年（昭和五年六月二十一日）王萬得、江森鈺、陳兩家、周合源、張朝基等五人出資合辦，十五期後改稱《工農先鋒》，後與《臺灣戰線》合併爲《新臺灣戰線》，爲思想、文藝雜誌。

△洪水報：

民國十九年（昭和五年八月）黃白成枝、謝春木編輯，亦爲思想、文藝性雜誌，出刊十期。

△明日：

民國十九年（昭和五年八月七日）明日雜誌社創刊，林斐芳編輯兼發行人，內容以文學爲主，全部用白話文，經常執筆者有黃天海、王詩琅、廖漢臣等，發行至第六期停刊。以日人干預、壓迫，被禁止發行達三號。

△臺灣戰線：

民國十九年（昭和五年八月）楊克培、謝雪紅、賴和、郭德金等人創辦，共發行四期，全部禁止發行。

竹鷄：

民國十九年（昭和五年八月廿八日），臺中竹鷄吟社創刊，爲登載俳句之月刊，阿川昔爲發行人。

△現代生活：

民國十九年（昭和五年十月十五日）由許乃昌創刊於彰化的中文白話文雜誌，僅刊行一期。

△赤道：

民國十九年（昭和五年十月卅一日）由林秋梧等創刊於臺南的中日文句刊雜誌，提倡普羅文學，出刊六期，查禁二期。

△三六九小報：

民國十九年（昭和五年九月）臺南三六九小報社創刊，每月逢三、六、九出版。趙雅福任發行人，王開運、蔡培楚爲編輯，內容以小說、小話、隨筆爲主。同年十二月九日第廿八號起，連載海外孤本佩雁遺著之明史說部《金魁星》全部百萬餘言，頗獲好評，前後發行五年。

海響：

民國二十年（昭和六年一月）海響社創辦。

蜻蛉玉：

民國二十年（昭和六年一月）在臺北創刊，中山侑編輯之歌誌。

圓卓子：

民國二十年（昭和六年二月）臺北圓卓子社創刊之詩誌，上清哉編輯，爲《無軌道時代》之後身。

△**詩報**：

民國二十年（昭和六年四月）桃園街吟稿合刊詩報社創刊，發行人爲周石輝，編輯爲葉文樞等，內容爲各詩社之擊鉢聯吟詩稿，後遷基隆市，改由張曹朝瑞任發行人。

カドラン：

民國二十年（昭和六年四月）在臺北創刊，名腰尚武編輯，僅出創刊號即停刊。

アルマ：

民國二十年（昭和六年六月）臺北創刊，冬野鐵志編輯，同年十二月發行第二輯即停刊。

詩歌陣：

民國二十年（昭和六年七月）臺北詩歌陣社創刊，林與志夫編輯之詩歌誌。

臺灣文學：

民國二十年（昭和六年九月）於臺北創刊，別所孝二主編，爲臺灣文藝作家協會之機關雜誌。爲日本政府所查禁，嗣後出版至第四期仍不能繼續刊行，遂告中輟。

△**藻香文藝**：

民國二十年（昭和六年十一月二十日）由臺北天籟吟社組織的藻香文藝社所創刊，吳永遠（紉秋）爲發行人，林述三主編，內容多爲集錄各詩社之詩稿。半月發行一次，計發行三期停刊。

△**曉鐘**：

民國二十年（昭和六年十二月十八日）虎尾郡曉鐘社創刊，編輯兼發行人爲吳仁義，內容多爲白話作品，鼓吹文藝啓蒙運動。

△**南音**：

民國二十年（昭和六年十二月廿八日）創刊，提倡白話文，編輯及發行人爲臺北黃春成，第七期起改由臺中張星建負責，社友有陳逢源、賴和、周定山、張煥珪、莊遂性、張聘三、許文逵、葉榮鐘、洪槱、吳春霖、郭秋生等人，發行至第十二期爲當局所禁，即行停刊。

蕃ざくろ：

民國二十一年（昭和七年十月廿六日）臺北蕃柘榴社創辦，勝又保代編輯，爲刊登俳句之月刊。

殘夢：

民國二十一年（昭和七年十一月十一日）臺北殘夢發行所創刊，吉川素月編輯，爲俳句之月刊。

詩風帶：

民國二十一年（昭和七年十二月）臺北詩風帶社創刊的詩誌，山田好三編輯。

霸王樹：

民國二十二年（昭和八年一月）臺北幸榮俱樂部創辦，爲中央研究所內之同好者所發行，爲以俳句爲中心之文藝雜誌，發行至同年十二月停刊。

うしほ：

民國二十二年（昭和八年二月十二日）花蓮うしほ社創刊，武田善俊主編之俳誌，一年出版三次。

ロゴス：

民國二十二年（昭和八年二月）臺北ロゴス社創刊，由北原政吉編輯之詩誌，發行三號即停刊。

相思樹：

民國二十二年（昭和八年四月）臺北相思樹社所創辦之短歌雜誌，柴山矩編輯。

愛書：

民國二十二年（昭和八年六月）臺北臺灣愛書會創刊，西川滿任編輯兼發行人，以愛書趣味爲主之高級雜誌，一年出版三期，每期均有專題特輯，主要內容爲對臺灣文字、文學之考證詮釋。發行至民國三十三年（昭和十九年）。

南海文學：

民國二十二年（昭和八年九月）臺北南海文學社創刊，上清哉主編。

感應錄：

民國二十二年（昭和八年十一月八日）臺灣道德社創辦，爲文藝宗教及一些勸善懲惡記事之月刊。

草笛：

民國二十二年（昭和八年十二月）臺北草笛社創刊之詩誌，平野音一編輯，翌年七月號停刊。

朱轎：

民國二十三年（昭和九年一月）臺北朱轎社創辦之短歌雜誌，中山馨編輯。

あぢさゐ：

民國二十三年（昭和九年三月）臺北あぢさゐ社創刊，武田美都夫編輯。

モダン臺灣：

民國二十三年（昭和九年四月）在臺北創刊，中山侑編輯，爲一通俗雜誌，僅發行二期即停刊。

△先發部隊：

民國二十三年（昭和九年七月十五日）創刊，臺灣文藝協會發行，廖漢臣編輯，提倡白話文及新文學，創刊號爲「臺灣新文學出路的探究」特刊，僅出一期。

媽祖：

民國二十三年（昭和九年十月）臺北媽祖書房創刊，西川滿編輯，至民國廿七年（昭和十三年三月）第十六冊停刊。主要爲一詩誌，每期並有立石鐵臣、宮田彌太郎等之版畫。

△臺灣文藝：

民國二十三年（昭和九年十一月五日）創辦，臺中臺灣文藝聯盟發行。張星建編輯，中日文各半，該雜誌有不少臺灣作家，發行至民國廿五年八月第十五期停刊，提倡新文學。

ネ・ス・パ：

民國二十三年（昭和九年十二月）臺北ネ・ス・パ會創刊。編輯人日根三郎，主要同人西川滿、中山侑、桑田喜好、山本奈良男、新原保夫。

△第一線：

民國二十四年（昭和十年一月六日）創刊，臺灣文藝協會發行，廖漢臣編輯，內容以白話文爲主，創刊號爲「臺灣民間故事」特輯，僅出一期。

童心：

民國二十四年（昭和十年二月）臺北兒童藝術聯盟創刊，伊藤健一編輯，發行至第三期停刊。

△風月報：

民國二十四年（昭和十年五月九日）臺北風月報社創辦，簡荷生編輯。爲提倡吟風弄月之半月刊，白話文言並用。發行至民國三十年（昭和十六年七月一日）改稱《南方》。

あらたま俱樂部：

民國二十四年（昭和十年五月廿五日）臺北あらたま發行所創辦，發行人爲樋詰正治，爲研究短歌的月刊。

南風：

民國二十四年（昭和十年五月）臺北南風社創刊，藤田憲三編輯，發行二期停刊。

△風車詩刊：

民國二十四年（昭和十年六月）水蔭萍（即楊熾昌）等編。

原生林：

民國二十四年（昭和十年六月十八日）臺北原生林社創刊，田淵武吉編輯之短歌月刊。

臺灣藝術新報：

民國二十四年（昭和十年八月一日）創刊於臺北，赤星義雄發行，初名《演藝與樂界》。

船室：

民國二十四年（昭和十年九月）臺北船室社創刊之文藝雜誌，上野英隆編輯。

△臺灣新文學：

民國二十四年（昭和十年十二月廿八日）創刊，臺灣新文學社發行，楊逵編輯，至民國廿六年（昭和十二年六月）止共發行十四期。該雜誌是由《臺灣文藝》（臺灣文藝聯盟發行）的一些作家另外創辦的。

臺大文學：

民國二十五年（昭和十一年一月）創刊於臺北，初由安藤正次編輯，至民國廿九年（昭和十五年四月）以後由矢野禾積繼之，爲臺北帝大文學科之機關雜誌。

偉大的太魯閣：

民國二十五年（昭和十一年二月）花蓮港偉大的太魯閣社創刊，植村義隆編輯，爲短歌、漢詩等之文藝雜誌。

紅檜：

民國二十五年（昭和十一年二月）紅檜吟社創辦之月刊。

Kritiko：

民國二十五年（昭和十一年三月）臺北圓卓子社創刊，中山侑編輯，爲一文藝評論雜誌。

南十字星：

民國二十五年（昭和十一年六月）南十字星社創刊。

孔教報：

民國二十五年（昭和十一年十月十六日）彰化孔教報事務所創辦，施梅樵發行，爲文藝論說及有關日本精神涵養記事。

南文學：

民國二十五年（昭和十一年十月）創刊於臺北，清水正編輯。

如月會句集：

民國二十七年（昭和十三年三月八日）臺南的坪內良一創辦，爲有關俳句之月刊。

彩色風（色ある風景）：

民國二十七年（昭和十三年四月）保坂瀧雄編輯之詩誌。

貴族：
民國二十七年（昭和十三年）在臺北創刊，上野英隆編輯，是以小說爲主的文藝雜誌，僅發行一期即停刊。

合歡木（ねむの木）：
民國二十七年（昭和十三年十二月）創刊於臺北，柴山關也編輯之童詩誌，僅發行一號即停刊。

△月來香：
民國二十八年（昭和十四年二月）創刊，係當時臺北高等學校的學生邱炳南所創辦的詩誌。

臺灣風土記：
民國二十八年（昭和十四年二月）臺北日孝山房創刊，至翌年四月發行四號而終刊，編輯人西川滿，是以文學記錄過去臺灣的文化之鄉土研究誌。

紅樹：
民國二十八年（昭和十四年四月）於高雄創刊，爲《海響》雜誌之後身，編輯初爲春田操，繼之爲小林土志朗，係一詩歌雜誌。

兒童街：
民國二十八年（昭和十四年六月）臺北兒童藝術協會創刊之機關雜誌，編輯人初爲吉川省三，繼爲竹內治。

野葡萄：

民國二十八年（昭和十四年八月）臺北野葡萄詩社創刊，以小曲、民謠、童謠爲主，野村志朗編輯。

華麗島：

民國二十八年（昭和十四年十二月）創刊於臺北，係臺灣詩人協會之機關雜誌，西川滿、北原政吉編輯，出版一期後，即與臺灣文藝家協會合併。

文藝臺灣：

民國二十九年（昭和十五年一月一日）創刊於臺北，西川滿編輯，爲臺灣文藝家協會之機關雜誌，係綜合性文藝雜誌。旋於民國三十年（昭和十六年二月）改組，重新組織爲文藝臺灣社繼續發行，並自二卷二期起將隔月刊改爲月刊，民國卅三年一月一日（昭和十九年）因時勢不許而以七卷二期爲終刊號。

國姓爺：

民國二十九年（昭和十五年一月）臺北臺灣川柳社創刊，吉鹿則行主編。

△臺灣藝術：

民國二十九年（昭和十五年三月）臺北臺灣藝術社創刊，黃宗葵主編。

臺灣：

民國二十九年（昭和十五年四月）臺北臺灣社創刊，齋藤勇編輯，以短歌、詩創作爲主。

△臺灣文學：

民國三十年（昭和十六年五月廿七日）臺北啓文社創刊，張文環主編，至民國卅二年（昭和十八年）十二月廿五日，發行第四卷第一期停刊，爲日文季刊。

民俗臺灣：

民國三十年（昭和十六年七月）創刊於臺北，金關丈夫發行，池田敏雄編輯。

臺灣文藝：

民國卅三年（昭和十九年五月一日）創刊於臺北，臺灣文學奉公會發行，長崎浩與林秋興編輯，旋因辦事處被盟機炸燬，而告解散。

無影樹：

無影樹吟社發行。

附錄五：日據時期臺灣主要新文學刊物表

刊物名稱	出刊日期	停刊日期	刊行地	創辦者	刊物型態	備註
臺灣青年	一九二〇、七、十六	一九二二、二、十五	東京	蔡培火	中日文月刊	出刊十八期，查禁四期。
臺灣	一九二二、四、十	一九二四、五、十	東京	林呈祿	中日文月刊	出刊十九期、查禁二期。係由臺灣青年雜誌易名者。
臺灣民報	一九二三、四、十五	一九四四、三、廿七	東京、後移臺北	林呈祿	白話文→中日文半月刊→旬刊→週刊→日刊	初為中文半月刊，一九二三、十、十五改中日文旬刊，一九二五、七、五改週刊，一九二七、八、一遷臺發行，一九三〇、三、廿九易名臺灣新民報，一九三二、四、十五改為日刊，一九四一、二、十一易名興南新聞。
人人	一九二五、三、十一	一九二五、十二、卅一	臺北	楊雲萍	中文不定期	出刊兩期。
伍人報	一九三〇、六、廿一	一九三〇、十二	臺北	王萬得		出刊十五期後易名工農先鋒。
臺灣戰線	一九三〇、八	一九三〇、十二	臺北	楊克培		出刊四期皆被禁，共產主義派雜誌
洪水報	一九三〇、八		臺北	黃白成枝		出刊十期，民族主義派雜誌。
明日	一九三〇、八、七		臺北	林斐芳	中文	出刊六期，查禁三期，無政府主義

						派雜誌。
現代生活	一九三〇、十、十五		彰化	許乃昌	中文	出刊一期。
赤　道	一九三〇、十、卅一	一九三一、一、十七	臺南	林秋梧	中日文旬刊	出刊六期，查禁二期。
新臺灣戰線	一九三〇、十二		臺北			由伍人報與臺灣戰線合併者。
臺灣文學	一九三一、九	一九三二、六廿五	臺北	臺灣文藝作家協會別所孝二	中日文	出刊六期，查禁二期。
南　音	一九三二、一、一	一九三二、十一、八	臺北後移臺中	黃春成（前期張星建（後期	中文半月刊	出刊十二期，查禁一期。
福爾摩沙	一九三三、七十五	一九三四六十五	東京	臺灣藝術研究會、蘇維熊	日文不定期	出刊三期。
先發部隊第一線	一九三四七十五	一九三五一、六	臺北	臺灣文藝協會廖漢臣	白話文↓中日文	第二期易名第一線，各出刊一期。
臺灣文藝	一九三四十一、五	一九三六八廿八	臺中	臺灣文藝聯盟張星建	中日文月刊	出刊十五期。
臺灣新文學	一九三五十二、廿八	一九三七六十五	臺中	楊　逵	中日文月刊	出刊十四期，查禁一期，另新文學月報兩期。
風月報	一九三五五九	一九四一、六十五	臺北	簡荷生	中文半月刊	出刊一三三期。
南　方	一九四一、七一	一九四五一	臺北	簡荷生	中文半月刊	風月報自一三三期起易名南方。

華麗島	一九三九、十二、一		臺北	臺灣詩人協會西川滿	日文	出刊一期。
文藝臺灣	一九四〇、一、一	一九四四、一、一	臺北	臺灣文藝家協會、西川滿	日文雙月刊→月刊	出刊卅八期，初爲雙月刊，一九四一年二月改組，由文藝臺灣社刊行，同年五月（二卷二號）起改爲月刊。
臺灣文學	一九四一、五、廿七	一九四三、十二、廿五	臺北	啓文社張文環	日文季刊	出刊十期，查禁一期。
臺灣文藝	一九四四、五、一	一九四五、一、五	臺北	臺灣文學奉公會、長崎浩	日文月刊	出刊八期。

附錄六：《臺灣民報》系統沿革一覽表

刊名	性質	發刊期間	期數	創刊地	發行者	備註
臺灣青年	月刊	一九二〇・七・十六～一九二二・二・十五	18期	東京	臺灣青年雜誌社	1.東京「新民會」創辦 2.24k本，漢和各半
臺灣	月刊	一九二二・四・十～一九二四・五・十	19期	東京	臺灣雜誌社	1.由《臺灣青年》改名，24k本 2.一九二三年六月成立株式會社 3.漢和各半
臺灣民報	半月刊	一九二三・四・十五～一九二三・九・一	7期	東京	臺灣雜誌社	1.24k本，漢文版 2.以推廣白話文爲主 3.因東京大地震停刊，第7期燒毀
臺灣民報	旬刊	一九二三・十・十五～一九二五・六・三	51期	東京	臺灣雜誌社	1.將《臺灣》雜誌日文版移入，日文記事佔三分之一 2.停《臺灣》月刊（一九二四・六）
臺灣民報	週刊	一九二五・七・五～一九二七・七・三		東京	臺灣民報社	1.一九二五・九成立臺灣民報株式會社 2.報份逾萬份
臺灣民報	週報	一九二七・八・一		臺北	臺灣民報社	1.經總督府許可遷臺發行

						2. 8k大型報紙（一六七號起） 3. 日文四分之一
臺灣新民報	週報	一九三〇・三・二九～一九三二・四・九		臺北	臺灣新民報社	1. 一九二九・一成立臺灣新民報株式會社 2. 三〇六號改爲現名
臺灣新民報	日報	一九三二・四・十五～一九四一・二・十		臺北	臺灣新民報社	1. 一九三二・一・九獲得許可 2. 日文三分之一 3. 一九三七・六廢漢文採日文
臺灣新民報	晚報	一九三四		臺北	臺灣新民報社	約五、六萬份
興南新聞	日報	一九四一・二・十一～一九四四・三・二七		臺北	興南新聞報社	1. 由《臺灣新民報》易名 2. 併入《臺灣新報》

附錄七：日據時期出版之單行本新文學書刊表（按出版先後排列）

書刊名稱	作者	出版處所	出版日期	備註
亂都之戀	張我軍	臺北	一九二五、十二、廿八	臺灣第一本新詩集，共收詩五十五首，自費出版。
京夜	建　勳	臺中中央書局	一九二七、十二	臺灣第一本中文長篇小說。
熱流	陳奇雲	南溟藝園社	一九三〇、十一、三〇	日文詩集
熱帶魚	水蔭萍（楊熾昌）	ボン書店	一九三〇	日文詩集
蕀の道（荊棘之道）	王白淵	日本盛岡久保庄書店	一九三一、六、一	日文詩集
樹蘭	楊熾昌		一九三二	日文詩集，自費出版。
貿易風	楊熾昌	金魚書房	一九三三	日文小說集五篇，其中〈貿易風〉曾入選《臺南新報》徵文獎。
爭へぬ運命（不爭的命運）	林輝焜	淡水	一九三三、四	日文長篇小說，自費出版。曾在臺灣新民報連載七個月，爲第一篇連載小說。

可愛的仇人	阿Q之弟（徐坤泉）	臺灣新民報社	一九三六、一、廿四	中文長篇小說，張文環曾譯爲日文於一九三八年八月由臺灣大成映畫公司出版。
山靈：朝鮮臺灣短篇小說選（收楊逵〈送報伕〉，呂赫若〈牛車〉，楊華〈薄命〉及朝鮮小說等七篇）	胡風譯	上海文化生活出版社	一九三六、四	中文短篇小說集
弱小民族小說選（收楊逵〈送報伕〉，呂赫若〈牛車〉等各國小說十二篇）	胡風譯	上海生活書局	一九三六、五	中文短篇小說集
臺灣民間文學集	李獻璋編	臺灣文藝協會	一九三六、六、十三	含歌謠、謎語近千首，故事二十三篇。
暖流寒流	陳垂映	臺灣文藝聯盟東京支部	一九三六、七	日文長篇小說
暗礁	徐坤泉	臺灣新民報社	一九三七、四、二〇	中文長篇小說，即《可愛的仇人》前篇。
靈肉之道	徐坤泉	臺灣新民報社	一九三七、六、十二	中文長篇小說

洋燈の思惟	楊熾昌	金魚書房	一九三七	日文評論集
薔薇トルの皮膚（薔薇色的皮膚）	楊熾昌	金魚書房	一九三八	日文小說集七篇，〈薔薇トルの皮膚〉曾入選《臺灣日日新報》小說徵文第一名。
化石の戀	邱淳洸	大阪玲瓏社	一九三八、十二、一	日文詩集
悲哀の邂逅	邱淳洸	大阪玲瓏社	一九三九、二	日文詩集
韮菜花	吳漫沙	臺灣新民報社	一九三九、三	中文長篇小說
臺灣小說選	李獻璋編	臺北	一九四〇、十二	包括十五篇中文短篇小說，但被禁止發行。
運命	林萬生	捷發書店	一九四一、十	中文長篇小說
臺灣文學集	西川滿編	東京大阪屋號書店	一九四二、八	第一本日臺人小說選集
藝妲の家	張文環	臺北清水書店	一九四二	日文小說集
山河	楊雲萍	臺北清水書店	一九四三、一、十三	日文詩集
水滸傳	黃得時	臺北清水書店	一九四三	日文長篇小說

大上海	雞籠生（陳炳煌）	興南新聞	一九四三	中文小說
臺灣小說集（收呂赫若〈風水〉、王昶雄〈奔流〉、龍瑛宗〈不知道的幸福〉、楊逵〈泥娃娃〉、張文環〈媳婦〉、〈迷兒〉、等六篇）		臺北大木書房	一九四三、十一、十六	日文小說集
孤獨な蠹魚	龍瑛宗	臺北盛興出版社	一九四三、十二、十一	日文散文評論集
道	高山凡石（陳火泉）	臺北文藝臺灣社	一九四三、十二	日文中篇小說
清秋（收〈鄰居〉、〈柘榴〉、〈財子壽〉、〈合家平安〉、〈廟庭〉、〈月夜〉、〈清秋〉七篇）	呂赫若	臺北清水書店	一九四四、三、十七	日文短篇小說集
鏡	王昶雄	臺北清水書店	一九四四	中文小說

三國誌物語	楊　逵	臺北盛興出版社	一九四四	共四卷
吼えろ支那（怒吼吧！中國）	楊　逵	臺北盛興出版社	一九四四、十二	日文四幕話劇
決戰臺灣小說集（乾の卷）（收：濱田隼雄〈爐番〉、高山凡石〈御安全に〉、龍瑛宗〈若い海〉、西川滿〈石灰・船渠・道場〉、吉村敏〈築城の抄〉、張文環〈雲の中〉、河野慶彥〈鑿井工〉等七篇）。	臺灣總督府情報課編	臺灣出版文化株式會社	一九四四、十二、三十	日臺人日文小說集
決戰臺灣小說集（坤の卷）（收西川滿〈幾山河〉、周金波〈助教〉、長崎浩〈山林詩集〉、楊逵〈增產の蔭に〉、新垣宏一〈船渠〉、楊雲萍〈鐵道詩抄〉、呂赫若〈風頭水尾〉等七篇）。	臺灣總督府情報課編	臺灣出版文化株式會社	一九四五、一、十六	日臺人日文小說集

附錄八：臺灣現代文學大事記（一九二〇～一九四五）

一九二〇（民國九年，大正九年）

1\. 11.由「聲應會」、「啓發會」改組之「新民會」成立於日本東京，會員百餘人，由林獻堂、蔡惠如分任正副會長，展開文化啓蒙工作。

7\. 16.新民會於東京創刊《臺灣青年》，凡十八期。

陳炘〈文學與職務〉發表於《臺灣青年》，倡導新文學觀念。

11\. 連雅堂於臺南出版《臺灣通史》。

一九二一（民國十年，大正十年）

9\. 15.甘文芳〈實社會と文學〉發表於《臺灣青年》，申論文學與社會的關係。

10\. 17.蔣渭水於臺北成立「臺灣文化協會」，林獻堂任總理，會員一〇三二人，並發行《臺灣文化協會會報》，凡八期。

一九二二（民國十一年，大正十一年）

1\. 20.陳端明〈日用文鼓吹論〉發表於《臺灣青年》，爲第一篇提倡白話文之文獻。

4\. 6.臺灣文化協會發行的《臺灣文化叢書》第一號刊登署名「鷗」之〈可怕的沉默〉，爲第一篇臺灣新文學中文小說。

4.10.《臺灣青年》改名爲《臺灣》，凡十九期。

7.10.追風（謝春木）〈彼女は何處へ〉（〈她要往何處去〉）發表於《臺灣》，爲第一篇臺灣新文學日文小說。

一九二三（民國十二年，大正十二年）

1.1.黃呈聰〈論普及白話文的新使命〉暨黃朝琴〈漢文改革論〉發表於《臺灣》，揭開白話文運動的序幕。

1.8.臺灣總督府實施治安警察法。

4.15.《臺灣民報》創刊於東京，並在臺南市成立「白話文研究會」，提倡白話文。

7.15.秀湖生（許乃昌）〈中國新文學運動的過去現在和將來〉發表於《臺灣民報》，介紹胡適〈文學改良芻議〉和陳獨秀〈文學革命論〉二文的主張。

11.8.辜顯榮、林熊徵等御用紳士於臺北成立迎合日本官憲之「公益會」，以抵制臺灣文化協會之抗日活動。

12.1.施文杞〈送林耕餘君隨江校長渡南洋〉發表於《臺灣民報》，爲第一首臺灣新文學中文新詩。

12.16.治警事件全省大搜捕，賴和等四十九人被捕下獄，五十人被傳訊。

一九二四（民國十三年，大正十三年）

3. 11. 施文杞〈對於臺灣人做的白話文的我見〉暨林耕餘〈對在臺灣研究白話文的我見〉發表於《臺灣民報》，批評白話文中的一些缺點。

4. 10. 追風（謝春木）〈詩の眞似する〉（〈詩的模仿〉）發表於《臺灣》，爲第一首臺灣新文學日文新詩。

4. 21. 張我軍〈致臺灣青年的一封信〉發表於《臺灣民報》，批判臺灣舊文學，掀起了新舊文學論爭。

5. 21. 林進發的「赤陽社」發行日文文藝雜誌《文藝》，僅出一期。

6. 11. 蘇維霖〈二十年來的中國古文學及文學革命的略述〉發表於《臺灣民報》，介紹胡適〈中國五十年來的文學〉之內容。

7. 3. 臺灣文化協會於臺北、臺中、臺南三地同時舉行「全島無力者大會」，以對抗御用團體公益會所舉行的「全島有力者大會」。

9. 11. 張梗〈討論舊小說的改革問題〉長文連載於《臺灣民報》，強調創作近代小說。

一九二五（民國十四年，大正十四年）

1. 張清和於臺北創刊《黎華新報》。

3. 11. 楊雲萍、江夢筆於臺北創刊第一本白話文文學雜誌《人人》，凡二期。

4. 21 蔡孝乾〈中國新文學概觀〉連載於《臺灣民報》，介紹祖國文學革命情況。

10.15.南投張紹賢創辦白話文綜合雜誌《七音聯彈》。

10.　張維賢、張乞食聯合無產青年組成「臺灣藝術研究會」。

11.27.王詩琅、王萬得發起組成無政府主義之「臺灣黑色青年聯盟」。

12.28.張我軍於臺北自費出版臺灣第一本新詩集《亂都之戀》，詩題十二篇共五十五首詩。

一九二六（民國十五年，昭和元年）

1.1.賴和〈鬥鬧熱〉，楊雲萍〈光臨〉同時發表於《臺灣民報》，臺灣有價值的白話小說自茲開始。

4.18.劉夢葦〈中國詩底昨今明〉發表於《臺灣民報》，介紹祖國新詩運動。

11.　新竹青年會借《臺灣民報》向全省徵詩結果，崇五、楊華、黃石輝、黃得時、沈玉光、謝萬安等六人作品獲前十名。

一九二七（民國十六年，昭和二年）

1.2.蔡培火積極提倡羅馬字運動。

1.3.臺灣文化協會分裂，新文協由連溫卿取得領導權，舊幹部另於臺中成立「臺灣民衆黨」。

2.5.詩人楊華因違犯治安維持法入獄，寫成《黑潮集》五十三首小詩。

6.　鄭坤五編之《臺灣藝苑》連載〈臺灣國風〉，首開文藝雜誌登載情歌之先例。

8.1.《臺灣民報》遷臺發行，篇幅大增。

9. 楊逵以楊貴本名於東京記者聯盟創辦的《號外》發表處女作〈自由勞動者的生活斷面〉後，應臺灣農民組合之召喚回臺參加農民運動。

一九二八（民國十七年，昭和三年）

4.15. 臺灣共產黨員在上海舉行第一次代表大會，建立臺灣共產黨，謝雪紅在島內展開組織活動。

5.9. 臺灣文化協會在東京創辦《臺灣大衆時報》，凡十期，至七月九日停刊。

7.7. 總督府設高等警察（特高），專司取締思想犯。

一九二九（民國十八年，昭和四年）

1.13. 《臺灣新民報》成立公司，林獻堂任董事長。

11.24. 連橫〈臺語整理之頭緒〉暨其後之〈臺語整理之責任〉發表於《臺灣民報》，認爲臺語源自大陸。

一九三〇（民國十九年，昭和五年）

2.8. 全臺漢詩人於臺中公會堂舉行聯吟大會。

3.29. 《臺灣民報》改稱《臺灣新民報》。

8.2. 《臺灣新民報》增闢「曙光」欄，徵集新詩，由賴和主編。

8.16. 黃石輝〈怎樣不提倡鄉土文學〉發表於《伍人報》，主張用臺灣話寫作，掀起了鄉土文學論戰。

8.17.「臺灣地方自治聯盟」成立於臺中，出席盟員二三七人。
8.《臺灣戰線》、《洪水報》、《明日》等左翼刊物繼《伍人報》之後創刊，左翼運動興起。
9.9.趙雅福等創辦三日刊之《三六九小報》，發行五年之久。
10.左翼刊物《現代生活》、《赤道》創刊。
10.27.霧社山胞起事襲殺日人一百三十六人，日政府出動大批軍警鎮壓屠殺，釀成震驚中外的「霧社事件」。

一九三一（民國二十年，昭和六年）

1.1.《臺灣新民報》開闢「歌謠」專欄，向全島徵集民間歌謠作品。
6.31.王詩琅、張維賢、別所孝二等臺日作家三十九人於臺北成立「臺灣文藝作家協會」，並發行中日文刊物《臺灣文學》，凡六期。
8.廖毓文〈鄉土文學的吟味〉，林克夫〈鄉土文學的檢討〉，朱點人〈檢一檢鄉土文學〉等文反對鄉土文學的主張，臺灣話文論戰全面展開。
9.臺南青年出版反對普度之《反普特刊》，內載朱鋒、朱點人、廖毓文等人之獨幕劇、小說等。

一九三二（民國二十一年，昭和七年）

1.1.黃春成等於臺北創刊中文半月刊雜誌《南音》，凡十二期。
1.3.連雅堂開始於《三六九小報》發表〈雅言〉，整理臺灣鄉土語言。

3.20.張文環、王白淵、吳坤煌、蘇維熊等留日學生在東京組織「臺灣藝術研究會」，其後發行日文機關刊物《福爾摩沙》，凡三期。

4.15.《臺灣新民報》改為日刊，林呈祿任主筆，賴和、陳虛谷、林攀龍、謝星樓負責學藝部，主編副刊「學藝欄」。

5.19.楊逵〈送報伕〉開始於《臺灣新民報》連載，惟後半段遭日本當局腰斬。

11.自滔小說〈失敗〉獲《南音》徵文比賽二等獎（一等獎從缺），勵人新詩〈人是這般憔悴〉獲第一名。

一九三三（民國二二年，昭和八年）

4.林輝焜自費出版《不可抗拒的命運》，為臺灣第一部日文長篇小說。

10.25.郭秋生、黃得時、廖漢臣等人在臺北成立「臺灣文藝協會」，其後發行機關刊物《先發部隊》、《第一線》各一期，並分別以「臺灣新文學出路的探究」暨「臺灣民間故事特輯」為專輯。

一九三四（民國二三年，昭和九年）

5.6.全臺藝文界人士八十二人在臺中召開第一回臺灣全島文藝大會，通過成立全島性文藝團體「臺灣文藝聯盟」，其後發行機關雜誌《臺灣文藝》，凡十五期。推選賴和、賴慶、賴明弘、何集璧、張深切五人為常務委員，張深切為委員長。

9.總督府諭令林獻堂等人停止自一九二一年以來歷時十四年總計十五次的臺灣議會設置請願運

動。

10.　楊逵〈送報伕〉入選東京《文學評論》徵文第二名（一等獎缺），成爲第一位進軍日本文壇之臺籍作家。

12.20.　臺灣文藝聯盟選出吳希聖〈豚〉和楊逵〈送報伕〉爲當年之傑作，頒發「文聯獎勵金」。

一九三五（民國二四年，昭和十年）

1.　呂赫若成名作〈牛車〉繼楊逵之後刊於《文學評論》。

張文環〈父親的顏面〉獲《中央公論》徵文第四名，其後改寫爲〈父親的要求〉發表於九月號《臺灣文藝》。

6.　臺灣文藝聯盟佳里支部成立，成員有吳新榮、郭水潭等十五人。

風車詩社成立，並發行《風車詩刊》，凡四期，成員有楊熾昌、李張瑞、林永修、張良典，及日人戶田房子、島元鐵平等人。

8.11.　臺灣文藝聯盟在臺中召開第二次大會。

12.28.　楊逵、葉陶夫婦退出《臺灣文藝》，另於臺中獨資創辦《臺灣新文學》月刊，凡十四期，另《新文學月報》兩期。

一九三六（民國二五年，昭和十一年）

1.　賴和〈豐作〉由楊逵翻譯刊於《文學案內》二卷一號「朝鮮臺灣中國新銳作家集」。

4\. 楊逵〈送報伕〉，呂赫若〈牛車〉，楊華〈薄命〉三文收於胡風編譯，上海文化生活出版社刊行之《山靈—朝鮮臺灣短篇小說選》。

5\. 楊逵〈送報伕〉經胡風譯成中文刊於上海《世界知識》後，復收入於上海世界知識社編的《世界弱小民族小說選》中。

6\. 5\. 吳濁流〈泥沼中的金鯉魚〉入選《臺灣新文學》佳作候補。

6\. 13\. 李獻璋編之《臺灣民間文學集》出版，賴和爲之作序。

12\. 5\. 《臺灣新文學》一卷十期刊出「漢文創作特輯」，日本當局以「內容不妥當，全體空氣不好」禁止發行。

12\. 22\. 作家郁達夫應邀訪問臺灣約一週，並舉行演講會。

一九三七（民國二十六年，昭和十二年）

4\. 1\. 日政府強制廢止各報漢文欄及漢文書房，唯《臺灣新民報》一家延至六月始廢，其他中文雜誌亦廢刊，藉以消滅臺灣固有文化。

4\. 30\. 龍瑛宗〈植有木瓜樹的小鎮〉入選《改造》的徵文佳作。

7\. 7\. 中日戰爭爆發，臺灣軍司令部警告臺民不得有「非國民之言動」。

9\. 29\. 由簡荷生主編，風月俱樂部發行之《風月報》復刊，爲日本政府禁用中文後之唯一中文刊物。

一九三八（民國二十七年，昭和十三年）

3.31.臺灣總督府公布「國家總動員法」，其後發表「建設東亞新秩序」之聲明，積極進行侵略戰爭。

一九三九（民國二八年，昭和十四年）

5.19.小林躋造總督宣示「皇民化、工業化、南進基地化」的治臺三策，在臺灣展開皇民化運動。

9.9.由西川滿主導之「臺灣詩人協會」成立，龍瑛宗、黃得時擔任文化部委員，其後發刊一期《華麗島》詩刊。

9.28.賴和、陳虛谷、楊守愚等彰化文士九人成立漢詩社「應社」。

一九四〇（民國二九年，昭和十五年）

1.1.西川滿等人成立之「臺灣文藝家協會」發行《文藝臺灣》，凡三十八期。

2.11.日本強迫臺人易日本姓名，斥不改者為「非國民」。

3.4.黃宗葵創辦日文綜合雜誌《臺灣藝術》，至一九四四年終刊。

12.李獻璋所編《臺灣小說選》，收賴和等人作品十五篇，排版後被禁止發行。

一九四一（民國三十年，昭和十六年）

2.11.《臺灣新民報》配合時局改名為《興南新聞》。

4.19.御用團體「皇民奉公會」成立，並發行機關雜誌《新建設》月刊。

5.27.張文環、黃得時等退出《文藝臺灣》，另組「啓文社」，刊行《臺灣文學》，凡十期。

6.1.元園客於《風月報》上發表〈臺灣詩人的毛病〉批評舊詩人，引發「臺灣詩人七大毛病」的論爭。
7.1.中文半月刊雜誌《風月報》改名為《南方》。
7.10.金關丈夫、池田敏雄等創刊《民俗臺灣》，凡四十三期。
12.7.珍珠港事變發生，太平洋戰爭爆發。
12.8.賴和第二次被捕入獄五十多天。

一九四二（民國三一年，昭和十七年）

6.日本文學報國會特派久米正雄、菊池寬、中野實、吉川英治、火野葦平等人來臺，巡迴主要都市舉行「戰時文藝演講會」。
周金波〈志願兵〉一作獲「文藝臺灣賞」。
11.3.西川滿、濱田隼雄、張文環、龍瑛宗參加東京第一回「大東亞文學者大會」。
12.2.在皇民奉公會指示下，臺灣文藝家協會在全臺各大都市舉行「文藝演講會」。
12.張彥勳、林亨泰等「跨越語言的一代」詩人們在臺中組織新詩社「銀鈴會」，創辦《緣草》詩刊。

一九四三（民國三二年，昭和十八年）

1.31.臺灣現代文學先驅的「新文學之父」賴和逝世，享年五十。

2.　臺灣文藝家協會自行解散，成員們組成臺灣文學奉公會，山本眞平任會長，矢野峰人擔任理事長。
2.11.西川滿〈赤嵌記〉，濱田隼雄〈南方移民村〉和張文環〈夜猿〉獲得第一屆皇民奉公會文學賞。
2.17.日本文學報國會派遣戶川貞雄、丹羽文雄、庄司總一等人來臺策劃成立分會。
4.10.「日本文學報國會臺灣支部」成立，矢野峰人任支部長，龍瑛宗、張文環獲選任為職員，以宣揚皇民文化為目的。
4.28.《臺灣文學》出刊「賴和先生追悼特輯」。
7.1.陳火泉〈道〉刊登於《文藝臺灣》。
7.31.王昶雄〈奔流〉刊於《臺灣文學》。
8.25.長崎浩、齋藤勇、楊雲萍、周金波參加東京第二回「大東亞文學者大會」。
9.2.厚生演劇研究會在臺北永樂座演出林博秋改編自張文環小說〈閹雞〉的閩南語話劇，造成轟動。
11.13.臺灣文學奉公會在台北市公會堂召開「臺灣決戰文學會議」，出席作家六十餘人，其中臺灣作家十一人。會中頒發「臺灣文學賞」予呂赫若。

一九四四（民國三三年，昭和十九年）

1.20.臺灣總督府決在全島設立五十處皇民練成所，強制執行皇民化政策。
3.26.總督府實施報紙合併政策，迫令全島六家日報合併爲《臺灣新報》，《興南新聞》因此被迫停刊。
5.1.臺灣文學奉公會發行《臺灣文藝》，凡八期。
6.　臺灣文學奉公會選派中日作家十三人分赴各地農場、工廠、礦山、油田、鐵道、兵團參觀，撰寫報告文學，以爲日本宣傳。
8.20.臺灣全島進入戰地狀態，開始實施臺籍民徵兵制度。
11.12.第三回「大東亞文學者大會」在南京舉行，臺灣未派作家參加。

一九四五（民國三四年，昭和二十年）

1.16.臺灣總督府情報課收錄日臺人戰時作品編成《決戰臺灣小說集》乾坤二卷出版。
5.　吳濁流寫作歷時兩年的長篇小說《亞細亞的孤兒》（《胡太明》）完稿。
8.15.日本宣布無條件投降，臺灣歸返中國。

主要參考書目

一、日據時期報刊雜誌

《人人》，一九二五年創刊於臺北，東方文化書局景印本，民國七十年三月出版。
《文藝臺灣》，一九四〇年創刊於臺北，東方文化書局景印本，民國七十年三月出版。
《先發部隊》，一九三四年創刊於臺北，東方文化書局景印本，民國七十年三月出版。
《南方》，一九四一年創刊於臺北。
《南音》，一九三二年創刊於臺北，東方文化書局景印本，民國七十年三月出版。
《風月報》，一九三五年創刊於臺北。
《第一線》，一九三五年創刊於臺北，東方文化書局景印本，民國七十年三月出版。
《華麗島》，一九三九年創刊於臺北，東方文化書局景印本，民國七十年三月出版。
《福爾摩沙》，一九三三年創刊於東京，東方文化書局景印本，民國七十年三月出版。
《臺灣》，一九二二年創刊於東京，東方文化書局景印本，民國六十二年出版。

《臺灣日日新報》，一八九八年創刊於臺北。東方文化書局景印本，民國七十年三月出版。
《臺灣文學》，一九四一年創刊於臺北，東方文化書局景印本，民國七十年三月出版。
《臺灣文藝》（臺灣文藝聯盟機關雜誌），一九三四年創刊於臺中，東方文化書局景印本，民國七十年三月出版。
《臺灣文藝》（臺灣文學奉公會機關雜誌），一九四四年創刊於臺北，東方文化書局景印本，民國七十年三月出版。
《臺灣民報》，一九二三年創刊於東京，東方文化書局景印本，民國六十二年出版。
《臺灣青年》，一九二〇年創刊於東京，東方文化書局景印本，民國六十二年出版。
《臺灣新文學》，一九三五年創刊於臺中，東方文化書局景印本，民國七十年三月出版。
《臺灣新民報》，一九三〇年創刊於臺北，東方文化書局景印本，民國六十二年出版。
《臺南新報》，一八九九年創刊於臺南。
《臺灣新聞》，一九〇一年創刊於臺中。

二、文學作品

王昶雄等編：《北臺灣文學—臺北縣作家作品集》，臺北縣立文化中心，民國八十二年六月初版。
羊子喬等編：《鹽分地帶文學選》，林白出版社，民國六十八年八月初版。

羊子喬、陳千武主編：《光復前臺灣文學全集》（新詩四冊），遠景出版事業公司，民國七十一年五月初版。
羊子喬主編：《郭水潭集》，臺南縣立文化中心，民國八十三年十二月初版。
李南衡編：《日據下臺灣新文學明集》（五冊），明潭出版社，民國六十八年三月初版。
李獻璋編：《臺灣民間文學集》，龍文出版社，民國七十八年二月初版。
呂赫若著：《呂赫若小說全集》，聯合文學出版社，民國八十四年七月初版。
施　淑編：《日據時代臺灣小說選》，前衛出版社，民國八十一年十二月初版。
張文環著、廖清秀譯：《滾地郎》，鴻儒堂出版社，民國六十五年十二月初版。
張光直編：《張我軍詩文集》，純文學出版社，民國七十八年九月再版。
張良澤編：《吳濁流作品集》（六冊），遠行出版社，民國六十六年九月初版。
張良澤編：《王詩琅全集》（十一冊），德馨室出版社，民國六十八年十二月初版。
張良澤編：《吳新榮全集》（八冊），遠景出版事業公司，民國七十年十月初版。
張我軍著：《亂都之戀》，臺灣民報社，民國十四年十二月初版。
張炎憲、翁佳音編：《陋巷清士—王詩琅選集》，弘文館出版社，民國七十五年十一月初版。
張恆豪編：《臺灣作家全集—日據時代短篇小說卷》（十冊），前衛出版社，民國八十年二月初版。
連橫著：《連雅堂先生全集》（臺灣通史、臺灣詩薈、臺灣語典．雅言），臺灣省文獻委員會，民國八十一年三月初版。
彭瑞金選註：《歷史的倒影－日據時代臺灣新文學作家作品選讀》，河畔出版社，民國七十一年七月初版。
陳逸雄編：《陳虛谷選集》，自立晚報社，民國七十四年十月初版。
黃勁連主編：《南瀛文學選》，臺南縣立文化中心，民國八十一年六月初版。
楊逵著：《鵝媽媽出嫁》，前衛出版社，民國七十四年三月初版。
楊逵著：《壓不扁的玫瑰》，前衛出版社，民國七十四年四月再版。
賴萬發等編：《磺溪文學－彰化縣作家作品集》，彰化縣立文化中心，民國八十三年六月初版。
龍瑛宗著：《午前的懸崖》，蘭亭書店，民國七十四年五月初版。
龍瑛宗著：《杜甫在長安》，聯經出版事業公司，民國七十六年七月初版。
龍瑛宗著：《夜流》，地球出版社，民國八十二年五月初版。
鍾肇政編：《本省籍作家作品選集》（十冊），文壇出版社，民國五十四年十二月初版。
鍾肇政、葉石濤主編：《光復前臺灣文學全集》（小說八冊），遠景出版事業公司，民國六十八年七月初版。
聯合報編輯部：《寶刀集－光復前臺灣作家作品集》，聯經出版事業公司，民國七十年十月初版。

三、一般論著

中國古典文學研究會編：《五四文學與文化變遷》，學生書局，民國七十九年四月初版。
王白淵著：《臺灣年鑑·文化篇》，臺灣新生報社，民國三十六年六月初版。
王詩琅等著：《臺灣史》，臺灣省文獻委員會，民國六十六年四月初版。
王詩琅編：《日本殖民地體制下的臺灣》，衆文圖書公司，民國六十九年十二月初版。
王詩琅譯：《臺灣社會運動史─文化運動》，稻鄉出版社，民國七十七年五月初版。
王曉波編：《臺胞抗日文獻選編》，帕米爾書店，民國七十四年七月初版。
王曉波編：《臺灣的殖民地傷痕》，帕米爾書店，民國七十四年八月初版。
王曉波著：《臺灣史與近代中國民族運動》，帕米爾書店，民國七十五年十一月初版。
王曉波著：《被顛倒的臺灣歷史》，帕米爾書店，民國七十五年十一月初版。
王曉波著：《走出臺灣歷史的陰影》，帕米爾書店，民國七十五年十一月初版。
公仲．汪義生著：《臺灣新文學史初編》，江西人民出版社，民國七十八年八月初版。
中島利郎編：《日據時期臺灣文學雜誌總目·人名索引》，前衛出版社，民國八十四年三月初版。
尹章義著：《臺灣近代史論》，自立晚報社，民國七十五年九月初版。
尹雪曼編：《中華民國文藝史》附錄一：〈臺灣光復前的文藝概況〉，正中書局，民國六十四年六月初版。
尹雪曼著：《中國新文學史論》，中央文物供應社，民國七十二年九月初版。
丘爲君、陳連順編：《中國現代文學的回顧》，文鏡出版社，民國六十七年十二月初版。
史　明著：《臺灣人四百年史》，蓬島文化公司，民國六十九年九月初版。
矢內原忠雄著，周憲文譯：《日本帝國主義下之臺灣》，帕米爾書店，民國七十四年七月初版。
白少帆等著：《現代臺灣文學史》，遼寧大學出版社，民國七十六年十二月初版。
包恆新著：《臺灣現代文學簡述》，上海社會科學院，民國七十七年三月初版。
古繼堂著：《臺灣新詩發展史》，文史哲出版社，民國七十八年七月初版。
古繼堂著：《臺灣小說發展史》，文史哲出版社，民國七十八年七月初版。
古繼堂著：《臺灣新文學理論批評史》，春風文藝出版社，民國八十二年六月初版。
羊子喬著：《蓬萊文章臺灣詩》，遠景出版事業公司，民國七十二年九月初版。
行政院新聞局策劃：《智慧的薪傳─十五位學界耆宿》，文訊雜誌社，民國七十八年四月初版。
行政院新聞局策劃：《筆墨長青─十六位文壇耆宿》，文訊雜誌社，民國七十八年四月初版。
沈雲龍編：《林獻堂先生紀念集》，文海出版社，民國六十三年十二月初版。
李明水著：《臺灣雜誌事業發展史》，臺灣省政府，民國七十五年十月初版。
李瑞騰著：《臺灣文學風貌》，三民書局，民國八十年五月初版。

李篤恭編：《磺溪一完人》，前衛出版社，民國八十三年七月初版。
汪景壽著：《臺灣小說作家論》，北京大學出版社，民國七十三年三月初版。
汪榮祖編：《五四研究論文集》，聯經出版事業公司，民國六十八年五月初版。
吳守禮著：《近五十年來臺語研究之總成績》，大立出版社，民國七十二年初版。
吳新榮著：《吳新榮回憶錄》，前衛出版社，民國七十八年七月初版。
林柏維著：《臺灣文化協會滄桑》，台原出版社，民國八十二年六月初版。
林瑞明著：《臺灣文學與時代精神—賴和研究論集》，允晨文化出版公司，民國八十二年八月初版。
林衡哲編：《雕出臺灣文化之夢》，前衛出版社，民國七十八年七月初版。
林衡哲．張恆豪編：《復活的群像—臺灣三十年代作家列傳》，前衛出版社，民國八十三年六月初版。
林　藜著：《臺灣名人傳》，新亞出版社，民國六十五年二月初版。
胡民祥編：《臺灣文學入門文選》，前衛出版社，民國七十八年十月初版。
高天生著：《臺灣小說與小說家》，前衛出版社，民國七十四年五月初版。
陳少廷著：《臺灣新文學運動簡史》，聯經出版事業公司，民國六十六年五月初版。
陳永興編：《中國文學的過去與未來》，臺灣文藝雜誌社，民國七十四年三月初版。
陳芳明編：《楊逵的文學生涯》，前衛出版社，民國七十七年九月初版。
尉天驄編：《鄉土文學討論集》，遠景出版事業公司，民國六十九年十月三版。

連溫卿著：《臺灣政治運動史》，稻鄉出版社，民國七十七年十月初版。
張之傑等編：《臺灣全紀錄》，錦繡出版社，民國七十九年五月初版。
張炎憲等編：《臺灣近代名人誌》（五冊），自立晚報社，民國七十六年一月初版。
張炎憲主編：《歷史、文化與臺灣—臺灣研究研討會紀錄》（三冊），臺灣風物雜誌社，民國七十七年十月至八十年十一月出版。
張深切著：《里程碑（黑色的太陽）》，聖工出版社，民國五十年十二月初版。
許俊雅著：《臺灣文學散論》，文史哲出版社，民國八十三年十一月初版。
許成章著：《高雄市志藝文篇》，高雄市文獻委員會，民國五十七年一月初版。
莊永明著：《臺灣第一》，文經出版社，民國七十二年九月初版。
康　原編：《文學的彰化—彰化縣新文學作家小傳》，彰化縣立文化中心，民國八十一年出版。
黃大受著：《臺灣史綱》，三民書局，民國七十一年十月初版。
黃玉齋著：《臺灣革命史》，臺灣藝術社，民國三十年四月初版。
黃武忠著：《日據時代臺灣新文學作家小傳》，時報出版公司，民國六十九年八月初版。
黃武忠著：《臺灣作家印象記》，衆文圖書公司，民國七十三年五月初版。
黃武忠著：《親近臺灣文學》，九歌出版社，民國八十四年三月初版。
黃英哲編、涂翠花譯：《臺灣文學研究在日本》，前衛出版社，民國八十三年十二月初版。

黃重添等著：《臺灣新文學概觀》，鷺江出版社，民國七十五年七月初版。
黃昭堂著、黃英哲譯：《臺灣總督府》，自由時代出版社，民國七十八年五月初版。
黃富三、陳俐甫編：《近現代臺灣口述歷史》，林本源基金會，民國八十年七月初版。
黃朝琴著：《我的回憶》，龍文出版社，民國七十八年六月初版。
彭瑞金著：《臺灣新文學運動四十年》，自立晚報社，民國八十年三月初版。
彭瑞金著：《瞄準臺灣作家》，派色文化出版社，民國八十一年七月初版。
福建省臺灣研究會編：《臺灣文學的走向》，海峽文藝出版社，民國七十九年四月初版。
廉永英等編：《臺北市志卷八文化志文學篇》，臺北市文獻委員會，民國八十年十一月初版。
瘂弦等編：《聯副三十年文學大系評論卷》，聯經出版事業公司，民國七十年十二月初版。
楊素娟編：《楊逵的人與作品》，民衆日報出版社，民國六十八年十月初版。
楊碧川著：《簡明臺灣史》，第一出版社，民國七十六年十一月初版。
楊碧川著：《臺灣歷史年表》，自立晚報社，民國七十七年六月初版。
楊肇嘉著：《楊肇嘉回憶錄》，三民書局，民國五十七年十二月初版。
葉石濤著：《臺灣鄉土作家論集》，遠景出版事業公司，民國六十八年三月初版。
葉石濤著：《文學回憶錄》，遠景出版事業公司，民國七十二年四月初版。
葉石濤著：《沒有土地哪有文學》，遠景出版事業公司，民國七十四年六月初版。

葉石濤著：《臺灣文學的悲情》，派色文化出版社，民國七十九年一月初版。
葉石濤著：《走向臺灣文學》，自立晚報社，民國七十九年三月初版。
葉石濤著：《臺灣文學史綱》，文學界雜誌社，民國八十年九月初版。
葉石濤著：《臺灣文學的困境》，派色文化出版社，民國八十一年七月初版。
葉石濤著：《展望臺灣文學》，九歌出版社，民國八十三年八月初版。
葉榮鐘著：《臺灣民族運動史》，自立晚報社，民國六十年九月三版。
葉榮鐘著：《臺灣人物群像》，帕米爾書店，民國七十四年八月初版。
廖漢臣等編：《臺灣省通志稿》，臺灣省文獻委員會，民國四十年至五十四年初版。
臺北市文獻委員會編纂組：《臺北文物》第三卷第二期、第三期－新文學新劇運動專號，臺北市文獻委員會，民國四十三年八月、十二月初版。
臺灣文學研究會編：《先人之血‧土地之花》，前衛出版社，民國七十八年八月初版。
劉紹唐主編：《民國人物小傳》（十冊），傳記文學出版社，民國六十六年六月初版。
劉登翰等著：《臺灣文學史》（上）（下），海峽文藝出版社，民國八十年六月、八十二年一月初版。
劉登翰著：《臺灣文學隔海觀－文學香火的傳承與變異》，風雲時代出版社，民國八十四年三月初版。
劉捷著、林曙光譯：《臺灣文化展望》，春暉出版社，民國八十三年一月初版。
賴和文教基金會編：《種子落地－日據時期彰化新文學》，賴和紀念館，民國八十三年十二月初版。

盧善慶等著：《臺灣香港文學論文集》，福建人民出版社，民國七十二年十月初版。
謝里法著：《臺灣出土人物誌》，前衛出版社，民國七十七年九月初版。
藍博洲著：《日據時期臺灣學生運動》，時報出版公司，民國八十二年四月初版。
關山情等著：《臺灣三百年》，戶外生活圖書公司，民國七十年二月初版。
蘇雪林等著：《抗戰時期文學回憶錄》，文訊雜誌社，民國七十六年七月初版。
鐵英（張良澤）著：《鳳凰樹專欄》，遠景出版事業公司，民國六十八年三月初版。

四、報紙期刊論文

毛一波：〈臺灣文學史談〉，臺北文物七卷三期，民國四十七年十月。
毛一波：〈臺灣文學與大陸〉，臺灣風物九卷三期，民國四十八年九月。
毛一波：〈臺灣的文學簡介〉，臺灣文獻二十六卷四期、二十七卷一期合刊，民國六十五年三月。
王一剛：〈臺灣新文化運動與大陸〉，臺灣風物九卷五、六期合刊，民國四十八年十二月。
王昭文：〈臺灣戰時的文學社群—《文藝臺灣》與《臺灣文學》〉，臺灣風物四十卷四期，民國七十九年十二月。
王昶雄：〈北臺文學綠映紅〉，自立晚報，民國八十四年六月七日。
王詩琅：〈日據初期的籠絡政策〉，臺灣文獻二十六卷四期、二十七卷一期合刊，民國六十五年三月。

王曉波：〈五四時期文學革命與日據下臺灣新文學運動〉，中華雜誌二十七卷六期、八期，民國七十八年六月、八月。
羊子喬：〈血淚詩篇盡堪傳—光復前臺灣新詩的特性〉，臺灣文藝雜誌，民國七十二年五月。
宋冬陽：〈日據時期臺灣新詩遺產的重估〉，臺灣文藝雜誌，民國七十二年七月。
巫永福：〈臺灣新文學運動與賴和〉，文學界雜誌二十六期，民國七十七年六月。
李南衡：〈日據下臺灣新文學的抗日精神〉，中華雜誌十七卷八期，民國六十八年八月。
呂興昌：〈臺灣文學資料的蒐集整理與翻譯〉，文學臺灣八期，民國八十二年十月。
吳瀛濤：〈日據時期出版界概觀〉，臺北文物八卷四期，民國四十九年二月。
吳瀛濤：〈臺灣新詩的回顧〉，笠詩刊三十三期，民國五十八年十月。
李獻璋：〈臺灣鄉土話文運動〉，臺灣文藝一〇二期，民國七十五年九月。
垂水千惠：〈戰前的臺灣文學〉，自由時報，民國八十四年十月十九、二十日。
松永正義：〈臺灣的文學活動〉，當代雜誌八十七期，民國八十二年七月。
河原功：〈臺灣新文學運動的展開〉，文學臺灣一、二、三期，民國八十年十二月、八十一年三月、六月。
林載爵：〈日據時代臺灣文學的回顧〉，文季三期，民國六十三年五月。
林瑞明：〈臺灣新文學運動理論時期之檢討〉，聯合文學九十八期，民國八十一年十二月。

林瑞明：〈臺灣文學與時代精神〉，自立晚報，民國八十二年八月十三日。
高天生：〈壓不扁的文學魂—日據下臺灣新文學運動的開展〉，臺灣文藝雜誌，民國七十二年七月。
徐雪霞：〈日據時期臺灣文化協會的啓蒙運動〉，臺北文獻直字七十一期，民國七十四年三月。
翁聖峯：〈論日據時期臺灣新舊文學之研究不宜偏廢〉，臺灣文學觀察雜誌八期，民國八十二年九月。
陳少廷：〈五四與臺灣新文學運動〉，大學雜誌五十三期，民國六十一年五月。
陳火泉：〈從日文到國文—寫到天荒地老〉，民衆日報，民國六十八年七月一日。
陳火泉：〈關於〈道〉這篇小說〉，民衆日報，民國六十八年七月七日。
陳火泉：〈道〉，民衆日報，民國六十八年七月七日至八月十六日。
陳世慶：〈日據臺時之「皇民奉公」運動〉，臺北文物八卷二期，民國四十八年六月。
陳芳明：〈百年來的臺灣文學與臺灣風格—臺灣新文學運動史導論〉，中外文學二十三卷九期，民國八十四年二月。
陳昭瑛：〈論臺灣的本土化運動—一個文化史的考察〉，中外文學二十三卷九期，民國八十四年二月。
郭水潭：〈臺灣同化運動史話〉，臺北文物四卷一期，民國四十四年五月。
張光正：〈從白話新詩的崛起看臺灣新文學運動〉，廈門大學臺灣研究所，臺灣研究集刊總二十一期，民國七十七年。
張恆豪：〈〈奔流〉與〈道〉的比較〉，文學臺灣四期，民國八十一年九月。

黃得時：〈五四對臺灣新文學之影響〉，文訊月刊十一期，民國七十三年五月。
黃琪椿：〈日治時期社會主義思潮下之鄉土文學論爭與臺灣話文運動〉，中外文學二十三卷九期，民國八十四年二月。
傅　博：〈日據時期臺灣新文學的評價問題〉，文星一〇四卷，民國七十六年二月。
彭瑞金：〈戰後臺灣文學的發展經驗〉，民衆日報，民國八十二年八月廿七、廿八、廿九日。
塚本照和：〈日本統治期臺灣文學管見〉，臺灣文藝六十九、七十期，民國六十九年十月、十二月。
葉石濤：〈光復前臺灣的文學雜誌〉，文訊月刊二十七期，民國七十五年十二月。
楊　逵：〈臺灣の文學運動〉，日本文學案內一卷四號，民國二十四年十月。
楊　逵：〈臺灣文學運動の現狀〉，日本文學案內一卷五號，民國二十四年十一月。
楊雲萍：〈臺灣新文學運動的回顧〉，臺灣文化一卷一期，民國三十五年九月。
廖漢臣：〈臺灣文字改革運動史〉，政治建設一期至四期，民國四十九年十月至十二月。
應大偉：〈永遠的皇民文學家〉，中央日報，民國八十三年八月十三日。
鍾肇政：〈問題小說〈道〉及其作者陳火泉〉，民衆日報，民國六十八年七月七日。

五、學位論文（除博士論文另行標明外，概爲碩士論文）

王昭文：《日據末期臺灣的知識社群（一九四〇—一九四五）—《文藝臺灣》、《臺灣文學》及《民俗臺灣》三雜誌的歷史研究》，清華大學歷史研究所，民國八十年。
李怡儀：《日據時代的臺灣新文學─以翁鬧的作品為主》，東吳大學日本研究所，民國八十二年。
吳翰祺：《日本割據時代臺灣新文學─一九二〇年以降の文學、主に楊逵の文學活動を中心に》，東吳大學日本研究所，民國七十三年。
余昭玟：《葉石濤及其小說研究》，成功大學歷史語言研究所，民國七十八年。
林春蘭：《楊雲萍的文化活動及其精神歷程》，成功大學歷史語言研究所，民國八十三年。
洪鵬程：《戰前臺灣小說所反映的農村社會》，文化大學中文研究所，民國八十年。
柳書琴：《戰爭與文壇─日據末期臺灣的文學活動》，臺灣大學歷史研究所，民國八十三年。
陳明娟：《日據時期文學作品所呈現的臺灣社會─賴和、楊逵、吳濁流的作品分析》，東吳大學社會學研究所，民國七十九年。
陳明柔：《日據時代臺灣知識分子的思想風格及其文學表現之研究》，淡江大學中文研究所，民國八十一年。
陳美妃：《日據時期臺灣漢語文學析論》，輔仁大學中文研究所，民國七十年。
陳順益：《日據時期《文藝臺灣》與《臺灣文學》之對立關係研究》，文化大學日本研究所，民國七十九年。
陳黎珍：《呂赫若研究》，東吳大學日本研究所，民國八十一年。

張光明：《張文環研究》，東吳大學日本研究所，民國八十一年。
張志相：《張深切及其著作研究》，成功大學歷史語言研究所，民國七十九年。
張郁琦：《龍瑛宗文學之研究》，文化大學日本研究所，民國七十九年。
張韶筠：《日本統治期戰時體制下有關臺灣文學之考察－以陳火泉的〈道〉爲中心》，東吳大學日本研究所，民國八十二年。
張簡昭慧：《臺灣殖民文學的社會背景研究－以吳濁流文學、楊逵文學爲研究中心》，文化大學日本研究所，民國七十七年。
許俊雅：《日據時期臺灣小說研究》，師範大學中文研究所，民國八十一年博士論文。
莊淑芝：《臺灣新文學觀念的萌芽與實踐》，清華大學中文研究所，民國八十年。
黃惠禎：《楊逵及其作品研究》，政治大學中文研究所，民國八十年。
黃琪椿：《日治時期臺灣新文學運動與社會主義思潮之關係初探》，清華大學中文研究所，民國八十二年。
游勝冠：《臺灣文學本土論的興起與發展》，東吳大學中文研究所，民國八十年。
葉瓊霞：《王詩琅研究》，成功大學歷史語言研究所，民國七十九年。
廖雪蘭：《臺灣詩史》，文化大學中文研究所，民國七十三年博士論文。
廖祺正：《三十年代臺灣鄉土話文運動》，成功大學歷史語言研究所，民國七十九年。

翟筱芸：《吳濁流文學之研究—日據時代臺灣作家的民族意識》，文化大學日本研究所，民國七十三年。
褚昱志：《吳濁流及其小說之研究》，淡江大學中文研究所，民國八十二年。
賴秀峰：《日據時代臺灣雜誌事業之研究》，政治大學新聞研究所，民國六十二年。
鍾政瑩：《由日據下臺灣新文學的發展論張深切的戲劇活動》，文化大學藝術研究所，民國七十三年。

六、日文著作

下村作次郎著：《文學で讀む臺灣》，東京田畑書店，民國八十三年一月初版。
井東襄著：《大戰中に於ける臺灣の文學》，東京近代文藝社，民國八十二年十月初版。
矢野峰人編：《決戰臺灣小說集》（二冊），臺灣出版文化株式會社，民國三十四年一月初版。
尾崎秀樹著：《舊殖民地文學の研究》，東京勁草書房，民國六十年六月初版。
陳逸雄編：《臺灣抗日小說選》，東京研文出版社，民國七十七年十二月初版。
黃得時、池田敏雄編：《愛書》第十四輯，臺灣愛書會，民國三十年五月初版。
臺灣總督府警務局編：《臺灣總督府警察沿革誌第二編中卷：領臺以後の治安狀態—臺灣社會運動史》，臺灣總督府警務局，民國廿八年七月初版。